ماكينة الأفكار

كيف يمكن إنتاج الأفكار صناعيًّا

ناديا شنتزلر

المحتويات

هذا الكتاب مُهدًى إلى ماركوس:
من دونك ما كانت ماكينة الأفكار لتظهر إلى النور.

مع حبي، ناديا

تصدير

لقد رأينا جميعًا هذا الأمر؛ يوجد مائة خبير يحذِّروننا من كل اختراعٍ يظهر للنور، فحين اختُرِعت الصحافة المطبوعة ارتفعَتْ دعواتُ الخوف من فقدان الهالة المميزة وتهديد إخفاء الهُوِيَّة، مقارَنةً بالوثائق الشخصية التي كان يخطُّها الرهبان بأيديهم، كما اعتُبِرت السكك الحديدية تهديدًا للروح البشرية، وقُوبِل الهاتف بقدر كبير من التشكُّك؛ إذ لم يَعُدِ الناس بحاجةٍ إلى مغادرة منازلهم، وسيؤدي ذلك إلى أن يصِيروا وحيدين ومنعزلين. لم يحدث أيٌّ من هذه الأمور؛ إذ كانت الفرص دومًا أعظم من المخاطر. ولو أننا أَعَرْنا السمعَ على الدوام للمائة خبير، لَظللنا إلى الآن جوعى ونقطن الكهوف؛ فكلُّ شيءٍ جديد لم يُسمَع به من قبلُ يحمل قدرًا معينًا من الخطورة، وكلُّ تطورٍ جديد — وفكرةٍ جديدة — له جانب إيجابي وآخَر سلبي، والبشرُ يحقِّقون التقدُّمَ فقط عن طريق التركيز على الجوانب الإيجابية وتطويرها إلى نقاطِ قوةٍ ذات شأن.

إن الأفكار الجيدة لا تظهر إلى الوجود بمحض الصدفة، بل بإمكانك إمَّا أنْ تمنعها وإمَّا أن ترعاها. ونادیا شنتزلر وشركة برين ستور الخاصة بها متخصِّصون في احتضان الأفكار ورعايتها. إنهم واعون بقانون الأعداد الكبيرة (السعي وراء عدد كبير من الأفكار)، والتفكيرِ الجانبي (الربط بين المناطق التي يبدو من الظاهر أنه لا يوجد رابط بينها)، والتسامحِ مع الفشل (الخوف من الفشل يجعل البشر يميلون إلى التردد)، والتعامل مع التعبيرات «المُثبتة» القاتلة للابتكار (عبارات مثل: «لطالما فعلنا الأمرَ بهذه الصورة»)، والحفاظ على التواصُل الرسمي وغير الرسمي، وبطبيعة الحال هم واعون بكل أساليب العَصْف الذهني (إنتاج الأفكار من دون انتقادٍ متسرِّع).

لا يزال تطبيقُ هذه المبادئ في الشركات والمؤسسات يبدو صعبًا، ولا يزال التفكيرُ الضيق مستشريًا؛ ففي الحقيقة، غالبيةُ الابتكارات لم تأتِ نتيجةَ قفزاتٍ عملاقة، وإنما هي نتيجةُ انتقالٍ غير متوقَّع لبِنية أو ممارَسة مُحددة من قَبْلُ إلى أخرى، بالطريقة التي نعرفها ونحبها في تفكير الأطفال وحديثهم. إن الأشخاص الذين ينتقلون فقط على الطرق السريعة المعتادة المستخدَمة بكثرة، ينبغي ألَّا يفاجئهم تنوُّعُ الحياة، عندما تمرُّ بهم عن اليمين واليسار مساراتٌ مجهولة لا يعلمون عنها شيئًا …

يبدأ الأمر في الروضة والمدرسة الابتدائية؛ إذ يحتاج الابتكار والتفكير المستقل إلى الدعم والتشجيع. أمَّا الانتقادُ المتسرِّع السطحي، والضرورةُ المزعومة للتكيُّف مع ما هو معروف وطبيعي، وإقحامُ الأطفال في منظومة تعليمية يحدِّد الجمهور ملامحَها؛ فتقتل كلَّ صورِ الحماس نحو الأشياء والخبرات الجديدة. بالطبع نحن بحاجةٍ إلى خطوطٍ ومبادِئَ إرشادية، فليس ضروريًّا أن يوجد تعارُض بين المعايير والأفكار؛ وفي هذا الكتاب، توضح ناديا شنتزلر، من بين أمورٍ عدة، أنَّ فنَّ تحديدِ إطارِ العمل الصحيح هو مفتاحُ التوصُّل إلى أفكارٍ غير متوقَّعة. أما الضغطُ المتواصل من أجل تحقيق الإنجازات المدرسية، و«إضفاء الصِّبْغة المدرسية» المُبالَغ فيه على جامعاتنا؛ فلن يؤدي مطلقًا إلى بناء أرواح حُرة!

كأفرادٍ، نحن نتقبَّل كلَّ صورِ المخاطَرة في الرياضات المتطرفة، لكن كجماعاتٍ ننتظر أن يكون كلُّ شيء آمِنًا مائةً بالمائة. ليس هذا ممكنًا في حالة الابتكارات، كما أنه يمنعنا من رؤية إمكاناتها بوضوح، وعلى السياسيين والإداريين أن يُظهِروا تقبُّلَهم للابتكار، والمخاطَرة، والاكتشاف. إن الرغبةَ في الإصلاح في كل المناحي الضرورية ينبغي على الأقل أن تُرَى في أعين السياسيين، حتى لو ظلَّ التنفيذ الفعلي للإصلاحات صعبًا؛ فلو أن شركة بيل جيتس الصغيرة التي أسَّسَها داخلَ جراج وُجِدت في وقتنا الحالي، لَأُغلِقَتْ على يدِ مفتِّشِي المصانع في ألمانيا، ولو كان لَقَاحُ شلل الأطفال قد ظهر اليومَ لَكان من المحال أن يُسمَح به. لكنْ ليس بوسعنا تحمُّلُ تكلفةِ هذا النوع من السياسات، بتركيزها على التحذيرات والحظر، بل نحن بحاجةٍ مجددًا إلى ذلك النَّهَم بكلِّ ما هو جديد وغير معتاد، كي نتمكَّن من دخول الألفية القادمة ونحن نتحلَّى بالثقة.

آمُلُ أن يساعدك هذا الكتاب غير المعتاد على تعزيز ذلك النَّهَم!

د. فلوريان لانجنشايت

ميونيخ، يناير ٢٠٠٤

تمهيد

الإلهام ليس بديلًا عن العمل الجاد.

ماكس فيبر، عالِم اقتصاد واجتماع ألماني (١٨٦٤–١٩٢٠)

* * *

لن يُسارع أيُّ مهندس معماري جيد بتحويل صورة المنزل الجديد التي في خياله إلى واقعٍ ملموس عن طريق البدء في بنائه على الفور؛ فقبلَ أن تبدأ أعمال البناء، ثمَّة مراحلُ ضروريةٌ عدة من التخطيط والتجهيز؛ فهناك حاجة إلى إعداد الرسومات، وإجراء مسْحٍ للأرض التي سُيقام عليها البيت، كما يجب رسم الخطط لتحديدِ قدرةِ التحمُّل المحددة، وأخيرًا وليس آخِرًا يجب أن يمنح مالكو المنزل موافقتَهم على العمل المُقترح، وهي الخطوة التي غالبًا ما يتضح أنها أصعبُ الخطوات في العملية كلها. يعمل أيُّ مهندس معماري في الواقع على مستوياتٍ دقيقةٍ للغاية من التفصيل؛ فمن دون تفويضٍ واضح وميزانيةٍ تفصيلية لن يستطيع حتى البدء في عملية التخطيط؛ لذا سيرغب أولًا في معرفة الرؤيةِ التي يمتلكها الطرفُ الآخَر لمنزل أحلامه، والمعاييرِ التي عليه تطبيقها، ومقدارِ المال الذي بوسعه إنفاقه.

وما يبدو بديهيًّا في نظر أيِّ طفلٍ في الخامسة من عمره، فيما يتعلَّق بمثالِ بناءِ المنزل، من المفترض أن ينطبق بالمثل على عملية البحث عن أفكارٍ جديدة داخلَ أي شركة. ومع ذلك، تختلف الأمور كثيرًا على أرض الواقع؛ فالبحث عن الأفكار داخل أي شركة يشبه عادةً ما يقوم به البنَّاءُ حين يطلب خلَّاطَ الخرسانة وعُمَّالَ البناء، قبل حتى أن تكون واضحةً

لديه نوعيةُ المبنى الذي سيبنيه. بل هناك ما هو أسوأ من ذلك؛ فالفكرةُ الأولى التي تظهر داخلَ الشركة عادةً ما تُعتبَر جيدةً بما يكفي للبدءِ في أبحاث معقَّدة، ودفْعِ فريقٍ كامل من المهندسين لتدشين سلسلةٍ مكلِّفةٍ من أعمال التنفيذ، ثم نكتشف بعد بضعة أَشْهُر أن الفكرة لم تكن بتلك الجودة من الأساس؛ ومِن ثَمَّ يُدفَن المشروع في هدوء.

ليس الإلهام بديلًا عن العمل الجاد، ولا مساويًا للأفكار المدروسة جيدًا؛ فعمليةُ توليدِ الأفكار، الأفكارِ الواعدة اقتصاديًّا والقابلة للتنفيذ، عمليةٌ شاقَّة تتطلَّب انتباهًا شديدًا، ومع ذلك فهي عملية يمكن تعلُّمها؛ فهي لعبة يشترك فيها العديد من اللاعبين وتتضمَّن العديدَ من القواعد والأدوات. وحدَهم الذين يتفهَّمون مبادئَ هذه اللعبة يستطيعون توليدَ الأفكار الجيدة، سواء للمنتجات والخدمات الجديدة، أو لمواجهة التحديات الداخلية في مجال العمليات، أو إدارة الموارد البشرية أو الاستراتيجية.

كَثُرَ الحديث خلال الأعوام القليلة الماضية حول الابتكار وإدارة الابتكار، وأظهرَتْ شركاتٌ عديدة اهتمامها بالموضوع وأدركَتْ مقدارَ أهمية الابتكار لها. وقد حدَّدت بعض الشركات عملياتٍ بعينها، وعيَّنت مسئوليات تتعلَّق بتطوير الابتكارات (في المنتجات والخدمات بالأساس)، لكنْ للأسف تبدأ هذه العمليات بعد فوات الأوان؛ إذ إنها تعتمد على حقيقةِ أنَّ الأفكار الجيدة موجودةٌ حولنا، وتنتظر فقط تلقيمَها داخلَ هذه العمليات.

بَيْدَ أن الأفكار لا تظهر دونَ سابقِ إنذار، وعند البحث عن أفكار جديدة لن يختلف الجلوسُ في استرخاءٍ وانتظار أن يأتيك الوحي عن البحث عن إبرة في كومة قش. ربما يصادفك الحظ في بحثك، لكنْ للأسف الشديد سيقابلك الحظ السيئ أكثر كثيرًا من الحظ الحسن؛ وهو ما يعني أنه سيتعيَّن عليك كثيرًا الاكتفاءُ بفكرةٍ لا ترقى إلى المعايير الموضوعة، ولا هي مَصُوغة خصوصًا بحيث تناسب المشكلة القائمة؛ فالحظُّ والاحترافيةُ لا يجتمعان.

وفي كل يوم، يوجِّه روَّادُ الأعمال لأنفسهم أسئلةً على غرار: كيف يمكنني أن أطلِق نزعةً رائجة في مجالي؟ كيف يمكنني أن أعثر فورًا على فكرة ألمعية؟ كيف يمكنني استخدام موارد شركتي في العثور على أفكار؟ كيف يمكنني أن أمنع الفكرة من أن تصير إخفاقًا كبيرًا؟ لقد أُلِّفَت مئات الكتب حول موضوع الابتكار، وأساليب توليد الأفكار، والنزعات الرائجة، والطرق المُقترَحة للتعامُل معها، وشبكات المعايير وغيرها؛ ومع ذلك فإن الاعتقاد أن الأفكار من الممكن إيجادها بصورة منهجية — بمعنى أنه من الممكن أن توجد عملية قياسية تُفضِي إلى توليدِ أفكارٍ ناجحة قابلة للتطبيق — لا يزال غير معتاد بشدة.

وإذا سألتَ صُنَّاعَ القرار في مجالك عن الكيفية التي يخرجون بها بأفكار جديدة، فستحصل حينها على نطاقٍ من الإجابات المختلفة، وأكثرُ الطرق ذِكْرًا هي:

- تشجيع الأداء الفردي، المرتبط عادةً بنظامِ مكافآتٍ أو بَرْنامجٍ للمقترحات: لكن مشكلة هذا النموذج هي مكافأة الموظفين الأفراد، وعدم التقبُّل من جانب الزملاء الذين لم يكونوا جزءًا من عملية تطوير الفكرة. ومع ذلك فقد ثبت أن الأفكار الجيدة تُنتَج بوتيرةٍ أعلى بكثير داخلَ أي فريقٍ متعدِّدِ التخصُّصات، مقارَنةً بالأفراد المنعزلين الذين يتَّسِمون، في المعتاد، بمنظورٍ ضيِّقٍ للأمور. أيضًا يساوي الدعمُ الأوسع داخل الشركة وزنَه ذهبًا في مرحلة التنفيذ؛ ولهذا السبب يكون الفشل مصيرَ المنظومات ذات المَقْصِد الحَسَن، على غرار برامج المقترحات داخل الشركات؛ لأنها لا تشجِّع عمليةَ التوليد الجماعية للأفكار، وإنما تشجِّع إخفاءَ الأفكار عن الغير وإحاطتها بالسرية.
- وجود إدارةٍ بارعة تناقش الأفكارَ وتُطوِّرها بشكلٍ أكبر داخل الفِرَق: لكن مشكلة هذا النهج هي الانغلاق الشديد؛ فدائمًا ما سنجد الأشخاص أنفسهم منشغلين بالأفكار عينها؛ ولهذا السبب لا يجري استثمارُ الموضوع إلَّا سطحيًّا، ولا تظهر حلولٌ غير متوقَّعة إلَّا نادرًا. وهناك خطر إضافي يتمثَّل في استنزاف طاقة الفريق الأساسي.
- ربط الأفكار بمدير معين: وهذا هو الحال دائمًا في الشركات التي تُدِيرها عائلات، حيث يُطلِق «الراعي» الأفكارَ الجديدة. تعمل هذه المنظومة بنجاحٍ ما دام المديرُ المَعْنِيُّ يخلق أفكارًا جديدة. وإذا لم يحدث تداول كفء للسلطة أو لم يُسمَح باطِّلاع أيِّ شخصٍ على أسرار هذه النوعية من توليد الأفكار، فحينها ستكون قدرةُ الشركة كلها على الابتكار — ومن ثَمَّ الشركة نفسها — في خطر.

من الصعب العثور على عمليةٍ منظمةٍ لتوليد الأفكار في جميع هذه الطرق، ومع ذلك لا تزال بيانات المَهمة الخاصة بالشركات تمتلئ بعباراتٍ من قبيل «قوتنا الابتكارية تجعلنا زعماءَ للسوق …»

وفي بعض الشركات، يعمل عدد من المهندسين لشهور أو حتى سنوات على مشروع وحيد (مَبنيٍّ على فكرة واحدة)، ثم يتأكَّدون بعد انقضاءِ كل هذا الوقت من أن الفكرة لا تقدِّم فعلًا ما كانت تَعِدُ بتقديمه؛ وبهذا يضيع وقت قَيِّم كان من الممكن استغلاله

في إطلاق شيء جديد. أَلَمْ يكن من الأفضل العمل على عَشْر أفكار واعدة بالتوازي لوقت محدود، ومشاهدة بعضها وهو يفشل بينما يستمر البعض الآخَر ليصير ناجحًا؟ أَلَمْ يكن من الأجدى تسخير القوة الكاملة لقسم البحوث والتطوير لبضعة أيام، بدلًا من ترك هؤلاء الأشخاص الماهرين يعملون وحدهم لشهور؟

إن باستطاعة عملية محددة لتوليد الأفكار أن تعثر على ١٠ آلاف بذرة لفكرة جديدة، تُختار منها ٢٠ فكرة لامعة، تنطلق جميعها في اتجاهات متباينة تمامًا (لكنها تكون مركزة دائمًا على المهمة الأساسية). يجري تضمين ما يصل إلى ألف شخص، وتُختَبَر الأفكار على الفور في السوق، وتتدفق البيانات الواردة من مختلِف القطاعات الصناعية والدول إلى هذه العملية، وتُسهِم الأطراف المَعْنِية كلها (العملاء الحاليون والسابقون والموظفون والمورِّدون) في الفكرة. تحظى الفكرة التي طُوِّرَت بهذه الطريقة بدعم واسع، ويمكنك البدء في تنفيذها بارتياح، وتكلفةُ كلِّ هذا تقلُّ عن تكلفةِ اضطلاعِ ثلاثة مهندسين أَكْفَاء بالأبحاث الخاصة بمشروعٍ ما لمدة عام.

إن العملية الواضحة المُحدَّدة لتطوير الأفكار لا تخدم فقط هدفَ تطويرِ المنتجات والخدمات الجديدة؛ فالشركاتُ الإبداعية تتناول كلَّ قضية بطريقة مبتكرة، بصرف النظر عمَّا إذا كانت القضية تتعلَّق بمشكلةٍ داخلية أو بتطويرِ منتجٍ جديد.

من سمات الشركات الإبداعية ما يلي: حبُّ التجريب، والانفتاح، وإشراك الموظفين من جميع المستويات الهرمية، وتضمين الأطراف الخارجية، وتشجيع الفضولِ الشبيه بفضول الأطفال وشعورِ الاستمتاع بالأشياء الجديدة. وفي الشركة الإبداعية يضطلع أحدهم بمسئولية تطوير الأفكار، وتوجد عملية واضحة لتطوير الأشياء الجديدة (من الفكرة حتى التنفيذ)، وتوجد ميزانية محددة بوضوحٍ لهذه المشروعات. لكنْ بالرغم من هذا التخصيص الواضح، فإن كل موظف من موظفي الشركة يُنظَر إليه بوصفه قادرًا على جلب أفكار جديدة.

يجب أولًا إنشاء هياكل الإدارة الإبداعية، علاوة على غَرْس ثقافةِ توليدِ الأفكار بشكل مقصود داخلَ الشركة؛ فالهياكلُ والمسئوليات والأدوات والمساحات والإجراءات والمعايير وأُطُر العمل، كلُّها أمورٌ ضرورية من أجل توليد أفكار جيدة، يمكن بعد ذلك إدخالها إلى حيز التنفيذ، وقد يكون من الضروري تضمين شركاء خارجيين يعاوِنون في تجنُّب الرؤية الضيقة المحدودة.

تمهيد

في هذا الكتاب ستتعرَّف على معالم عملية توليد الأفكار الناجحة، وستعرف:

- كيفية التعامل مع عملية توليد الأفكار.
- أي الأطراف داخل الشركة وخارجها تحتاجهم.
- كيف يمكنك تقسيم مهمةِ ابتكارِ الأفكار إلى مكوناتها التفصيلية.
- كيف تبحث عن عدد كبير من الأفكار.
- أي المنهجيات مناسبة لك.
- أي عمليات الفلترة ينبغي استخدامها.
- كيفية عرض الأفكار الجيدة بطريقة تتيح المقارنة بينها.
- أي المعايير يُستخدَم في عمليةِ اتخاذِ قرارٍ بخصوص اختيار فكرتك المفضلة.
- كيف يمكنك تقييم جودة الأفكار.
- أي المعايير ملائم لهذا التقييم.

في الوقت ذاته، ستحظى بقدر وافر من المتعة خلال عملية تطوير الأفكار، ويمكنك تطبيق هذه العملية في أيِّ وقتٍ كي تطوِّرَ بنفسك أفكارًا قابلةً للتنفيذ بكفاءة.

نادیا شنتزلر

بيل، يناير ٢٠٠٥

منطقة إيداع الأفكار

استخدِمْ هذه المساحة في تسجيل كلِّ الأفكار التي ستَرِد إلى ذهنك خلال قراءة هذا الكتاب.

ماكينة لإنتاج الأفكار

لماذا يُعَدُّ الإنتاج الصناعي للأفكار أمرًا منطقيًّا؟

* * *

تظهر كلمة «فكرة» مرةً واحدة على الأقل في كل فيلمٍ صُنِع تقريبًا منذ بداية القرن العشرين. وثَمَّة مشهد بعينه، يتعلَّق بالأفكار، عَلِق بذاكرتي على نحوٍ خاص، وهو من فيلم «أبولو ١٣» لتوم هانكس. في هذا المشهد ينقطع السبيل بطاقم السفينة الفضائية «أبولو ١٣» في الفضاء، ويواجهون فيما يبدو صعوبات بالغة، ولا بد أن يتحركوا إلى كبسولة الهبوط؛ نظرًا لتَلَفِ جميع الأنظمة في الغرفة الرئيسية. وكأن ذلك لم يكن كافيًا، فواجَهَ طاقم السفينة مشكلات مع مرشحات ثاني أكسيد الكربون في كبسولة الهبوط؛ فهي لا تعمل بالشكل الملائم وتهدِّد سلامةَ الطاقم. في الوقت نفسه، تدور وقائعُ واحدةٍ من أشهر جلسات العصف الذهني في التاريخ في هيوستن، حين يستدعي قائد الرحلة فريقًا من المتخصِّصين، ويقوم بتفريغ جُوال يحوي جميع الأشياء الموجودة وقتئذٍ على متن أبولو ١٣ على طاولةٍ قائلًا: «أَنشِئوا لي مرشحًا لثاني أكسيد الكربون في أسرع وقت ممكن باستخدام هذه الأشياء.» شرع الفريق في العمل وفعلوا أفضلَ ما يجيدون فعله؛ فمضَوْا يخترعون، ويخترعون، ويخترعون، إلى أنْ وُجِد الحل؛ إنه نموذج لعملية توليدٍ للأفكار على طريقة ناسا، عملية ناجحة، ولكن بشكل غير منهجي على الإطلاق في هذه الحال. تُرَى ماذا كان سيحدث لو لم تُسْفِر جهودهم عن حلٍّ بنَّاء؟

ماكينة الأفكار

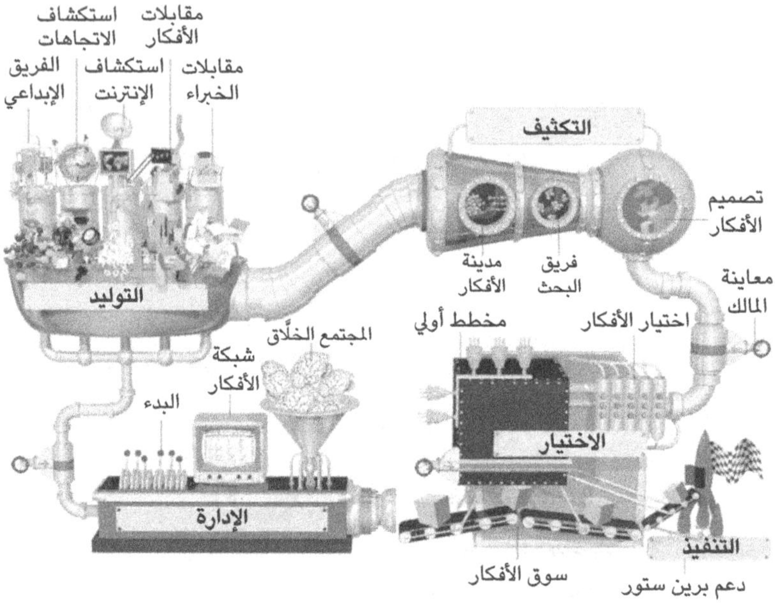

ماكينة أفكار برين ستور تتألَّف من توليد الأفكار، وتكثيفها، واختيارها وتنفيذها. ولكي تعمل الماكينة، تحتاج عملية توليد الأفكار إلى إدارة مبتكرة ذكية.

مشهد آخَر يأتي من فيلم «ذيل الكلب» لداستن هوفمان وروبرت دي نيرو، وهو محاكاة ساخرة لأوضاعِ أمريكا بشكل عام، وللسياسة الأمريكية بشكل خاص: قُبَيْل الانتخابات مباشَرةً، يحتاج الرئيس إلى التغطية على علاقةٍ أقامها مع فتاة مراهِقة، ومن ثَمَّ يستدعي مديرَ أزماته (دي نيرو)، وبالتعاون مع منتجٍ هوليوودي (هوفمان) ومستشارةِ الرئيس للسياسة المحلية (آن هاش)، يقوم مدير الأزمات بإنتاجِ حربٍ افتراضية في ألبانيا. عند تجسيد الحرب الافتراضية، يقوم الفريق بالتنقيب في صندوقِ هوليوود المليء بالحيل والخدع وإعداد حساء أفكار؛ إعمالًا لمبدأ «خلق شيء جديد من آخَرَ قديم»؛ فتُؤلَّف أغنية للحرب، يشدو بها مطربون عظماء في المجال الموسيقي، على غرار أغنية «نحن العالم» المناهِضة للجوع التي ظهرت قبل سنوات عدة، إلى جانبِ مقالاتٍ ترويجية للحرب، وأحداثٍ

للحرب وأبطالٍ يُزعَم عودتهم إلى الوطن قادمين من الحرب. يتوصَّل فريق الرئيس إلى أفضل أفكاره عن طريق قضاءِ مزيدٍ من المناوبات الليلية، وتعاطي حبوب الفيتامين والكحوليات في فيلا المنتج الهوليودي، في عملية توليد للأفكار على طريقة هوليوود.

على مدى السنوات القليلة الماضية، كنا نسأل دائمًا عملاءنا وشركاءنا عن كيفية توليد الأفكار في شركاتهم، علمًا بأن معظم الأشخاص الذين سألناهم من صُنَّاع القرار، وقد جمعنا ما يزيد عن مائتَيْ إجابة مختلفة، كان من بينها إجابات توقَّعناها، على سبيل المثال: «أقوم بأبحاث عن السوق»، أو «المهندسون لديَّ مسئولون عن الأفكار في شركتي»، أو «أسافر إلى الخارج لأجد الإلهام»، أو «أقوم بعصف ذهني مع الفريق الإداري»، ولكننا أيضًا حصلنا على إجابات أدهشَتْنا، مثل: «أدخلُ أحدَ الأديرة»، «أتوصَّل إلى أفضل أفكاري أثناء القيادة»، «زوجتي دائمًا ما تأتيني بأفكار جيدة»، أو «حين أنظر في مرآة الحلاقة في الصباح ...»

غير أنهم في المجمل يجمعهم شيء مشترك، ألَا وهو: أنَّ أي صانعِ قرارٍ لا يعتمد بالكاد على أي عملية منهجية؛ فجميعهم تقريبًا يعتمدون على قوى الإلهام الخاصة بهم، أو قوى الإلهام لدى الآخَرين؛ فهُمْ جميعًا يؤمنون بأنهم لا بد أن يتوصَّلوا بمفردهم وتلقائيًّا إلى أفكار جيدة، سيكون من شأنها دَفْع شركاتهم إلى الأمام. لو لم يكن صُنَّاع القرار هؤلاء تحت ضغط الوقت والحاجة للتجديد والابتكار؛ لَأدَّتْ هذه الأساليب المتنوعة لتوليد الأفكار بكل تأكيد إلى نتائج مقبولة، كما في: «سوف أذهب للركض لبضع ساعات، فهذا هو الوقت الذي دائمًا ما تأتيني فيه أفضل الأفكار.» ولكنْ ماذا لو كان — وهذا سيناريو واقعي — ضغطُ الوقت والابتكار حاضرًا؟ حينئذٍ قد لا يجلب مصدرُ الأفكار الذي ينجح في الظروف الأخرى أيَّ نتيجة مُجدِية.

ثمة عيبٌ آخَر لأساليب توليد الأفكار الفردية، يتمثَّل في كونها غير مدعومة بقاعدة عريضة؛ فلم يشارك أيٌّ من المستخدِمين النهائيين للفكرة في تطوير الفكرة، ولا يستطيع أي خبير أن يضيف رأيه إلى عملية توليد الأفكار، ولم يتم دمج أي موظف في العملية، ومثل هذه الفكرة يمكن أن يستقر بها المقام في سلة القمامة الإلكترونية أو الحقيقية بشكل سريع للغاية؛ نظرًا لعدم ارتباطها بحاجة واقعية. والعيب الحاسم هو أن هذا الأسلوب في توليد الأفكار لا ينتج عنه الكثير من الأفكار المختلفة بشكل عام، بل فكرة واحدة أو اثنتان على الأكثر. ماذا يحدث إنْ لم يكن بالإمكان تنفيذ أيٍّ من هذه الأفكار؟ هل ترغب في قضاء أيام أخرى عديدة في الركض وحدك؟

يوجد بالطبع أشخاص يمكنهم خلق أفكار رائعة بمفردهم وتنفيذها، والتاريخ زاخر بأمثلة عديدة لومضاتِ عبقريةِ الأفراد. ويقدِّم الفن والموسيقى والبحث الأساسي في العديد من المجالات والفروع العلمية أمثلةً لأفكارٍ تحتاج حقًّا إلى تطويرها؛ دون وجودِ عمليةٍ منهجية لتوليد الأفكار؛ فلم يكن فان جوخ، وجوته، وموتسارت، وأينشتاين بحاجةٍ إلى ماكينة أفكار (ولكنهم كانوا عباقرة استثنائيين يتمتعون بقدرٍ هائلٍ من الإلهام). يوجد أيضًا في المستويات الأقل من الحياة اليومية أمثلة لأشخاص أو فِرَق، يولِّدون كلَّ يوم أفكارًا غير منهجية، ولكنها بالرغم من ذلك ناجحة.

ثَمَّة مثالٌ لفريق من هذه النوعية يوجد بجوار مصنعنا للأفكار مباشَرةً في بيال: متجر صغير يُسمَّى «إسور» essor (وهي المرادف لكلمة «طفرة» في اللغة الفرنسية)، مملوك لثلاثة أصدقاء لي، يقومون بإنتاج حُلِيِّهم الخاصة، ويبيعون أيضًا مجموعةً صغيرة وحصرية من الملابس والحقائب والإكسسوارات من ابتكار كبار المصمِّمين. يواجِه الثلاثة كلَّ شهر مشكلةَ كيفيةِ تجهيزِ واجِهةِ المتجر من أجل مجموعة الحُلِيِّ القادمة المُزْمَع عَرْضها، ودائمًا ما يختارون فكرة رئيسية، ثم يبحثون عن أفكار عن كيفية تنفيذ هذه الفكرة في واجهة المتجر. وأحيانًا حين يتصادف وجودي، يتم إشراكي في العصف الذهني، من خلال عبارات مثل: «مهلًا، أنتِ تعملين في مصنع للأفكار، ماذا يخطر ببالك عن فكرتنا «المهرجون وملوكهم»؟» دائمًا ما أستمتع بهذه المناقشات الصغيرة لِمَا تحويه من إثارة وتشويق، وأعرف الكثير عن كيفيةِ خلْقِ هذا الفريق الثلاثي أفكارَه؛ إنهم يطوِّرون الأفكار بنفس طريقة أكثر الأشخاص موهبةً على المستوى الفني؛ فهم يتناقشون، ويطرحون جانبًا ما يطرحون، ويدمجون ما يدمجون، ويتجادلون، ويحتسون الجعة، وفي النهاية يتَّفِقون على مسار مقبول. وإذا لزم الأمر، يستعينون برأْيِ أو أفكارِ بعض الأطراف الخارجية. وعلى الرغم من أن هذا الأسلوب يفتقر إلى المنهجية إلى حدٍّ كبير، فإنه يؤدي إلى النجاح؛ فدائمًا ما تكون واجِهاتُ المتجر مدهشةً، ومثيرةً، وتعرض الحُلِيَّ بشكل يثير بداخلك الفضولَ والرغبة في دخول المتجر.

هناك آخَرون، ممَّن لا يملكون نفس الإمكانيات الفنية كأصدقائي الثلاثة، ليسوا محظوظين بما يكفي للتوصُّل إلى أفكارٍ بمثل هذا الأسلوب غير المنهجي وغير الفعَّال في الواقع؛ فليس كل شخص ليوناردو دافنشي أو ماري كوري، بحيث يمكنه خلْقُ أشياءَ عظيمةٍ من داخل نفسه، هذا فضلًا عن حقيقةِ أن الأشياء العظيمة عادةً ما تستغرق وقتًا؛ وكم شركة لديها الوقت؟ لذلك توجد حاجة إلى وجود نظامِ إنتاجِ أفكارٍ بأسلوب موجَّه،

والنبأ السارُّ هو أنَّ من السهل نسبيًّا بالفعل أنْ تنتج أفكارًا بشكل منهجي. لماذا إذًا تستمر في التفكير والاختراع وانتظارِ إلهامٍ عبقري، في حين أنه توجد بالفعل عملية منهجية يمكنها أن تَضْمَن لك تطويرَ فكرةٍ جيدة قابلة للتنفيذ في الوقت المطلوب؟

(١) تنظيمُ عملية توليد الأفكار منهجيًّا أمرٌ فعَّال

من الناحية العملية، يتم أي إجراء في أية شركة وَفْقًا لمنهجية معينة: من شراءِ المواد الخام، وعملياتِ الإنتاج وتسليم البضائع، وتأسيسِ مكانِ عمل، وطَلَبِ المعدات وتقييم الموظفين، إلى إنتاج السلع ومعايير التسويق. لِمَ يلزم هذا؟ لأنه أمرٌ فعَّال، وأيضًا لأن هذه الفاعلية تحرِّر الطاقةَ بداخلك من أجل الأشياء المهمة حقًّا، كالتواصُل مع العميل على سبيل المثال. لكن البحث عن الأفكار هو الشيء الوحيد الذي يُنفَّذ بلا منهجية في المعتاد، بل إنه في الواقع الجزء الوحيد من سلسلة القيمة الذي لا يزال يُنفَّذ بنفس الأسلوب المتَّبَع منذ عدة مئات من السنين؛ تحديدًا، بأسلوب التجربة والخطأ.

يظن معظم الناس أن العباقرة، أو الفنانين، أو المتخصصين ذوي الأجور المرتفعة في إدارةٍ للبحث والتطوير، هم فقط مَن يستطيعون تطوير الأفكار، لكن الموقف ليس كذلك؛ فالأفكارُ الجيدة يمكن تطويرها في فترة زمنية قصيرة، إذا أُشرِكَ الأشخاصُ المناسبون، وإذا التُزِم بعملية منظمة ومنهجية. بالإضافة إلى ذلك، يوفر البحث المنهجي عن الأفكار مسارًا مضمونًا نحو بلوغ المستوى المثالي، لا يمكن لشخصٍ بمفرده أن يسلكه مطلقًا؛ فالأفضلُ استغلالُ الوقتِ القصيرِ المتاح للعمل مع مجموعة متنوعة من الأشخاص من أجل استغلالِ كاملِ إمكانيات الموضوع، وتقييمُ كلِّ الرؤى المحتمَلة بخصوص الأمر، ثم التوصُّلُ إلى نتيجة مقبولة وقابلة للتنفيذ؛ عن أن تخوض مخاطَرةَ الاعتقاد بأن عبقريًّا ما سيجد حلًّا بنفسه، أو ربما لا.

(٢) ماذا يعني «الإنتاج الصناعي للأفكار»؟

يقوم مبدأ الإنتاج الصناعي للأفكار على مفهومِ أن الأفكار الجيدة — أيًّا كان الغرض منها — يمكن تطويرها بواسطةِ عمليةٍ منهجية منظمة، شأنها شأن السلع الأخرى التي تُنْتَج وَفْقًا لعمليةٍ محدَّدة سلفًا وباستخدام أدوات محدَّدة. هذا لا يعني أن الأشكال «القديمة»

لتوليد الأفكار لم تَعُدْ صالحةً أو لم تَعُدْ منطقية، فسيظل الفنان يصنع فنًّا بمفرده ومن داخله، دون الاضطرار لاستخدام عملية لتوليد الأفكار. ويمكنك أيضًا انتظار الإلهام حين لا تكون تحت ضغط الوقت أو النجاح. وفي كل المواقف التي لا يكون فيها الحال هكذا، تُعتَبر ماكينة الأفكار الخاصة بنا واحدةً من عدد من الوسائل الممكنة لخلق الأفكار بشكل منهجي. والمبادئُ التي يستند إليها الإنتاج الصناعي للأفكار مستقلةٌ عن أيِّ عمليةٍ بعينها، وقائمةٌ ببساطة على المنطق السليم وسنوات عديدة من الخبرة في مجال إنتاج الأفكار.

تلخِّص صورة الماكينة المبادئَ الأساسية للإنتاج الصناعي للأفكار؛ إذ تُطوَّر الأفكار في إطارِ عمليةٍ واضحة محددة لا تحدث بمحض المصادفة. فالماكينة دائمًا ما تفعل الشيء نفسه، وَفْقَ خطوات معينة محددة سلفًا، ومع ذلك يمكن ضبط الماكينة للقيام بمهامَّ متعددةٍ وتنتج أكثرَ من شكل، ودائمًا ما تكون النتيجة أفكارًا متنوعة تلبِّي جميع الشروط المطلوبة.

ولا تتوقَّف هذه الحقيقة أبدًا عن إبهار المهندسين ذوي الخبرة بالذات، في شركات مثل بوش/سيمينز، أو لوجيتك، أو دوبونت، أو إمبراير (المصنِّعة للطائرات)، والذين أنتجوا أفكارًا باستخدام ماكينة أفكارنا. فالمهندس يعتاد العمل وفقًا لسيناريو معين، ويظل «يجرب» حلًّا تلو آخَر إلى أن يتمكَّن من تصنيف المشروع كمشروع ناجح أو فاشل. أما ماكينة الأفكار، فتعمل بشكل مختلف تمامًا: ففي المرحلة الأولية، تقوم بصنْعِ مزيجٍ منهجي من جميع القِطَع الممكنة لأحجية حلٍّ ما، ثم تكثيفها في مرحلة ثانية إلى سيناريوهات محتملة، ثم العمل على خمسة إلى عشرين سيناريو بالتوازي، ممَّا يثمر مشروعاتٍ عديدةً دائمًا ما يمكن تصنيفها كمشروعات ناجحة؛ لأنها مُجدِية. ثمة ميزة أخرى لهذا الإجراء تَكْمن في الإشراك المتواصِل لـ «المستهدفين من الأفكار» (مثل: العملاء، والمستخدمين النهائيين، والمساهمين، والموظفين، والتجار، والمطوِّرين) في عمليةِ توليد الأفكار؛ وبهذه الطريقة لا تُطوَّر ابتكاراتٌ ليست لها علاقة بالسوق؛ ومن ثَمَّ تتعرَّض للرفض. ففي في العديد من الشركات التي تُدَار بالتكنولوجيا، لا يكمن السبب الحقيقي لفشل الابتكارات في غياب قوة الابتكار، وإنما في تطوير أفكارٍ تمرُّ على العملاء مرورَ الكرام دون تجربتها، أو تُطلَق إلى السوق قبل الأوان. لنأخُذْ بروتوكول التطبيقات اللاسلكية (WAP) على سبيل المثال: إن تكنولوجيا الهاتف المحمول هذه، التي سبقَتْ تكنولوجيا النظام العالمي للاتصالات المتنقلة (UMTS)، واجَهَتْ صعوباتٍ ضخمةً في بداياتها. ماذا

كان سيحدث لو أُشْرِكَ العملاء المحتملون في تطوير هذه التقنية منذ البداية؟ من الوارد للغاية أن بروتوكول التطبيقات اللاسلكية وتطبيقاته كانا سيلقيان قبولًا أكبرَ اليوم.

(٣) توليد الأفكار، وتكثيفها، واختيارها

هناك مبدأ بسيط للغاية لنجاحِ أي مشروع لتوليد الأفكار، ويصف أيضًا المكونات الثلاثة الأهم لماكينة الأفكار: توليد الأفكار، وتكثيف الأفكار، واختيار الأفكار. إن هذه المراحل الثلاث ينبغي أن تصبح شعارك الشخصي؛ أيْ جملة ترِّدها دائمًا حين تشرع في البحث عن أفكار: ولِّدْ، كثِّف، اختَرْ. ومن المهم أن يقوم أي شخص يرغب في تطوير أفكار بفصل هذه العبارات الثلاث بعضها عن بعض؛ فعليك أولًا أن تقوم بتجميع الأفكار، ثم دمجها وتنقيحها، وحينئذٍ فقط يمكنك أن تقرِّر وتختار. يبدو هذا معقولًا، أليس كذلك؟ نحن أيضًا نعتقد ذلك. ومع ذلك فهذا هو حجر العثرة الأكثر شيوعًا وخطورةً على الطريق نحوَ أيةِ فكرة.

أتذكَّر جلسةَ عصفٍ ذهني في واحدة من كبرى وكالات الإعلان بسويسرا؛ كنتُ قد دُعيت كطرف خارجي للبحث عن اسمٍ لسيارة مع موظَّفِي الوكالة. كان لديَّ فضولٌ لمعرفةِ كيف لأمرٍ كهذا أن يحدث في وكالة معروفة ولها احترامها كهذه، فوافَقْتُ على الفور. حضر حوالي ثمانية موظفين من الوكالة، يعملون بوظائف متنوعة، من مستشارة العميل ومُصمِّم الجرافيك إلى مسئول الإنتاج؛ ولم يوجد أي شخص من طرف العميل. لم تكن هناك مقدمة ولا شرح؛ كلُّ ما قُدِّمَ لي هو صورة للسيارة الجديدة، وكانت سيارة عائلية، لا بد من إيجاد اسم لها. فكَّرْتُ في نفسي: حسنًا، من المفترض أن الآخَرين يعرفون الكثير عن هذه السيارة، ولا يحتاجون إلى معلومات تفصيلية أخرى. فلننتظِرْ ونَرَ.

افتتحَتْ مستشارة العميل جلسةَ العصف الذهني قائلةً: «حسنًا، هل من اقتراحاتٍ لاسم هذه السيارة؟» لم يَنْبِس أحدٌ بكلمة لحوالي عشرين ثانية. بعد ذلك، وببطء، توالَتِ المقترحات مبدوءةً بأول اسم، وقد قامت مستشارة العميل بكتابةِ ملحوظةٍ به على اللوح الورقي. وبمجرد طرح المقترح الأول، بدأت مناقَشة بشأنِ مدلولِ ذلك الاسم، أو غيابه، وانجرفَتْ جلسةُ العصف الذهني إلى مناقَشة جوهرية حول جودة الأسماء، وأسماء السيارات الأخرى التي ينتجها العميل. وبعد خمس دقائق كان هناك أربعة أسماء على اللوح الورقي، ولم يكن أيٌّ منها جيدًا. أنهَتْ مستشارة العميل الاجتماع بعد عشر دقائق

أخرى، وبعد أن سجَّلَتْ ثلاثةَ أسماء أخرى على اللوح الورقي، وقالت إنها ستفكِّر أكثر بشأن الأسماء مع العميل.

فيما يلي تحليل مقتضب لهذا الإجراء التقليدي من وجهة نظر مَصنَع الأفكار: ما الخطأ الذي وقع؟

(١) معلومات غير واضحة: لم يكن المشارِكون على علمٍ بموضوع الجلسة، ولم يكونوا جميعًا بنفس مستوى المعرفة. لم تكن المعايير والمهمة واضحتين.

(٢) تألَّفَ الفريق من مجموعة متشابهة من أشخاص يشتركون جميعًا في نفس أسلوب التفكير (جميع الأشخاص كانوا من وكالة الإعلان): لم يُشْرَك العميل، في حين ضُمَّ عضو خارجي، ولكن فقط لوظيفة صورية؛ لأنه لم يكن لديه سبيل للاطلاع على بيان المعلومات.

(٣) غياب الكمِّ: من المستحيل إلى حدٍّ ما أن تختار اسمًا مفضَّلًا، يحقِّق نجاحًا في السوق، من قائمةٍ من ثمانية أسماء مقترحة؛ فأنت بحاجةٍ إلى ألف مقترح على الأقل لإيجاد اسم جيد.

(٤) بدلًا من تقسيم عملية البحث عن الفكرة إلى مراحل التوليد والتكثيف والقرار، خُلِطت جميع المراحل معًا من البداية: فقد نُوقِشت الفكرة الأولى، وعلى الفور دُمِّرَتْ بقرار هدَّام، بينما كانت المجموعة لا تزال في مرحلة التجميع؛ فلم تُعْطَ الأفكارُ الجديدة فرصةً بشكل حقيقي.

«ولِّدْ»، «كثِّفْ»، «قَرِّر». اكتبْ ذلك على شاشةِ جهاز الكمبيوتر المؤقتة!

في صورة ماكينة الأفكار الواردة في بداية الفصل، يمكنك أن ترى بوضوح أن المراحل مترابطة، ولكنها تظل منفصلة إحداها عن الأخرى بشكل واضح. وبمجرد أن تتقبَّل هذا القانون، يمكنك حينئذٍ أن تُثْرِي المراحل بالأفكار:

- «توليد الأفكار» باستخدام أساليب متنوعة؛ على سبيل المثال: البحث عن بذورٍ للأفكار مع أعضاء داخليين وخارجيين، وجمع الرغبات والاحتياجات، ومعرفة أفكارِ واحتياجاتِ المستخدم من خلال مقابَلات الأفكار، ومقابَلات الخبراء، والبحث عن الإلهام في دولٍ أخرى أو قطاعاتٍ صناعية أخرى أو على الإنترنت (استكشاف الاتجاهات أو استكشاف الإنترنت).
- «تكثيف الأفكار» عن طريق إعادة دمج شظايا الأفكار التي تُولَّد في مرحلة التوليد بشكل متواصل، وترشيح الأفكار التي جُمِعتْ خلال عملية تدقيق عاطفية، وتقييم

الأفكار وفقًا للمعايير المُدرَجة في بيان المعلومات، وتطوير مفاهيم نهائية قابلة للمقارنة بمجرد النظر.

- «الاستقرار» على الأفكار في شكل منظَّم بالتعاون مع «مالك المشروع» وصُنَّاع القرار في الشركة.

إن ما يبدو سهلًا هنا، من واقع خبرتنا، هو عملية لا بد أن تمارسها بشكلٍ نَشِط، وتأخذها مأخذَ الجد. وحتى نحن، العامِلين بمصنع الأفكار، غالبًا ما نقع في نفس الفخِّ الذي يقع فيه عملاؤنا غالبًا، حين نضطر إلى تطويرِ أفكارٍ لأهدافنا الخاصة، ربما لأننا نعتقد أن شيئًا سوف يخطر لنا بطريقة غير منظَّمة؛ لأننا نعرف أنفسنا جيدًا بشكل مبالَغ فيه، وهو ما لا يحدث بالطبع؛ فكلُّ ما نتوصَّل إليه ما هو إلا أفكار قديمة بثوب جديد. ولكن هناك ما يُغْرِيك دائمًا لتجربة الأسلوب غير المنهجي؛ ببساطة لأن لديك شعورًا بأنه أسهلُ من اتِّباع أسلوب منهجي. إلا أن هذه مُغالَطة؛ فبمجرد أن تصبح لديك معرفة بطُرُق منهجية ناجحة، تستحسِن موثوقيةَ النتائج، وسهولة العمل، وإمكانية دمج أطراف داخلية وخارجية في المشروع.

(٤) صدام الأطراف الداخلية والخارجية

من أهم قوانين الإنتاج الصناعي للأفكار؛ ضرورة وجود منظور جديد محايد. وبالتأكيد لن تحقِّق ذلك إذا تعامَلْتَ مع توليد الأفكار وحدك أو مع فريقك الأساسي في الشركة. بدلًا من ذلك، أنت بحاجةٍ إلى إشراك أشخاصٍ بخلفياتٍ ورؤًى مختلفة في عملية توليد الأفكار، وينبغي أيضًا إشراك المستخدِمين المحتمَلين (المستهدَفين من الأفكار) في عملية التطوير في مرحلة مبكرة. في الفصل الخاص بـ «المجتمع الخلَّاق»، سوف تتعلَّم كيف تنشئ فرقًا على النحو الأفضل، وما تحتاج إلى وضعه في اعتبارك عند إشراك أطراف خارجية، وأي أطراف خارجية نقوم نحن — كمصنع للأفكار — بإشراكها في مشروعاتِ عملائنا.

إذا أشركتَ الأشخاص المناسبين في المشروع، تكون بالفعل قد حقَّقتَ الكثير. انْسَ فكرةَ أن الأشخاص ذوي المعرفة المتخصِّصة عن الموضوع الذي بين يديك هم فقط مَن يُجْدُون نَفْعًا في مشروعاتك لتوليد الأفكار، فكلَّما تنوَّعَتْ مجالاتُ المعرفة، والتخصصات والاهتمامات داخل فريق المشروع في مرحلة توليد الأفكار، كان ذلك أفضل. اجعلِ الأشخاصَ المثيرين للاهتمام جزءًا من شبكة أفكارك الشخصية، وسوف تجد أن كل هذه الرؤى ستكون يومًا

ما ذات نفع، فضلًا عن الإثراء الذي سوف تشعر به على المستوى الشخصي؛ إذا عرفتَ أشخاصًا مختلفين كلَّ يوم وقدَّرت وجودهم.

(٥) توليد الأفكار

إليك معادلة بسيطة: كلَّما كان الوقت المتاح لتوليد الأفكار بشكل عام أقل، ازداد عدد مصادر الإلهام التي ستحتاج إلى جمعها لتطوير الفكرة، وكلما كان لديك مزيد من الوقت، قلَّ عدد الأفكار المبدئية التي ستحتاج إليها؛ نظرًا لزيادة حجم الوقت الذي يمكنك أن تمضيه في تشكيلها، كما يمكنك أيضًا تحمُّل انتظار الوميض الحاسم للإلهام. ولكنْ: مَن ذا الذي يملك بالفعل الوقتَ لانتظار الإلهام لفترة طويلة هذه الأيام، بينما تحتاج السوق إلى شيء جديد والمنافسون يسبقونك بخطوة دائمًا؟ إذًا نحن بحاجةٍ إلى إيجادِ فكرةٍ ممتازة وزيادةِ الفرص المبدئية، خلال الفترة الزمنية القصيرة المتاحة لنا.

جَهِّزْ نفسك للتعامل مع مزيج ضخم من المادة الأولية. سوف تطرح جانبًا الكثيرَ من المادة الأولية، ولكن فرصة العثور على فكرة مثيرة تكون أكبر كثيرًا في وجودِ كمٍّ كبيرٍ من «المادة الأولية» منها في حالة وجود بعض الشظايا القليلة. ولكن ماذا يعني هذا؟ إن لدينا قاعدة عامة في برين ستور: الفكرة الجيدة تحتاج إلى ما لا يقل عن ٥٠٠ شظيةِ أفكار. وبما أنك بحاجة إلى ما لا يقل عن ستِّ أفكار، لتبقى لديك في النهاية فكرة واحدة يمكنك اختيارها وتنفيذها؛ إذًا فأنت بحاجةٍ إلى ما لا يقل عن ٣٠٠٠ فكرةٍ خام أو شظيةِ أفكار، يمكنك فَلْتَرَتها، ودمجها، وتشكيلها في صورة أفكار جاهزة.

ومن أجل إيجاد هذا الكم الكبير من الإلهام، أنت بحاجةٍ ليس فقط إلى الفريق المناسب (انظر فصل «المجتمع الخلَّاق»)، ولكنك أيضًا بحاجةٍ إلى الأدوات المناسبة. بشكلٍ عام، لديك أربعة مصادر أساسية لجمع الإلهام، ويوجد فصل مستقل في هذا الكتاب عن كل واحد من هذه المصادر:

- «الفِرَق الإبداعية»: هي ورشُ عملٍ تتراوح مدتها بين ساعة وست ساعات، تقوم خلالها بجمع المواد الخام بالتعاون مع الأطراف الداخلية والخارجية.
- «استكشاف الاتجاهات واستكشاف الإنترنت»: هو البحث عن مدخلات غريبة وشاذة وغير مألوفة من قطاعاتٍ صناعية ودولٍ مختلفة، يمكنك تضمينها في المشروع في وقت لاحق.

- «مقابلات الخبراء»: هي مناقشات مع الخبراء الذين يمكنهم إعطاؤك بذورًا لأفكار معينة.
- «مقابلات الأفكار»: هي استطلاعات للموظفين، أو غير العملاء، أو الإدارة، أو آخَرين، ممَّن يستطيعون المساهَمة بشيء في الفكرة.

(٦) التكثيف: من الكم إلى الكيف

بينما ينصبُّ التركيزُ في المرحلة الأولى لإنتاج الفكرة على الكمِّ وتنوُّعِ الرؤى وإشراكِ مختلِف الأشخاص، تُعنى المرحلة الثانية — التكثيف — باستخلاص الاستنتاجات المناسبة من الأفكار الخام التي تم توليدها في السابق. ويمكن تحقيق هذا بأقصى سرعة إذا قام فريق مناسب من المتخصِّصين في المنهجية والمحتوى بفَرْز ودمج الأفكار الخام التي وُجِدت، بحيث تصل إلى عدد عملي قابل للتطبيق من الأفكار.

مرة أخرَى يحدث هذا في العديد من النماذج. يُسمَّى الجزء الأول من الماكينة «مدينة الأفكار»، ووظيفته هي النظر إلى شظايا الأفكار التي أُوجِدت في مرحلةِ توليد الأفكار، وخَلْقِ توليفاتٍ وأفكارٍ جديدة من منطلق هذه الرؤية.

بعد ذلك تحدث عملية «الفحص الأول»، وفيها تُقيَّم الأفكار التي صُنِعت في «مدينة الأفكار» بأسلوب عاطفي، ويتم تحديد إنْ كان من الممكن أن تظل فكرةٌ ما ضمن المجموعة المختارة، أو ينبغي رفضها أو تغييرها بشكلٍ ما.

الخطوة التالية هي «فحص المعايير»، وتُقيَّم خلالها الأفكار المتبقية بناءً على معايير المشروع.

تُقدَّم الأفكار المتبقية الآن في بوتقة الأفكار إلى «فريق البحث»؛ حيث يقوم فريق صغير ومحنَّك من المتخصِّصين في منهجية توليد الأفكار، وغيرهم من المتخصِّصين في مجالات أخرى، بإخضاعِ الأفكار لاختبار شامل في مرحلة «مصباح الحمم». وقد سُمِّيت هذه التقنية باسمها هذا نظرًا لأن الأفكار ترتفع وتهبط، وتنفصل وتترابط، كما في مصابيح الحمم الشهيرة التي ترجع إلى الستينيات، والتي تشهد الآن عودة للرواج مرةً أخرى.

في نهاية هذه المناقشات (التي تكون أحيانًا ساخنة ومطولة للغاية)، يجري فحص تلك الأفكار التي تنجح في الإفلات من اختبار قوة التحمُّل؛ هذا من أجل التحقُّق من جدواها وقابلية تنفيذها. بعد ذلك، تُصاغ الأفكار بلغة بسيطة (يمكن لطفلٍ في المرحلة الابتدائية أن يفهمها) وتُوضَع في شكل مرئيٍّ يرتبط بالمحتوى وقابلٍ للمقارَنة في مرحلةِ تصميمِ الأفكار.

وفي فصول لاحقة، سوف تعلم تفصيلًا كيف تعمل كل هذه الأجزاء من الماكينة، وما ينبغي أن تنتبه إليه إذا أردتَ تطويرَ أفكار وفقًا لهذه المبادئ بنفسك.

(٧) تحرِّي الشفافية في عملية اتخاذ القرار

إن الأفكار التي تُولَّد في ماكينة الأفكار جيدة، يمكنك الاعتماد على ذلك، غير أنه لا يمكنك دائمًا الاعتماد على حقيقةِ أنَّ كلَّ مَن تُعرَض عليه هذه الأفكار سوف يتفاعل معها بشكل موضوعي وبنَّاء. فالأفكار، قبل كل شيء، مسألةُ ذوق؛ ولذلك تجد عنصرًا عاطفيًّا قويًّا حاضرًا. والعواطف، بالطبع شيء جيد من حيث المبدأ؛ فالأفكار تعيش على العواطف. ولكنْ من المهم ألَّا تتسبَّب الملاحظات العاطفية الفردية — التي ربما لا تكون لها صلة بالأمر — في وَأْدِ فكرةٍ في مهدها.

لذا من المهم أن تُصمَّم عملية اتخاذ القرار التي تؤدي إلى اختيار فكرةٍ ما على نحوٍ شفاف. ويمكن تحقيق هذا على مستويَيْن؛ أولًا بإشراك «مالك المشروع» (أي الشخص الذي طلَبَ إعدادَ الفكرة) في المشروع؛ فهذا من شأنه أن يضمن تلبيةَ الأفكار لاحتياجات الشركة بشكلٍ فعلي؛ فأصحابُ المشروعات يُوجِّهون المشروعَ ويقومون بتصحيح المسار، حال انحرَفَ المشروع عن الهدف المنشود بشكل بالغ، كذلك يكون أصحاب المشروعات بمنزلة ضامنٍ للجودة لصُنَّاع القرار الآخَرين في الشركة. تتحقَّق الشفافية أيضًا بعرض الفكرة في صورتها النهائية على مجموعةٍ كبيرة من الأفراد داخل الشركة، ومُطالَبتهم بتقييمها منهجيًّا.

تبيِّن مرحلة «اختيار الأفكار» أيُّ الأفكار ستلقى قبولًا كبيرًا في الشركة، وأيها لن تحظَى بالموافقة، وأيها سيكون لها تأثير استقطابي قوي. والأفكار ذات التأثير الاستقطابي بشكل عام تكون مشوِّقة ومثيرة، شأنها شأن تلك التي يظن الجميع أنها جيدة. وتلك الأفكار ذات التأثير الاستقطابي داخل الشركة عادةً ما تكون هي تلك التي تصبح أيضًا الموضوع رقم واحد في السوق. ويمكنك أن تجد مزيدًا من المعلومات عن هذا الموضوع في الفصل الخاص بـ «اختيار الأفكار».

ينبغي إتْباع مرحلةِ اختيار الأفكار بمرحلةِ إثبات الفاعلية في السوق؛ أيْ عرضها على أولئك الأشخاص الذين سوف يستخدمون الفكرة فعليًّا. غير أنه لا ينبغي أبدًا مواجَهة السوق بأكثر من ثلاث صور مختلفة للفكرة، وينبغي أن تكون هذه التنويعات قد حَظيت بالفعل بموافَقة واسعة من داخل الشركة.

(٨) إدارة الأفكار

يحظى الإنتاج الصناعي للأفكار بجاذبية شديدة؛ نظرًا لأنه في كل مشروع يمكن إشراك هؤلاء الذين يمثِّلون الأشخاصَ الأنسب في كل حالة، ويمكن الاستفادة من مهاراتهم ومعرفتهم الواسعة في المشروع. غير أن هذا يعني أن إدارة المشروع والرقابة عليه أمر ضاغط، ويعني أيضًا أن إدارة الأفكار تضطلع بدور، وهو قبل كل شيء دور تنسيقي، وليس بالضرورة أن ينتج الفكرةَ في حدِّ ذاتها. كذلك تُعَدُّ إدارةُ الأفكار، بالطبع، مسئولةً عن الجودة المرتبطة بالمحتوى، إلَّا أنها تضمن هذا بالأساس من خلال التأكُّد من أن الإطار الموضوع لإنتاج الفكرة يؤدي مهمته، وأن الأشخاص المناسبين تتاح لهم الأدوات المناسبة في الوقت المناسب؛ لكي يكونوا قادرين على تطوير أفكار، وهذا من شأنه أن يؤدي إلى فاعلية بالغة.

لذلك يصاب الكثير من الموظفين، المحتمل انضمامهم لمصنع الأفكار الخاص بنا، بخيبة الأمل في البداية حين يعلمون أن دورهم في مصنع الأفكار سوف يتضمَّن الكثيرَ من التنسيق والتخطيط أكثر ممَّا يتضمن العمل الإبداعي على الأفكار. إن مَن يعتقدون أن بإمكانك حقًّا أن تعبِّر عن نفسك، وتضع أفكارك موضعَ تنفيذٍ في مصنعٍ للأفكار، لديهم صورة خاطئة عن إدارة الأفكار. ولكن لا يمكن تطوير أفكار جيدة من دون وجودِ وظيفةٍ تنسيقيةٍ وشخصٍ لديه معرفة منهجية ونظرة عامة لمشروع الأفكار؛ فإدارة الأفكار تتضمَّن وضْعَ شرحٍ واضح للمشروع بالتعاون مع مالك المشروع (انظر فصل «بيان المعلومات والبدء»)، ومراقبة جودة المشروع، والاهتمام بمالك المشروع، وفحص العمليات والأفكار والمفاهيم بأسلوب ناقد، وعرض مشروع الفكرة وتوجيهه. يمكن مُطالَعة المزيد عن هذا الموضوع في فصل «إدارة الأفكار».

(٩) التنفيذ

التنفيذ هو النتيجة المنطقية لأية فكرة جيدة، ومع ذلك فالكثير من الأفكار الجيدة تقضي فترة كبيرة للغاية حبيسةَ الأدراج؛ ومِن ثَمَّ تصبح قديمةً مع حلولِ وقتِ تنفيذها. إن توقيت التنفيذ أمرٌ غاية في الأهمية لنجاح أية فكرة، ولا بدَّ أن يُؤخَذ في الاعتبار أثناء التعريف بالمشروع.

ومن الأمور ذات الأهمية القاطعة، إشراك أولئك الذين يحتمل اشتراكهم في تنفيذ المشروع إشراكًا مبكرًا، لكن ليس مبكرًا للغاية؛ فأسسُ أعمال التنفيذ ينبغي بالفعل أن

تُرسى مبكرًا خلال مرحلة التكثيف من عملية توليد الأفكار، من خلال التفكير في جدوى الأفكار، والموارد المطلوبة لتنفيذها، وأسئلةِ «ماذا يحدث لو»، والسيناريوهات المختلفة. وسوف يتنوَّع حجم الأهمية الذي يُولَى لهذه المسائل اعتمادًا على مدى إلحاح التنفيذ.

إذا كنتَ تبحث، على سبيل المثال، عن رؤًى لمنتجات سلعية ممكنة خلال عشرة أعوام، فلن يكون التنفيذ هو المسألة الأكثر إلحاحًا. أما إذا كنتَ تخطِّط لحدثٍ من المُزْمَع عقده خلال ثلاثة أسابيع، فحينها تكون المسائل المتعلِّقة بالتنفيذ ذات أهميةٍ محورية، ويمكنك أن تجد مزيدًا من الملاحظات عن هذا الموضوع في فصل «التنفيذ».

(١٠) الإنتاج الصناعي للأفكار: قطاع ذو أهمية متزايدة

منذ ١٥ عامًا قمنا نحن، طالبَيْن وفتاةً بالمدرسة، بتأسيس شركتنا. كانت فكرتنا البسيطة هي جمع الشباب الذين يملكون أفكارًا مع الشركات التي تحتاج إلى أفكار. في ذلك الوقت، لم تكن لدينا فكرة عن أن عملية الإنتاج الصناعي للأفكار سوف تنبثق منها، غير أننا كنا نعلم أننا قد وجدنا آليةً أساسية لإنتاج الأفكار، بسيطة بشكل مثير للذهول؛ فالجمع المنهجي بين أطراف داخلية وخارجية، أطلَقَ طاقةً وديناميكيات لأفكار جديدة لم نتخيَّلها قطُّ. وكفريق في مهد الشباب، كانت باكورةُ مشروعاتنا في مجال الشباب؛ فكنا نطوِّر أفكارًا، على سبيل المثال، لحَمْلةٍ جديدة لشركة كوكاكولا، أو منتجٍ جديد من الوجبات الخفيفة، أو أفكارًا عن كيفية توعية الشباب بموضوع الامتناع عن التدخين. كانت منهجيتنا منزليةَ الصنع نوعًا ما، ولم تكن شديدةَ التطور، إلَّا أننا وقعنا في غرامِ استراتيجيةِ تجميعِ أطراف داخلية وخارجية معًا من النظرة الأولى. في المشروع الخاص بهيئة الصحة السويسرية، والذي كان يهدف لتحفيز الشباب على التطعيم طواعيةً ضد التهاب الكبد الوبائي ب، جاء الشباب من جميع أنحاء سويسرا مع أطباء على مستوًى عالٍ من التخصُّص لتطويرِ أفكارٍ ومناقشتها. ولاحظنا مدى التقارب الذي حدث بين الطرفين بشكل عفوي وسريع، فكان لدى الشباب الكثيرُ من التساؤلات بخصوص التهاب الكبد الوبائي ب، وكان لدى الأطباء الكثيرُ من التساؤلات للشباب. ومن خلال وسطية بارعة، حقَّقْنا حالةً أثرى فيها كلُّ طرفٍ الآخَرَ، ووُضِعت فكرة جيدة لحَمْلة أقنعت الشباب، وكانت ذات قيمة لهيئة الصحة على حد سواء.

أوضحَتْ لنا هذه التجربة وعددٌ من التجارب الأخرى في الأيام الأولى لبرين ستور أن هذه المعادلة من جمع أطراف داخلية من الشركة مع أطراف خارجية شابَّة؛ معادلةٌ ناجحة. إنها أشبه بحساءٍ جيدِ المذاق؛ إذا اجتمعَتِ المكونات الصحيحة معًا، تكتسب مذاقًا أفضل ببساطة. وكل محاولة بذلناها للانحراف عن هذا المبدأ الأساسي لم تُجْدِ نفعًا؛ على سبيل المثال: حين كنا نقوم بتوظيفِ طلابٍ يدرسون في مجالِ عملِ العميل بدلًا من المراهقين، أو الاكتفاء بالعمل مع الأطراف الداخلية لأسبابٍ تتعلَّق بالميزانية؛ فهذه التجارب لم تحقِّق نفس المستوى من الأفكار الجيدة مثل مزيجنا للأطراف الداخلية/الخارجية.

ومن رَجِم هذه الآلية البسيطة، طُوِّرت أدواتٌ وتقنياتٌ أخرى على مر السنين، من أجل تطوير الأفكار على نحوٍ سريع وموثوق فيه، وبقبولٍ مضمونٍ من قِبَل صُنَّاع القرار المشاركين في المشروع. ولم نفعل شيئًا سوى إضافةِ علامةِ «الإنتاج الصناعي للأفكار»، بعد أن أدركنا أننا قد وجدنا مفتاحًا لإنتاج الأفكار بنفس الطريقة التي تُنتَج بها المنتجات الأخرى: بواسطة ماكينة. أُضِيفت أجزاء جديدة لهذه الماكينة بمرور الوقت، وخضعَتِ الواجهات — ولا تزال — للفحص والتدقيق بشكل دائم، وتحسَّنَ أداؤها وصار أكثر موثوقيةً.

والكثير من أجزاء الماكينة — التي نعتبر وجودها بديهيًّا الآن — لم يوجد إلا من أجل مشروعات خاصة للعملاء؛ فمع كل مشروعِ اختراعٍ كانت تُضاف تقنيات وأدوات وتحسينات جديدة كنا نقوم بتجربتها من أجلِ عميلٍ ما — وهذا أمر ليس مستغرَبًا بالنسبة إلى مصنع أفكار — فكلُّ عملية جديدة تُعَدُّ بمنزلة أرض جديدة تَطَؤُها أقدامنا لأول مرة ونستفيد منها بطريقةٍ ما. لقد اعتدنا أن ننظر إلى كل مهمة بنظرةِ ابتهاجٍ وفضولٍ خليقة بطفل، ونترك أنفسَنا لتفاجِئنا المهمةُ بالاتجاه الذي ستقودنا إليه.

لذا كانت منطقة جديدة لنا، على سبيل المثال، حين عهدَتْ إلينا شركة جونسون آند جونسون بتطوير أفكار جديدة مع فتيات شابات في سويسرا، للترويج لنوعٍ من الفوط النسائية. لم نكن نعلم أيَّ شيء عن أبحاث السوق، مثلما لا نعرف شيئًا عن معظم الموضوعات التي يطلب منا العملاء التعامُل معها، وهذا يُرغِمنا على التفكيرِ في الموضوع والإلمامِ به بشكلٍ أسرع، وأكثر شموليةً وواقعيةً. وقد طُوِّر جزء مهم للغاية من ماكينة أفكارنا من هذا المشروع الأول لأبحاث السوق، تحديدًا المكونات الخاصة بفكرة موجهة للغاية ومقابلات الخبراء، والتي يمكن تقييمها في إطار مشروع الأفكار.

وقد عَوَّض القدرُ الضخم من الوقت والجهد الذي بذلناه لبناء وحدة لأبحاث السوق لأول مرة لعميلنا جونسون آند جونسون؛ تكاليفَه مائةَ مرة منذ ذلك الحين؛ لأننا الآن نستطيع أن نقدِّم لعملائنا أداةً أفضلَ لدعم مشروعاتهم الابتكارية. وكلُّ أداة وكل جزء بالماكينة نستخدمه بشكلٍ مستديم من أجل عملائنا تمَّ فحصه وتعديله عدة مرات؛ فماكينةُ الأفكار ليست شيئًا ثابتًا، بل هي في حالةٍ من التطوير المستمر، فتُزوَّد بأجزاء جديدة، أو مجموعات أدوات، ويتم تعديلها أو يُستعاض عنها بنُسَخ أحدث. وكلُّ تقنية نجرِّبها ونجدها جيدة تمر بعدة محطاتِ اختبارٍ خلال عملية تطويرنا قبل دمجها في ماكينة الأفكار؛ لذلك يمكن أن تثق بأن المبادئ والأدوات والمفاهيم التي أُشِيرَ إليها في هذا الكتاب ليست مجرد أفكار لطيفة، أو تجارب مشكوك فيها، أو أفكار مجرَّدة لا صلةَ لها بالتطبيق. وقد أثبتَتْ ماكينة الأفكار جودتها وفاعليتها في مئات المشروعات «الخطيرة».

حين عرضنا ماكينة الأفكار الخاصة بنا بشكلها الحالي على الشركات لأول مرة في عام ١٩٩٧، لم نكن نَعِي كَمْ كانت الفكرة ثوريةً؛ فقد كانت بالنسبة إلينا ببساطة التطورَ الطبيعي المنطقي من استخدام أدواتٍ غير مترابطة تتعلَّق بموضوع التجديد والابتكار، إلى استخدام عملية صناعية منهجية، يستطيع العملاء في جميع القطاعات الصناعية الاستفادة منها على نحوٍ متساوٍ. وقد كتبَتْ صحيفة نيو جورنال أوف زيورخ عن برين ستور في عام ١٩٩٩، وكأنها شركة من القرن الحادي والعشرين.

في هذه المرحلة من الزمن، كان الابتكار وتوليد الأفكار مُهمَلين إلى حدٍّ كبيرٍ في غالبية الشركات؛ فلم يكن هناك أيُّ أثرٍ لوجود «مسئول ابتكار» مثلما يمكن أن نجد اليومَ من حين لآخَر؛ فقد كان الابتكار مقتصرًا على تطوير المنتجات والخدمات، وكان هذا التطوير إما مدفوعًا بالتسويق وحده أو كان مسئولية إدارة للبحث والتطوير.

ولكن الابتكار موضوعٌ لا يتوقَّف في أجزاء الشركة الأخرى؛ فالشركات المبتكِرة بحقٍّ ليس لديها منتجات مبتكَرة وصورة مبتكَرة فحسب، ولكنها أيضًا تنظر إلى الابتكار بوصفه المحرك للشركة بأكملها، وهي مدفوعة بفكرةِ «كيف يمكننا أن نفعلها بشكلٍ أفضل؟» وهذا يسري على جميع المجالات، من البحث عن موظفين جدد أو خدمة عملاء، إلى الطعام المُقدَّم في المَقْصِف. والشركات المبتكِرة تنظر إلى أنشطتها كمغامرات، كبعثة استكشافية في أرض مجهولة، وليس باعتبارها الإنجازَ الخطِّي للمهامِّ الواجبة في قطاع صناعي معين تكون فيه أفضل الممارسات محدَّدة سلفًا. وتهوى الشركات المبتكِرة صنْعَ القرارات، ولديها تسلسلات هرمية مسطَّحة قدر الإمكان، ودائمًا ما تُشرِك موظفيها في التطوير الدائم للشركة. ومثل

هذه النوعية من الشركات تتبع المبادئ الأساسية للإنتاج الصناعي للأفكار، مثل إشراك فِرَق متعددة التخصصات، والاستعانة ببِنًى تنظيمية وعمليات واضحة لتوليد الأفكار وتنفيذها، إلى جانب تمتُّعها بتوجُّه شامل نحو الابتكار على مستوى الشركة.

ولكن ما تفتقده هذه الشركات هو الماكينة، التي تمكِّنها من إيجاد الأفكار التي تحتاج إليها بسرعة وبشكل موثوق فيه؛ فمع مثل هذه الماكينة، ستكون هذه الشركات في موضعٍ يؤهِّلها لتطوير أفكارها بسرعة هائلة. ولكن حتى تلك الشركات التي لا تتميَّز بالابتكار حتى النخاع، تحتاج إلى أفكارٍ جديدة كلَّ يوم، ونجاحُها يعتمد بشكل قاطع على قدرتها أو عدم قدرتها على تمييز نفسها عن منتجات وخدمات منافسيها. وهذا التمييز يزداد صعوبةً؛ فلا يوجد سوى عددٍ محدود من احتمالات التمييز على مستوى التسعير، وعلى مستوى المنتجات تميل الأفكار الجديدة للاستنساخ، أما على مستوى التسويق، فإن معظم الشركات تستخدم نفس الأفكار الأساسية البسيطة. هذا يعني أن الشركات بحاجةٍ إلى بذل كل الجهد بغيةَ تحقيقِ التميُّز على المستويات كافة، وهي بحاجةٍ إلى هذا على أساس يومي. وأي شخص يرغب في تطوير هذه الأفكار دون الاستعانة بمجموعة ضخمة من الموظفين وموارد الوقت يحتاج إلى منظومة، أو إلى عملية، أو ببساطةٍ: إلى ماكينة أفكار.

مفاهيم جوهرية: «الإنتاج الصناعي للأفكار»

- يُعَد الإنتاج الصناعي للأفكار مفهومًا حديثًا نسبيًّا. لا يزال توليد الأفكار يتم بأسلوب غير منهجي ويدوي في العديد من الشركات، ولكن من الممكن إنتاج أفكار بأسلوب منهجي شأن أي منتجات أخرى.
- يوجد العديد من التقنيات والإجراءات للتوصُّل إلى أفكار، ولكن معظمها يكون مناسبًا فقط حين يتاح الوقت والإلهام الكافيان. أما في جميع الحالات الأخرى فتخفق؛ لأنها تعتمد على إلهام الأفراد.
- يزداد الضغط على الشركات من أجل الابتكار، والتميُّز لا يكون ممكنًا إلا في وجود أفكارٍ جيدة على جميع مستويات الشركة.
- يضم الإنتاج الصناعي للأفكار أشخاصًا من داخل المؤسسة، وأطرافًا خارجية، والمستخدِمين المحتمَلين للفكرة — أي السوق — داخل العملية.
- يتَّسِم الإنتاج الصناعي للأفكار بالفاعلية والكفاءة، ويساعد على تطوير فكرة جيدة داخل إطار زمني محدَّد بوضوح، وبتكاليف محددة بوضوح، شاملًا جميعَ ما له صلة بالأمر من الرؤى وصُنَّاع القرار.

• تشتمل ماكينةُ الأفكار المخصَّصة لإنتاج الأفكار العديدَ من الأجزاء: توليد الأفكار، وتكثيفها، والاختيار من بينها، وتنفيذها. ولا بد من فصل هذه المراحل بشكل واضح بعضها عن بعض، حتى في مشروعات الأفكار الصغيرة البسيطة. ولتشغيل الماكينة، ينبغي التحكُّم في العملية وتوجيهها (إدارة الأفكار).

بيان المعلومات والبدء

يمكنك أن تجد أيَّ شيء فقط إذا كنتَ تعرف ما تبحث عنه.

* * *

«نحن بحاجةٍ إلى منتج جديد في مجموعتنا، فمَن منكم لديه فكرة؟» هكذا قال مدير إحدى ماركات الشوكولاتة السويسرية المعروفة لفريقه. تساءَلَ أحد الأشخاص في الفريق إن كانت هناك معايير أو شروط إطارية للمنتج الجديد المُزْمَع إنتاجه. وجاءت إجابة المدير تقليديةً للغاية: «لا أريد أن أقيِّدكم بلا داعٍ في هذه المرحلة. فقط ابتكِروا شيئًا.» ينتهي الاجتماع ويعكف الفريق على البحث عن الهدف المنشود، مثل مجموعة من الجُرذان الغارقة، دون أن يكون لديهم حتى خريطة عمل.

يعتقد العديد من المديرين أن مجرَّد الصياغة الأولية البسيطة للسؤال كافية للبحث عن الأفكار الجيدة، وأنه كلما قلَّت الشروط الموضوعة، قلَّت «القيود» على الفريق؛ ومِن ثَمَّ ستكون الأفكار أفضل؛ فهم يعتقدون أن الحرية الكاملة أكثر إلهامًا بكثير من البحث المركَّز. تلك مغالطة؛ فحتى الأشخاصُ الذين يعرفون الشركة جيدًا، ولديهم وعي بثقافة الشركة وتحدياتها الاستراتيجية، سوف يطوِّرون بالكاد أفكارًا مُقنِعة بناءً على مثل هذه الصياغة للسؤال؛ فصياغة السؤال هنا ببساطةٍ عامةٌ أكثر ممَّا ينبغي وفضفاضةٌ للغاية، ولا توجد معلومات أو معايير أساسية، فضلًا عن حقيقةِ أن البحث عن طريق التفكير فحسب أقلُّ فاعليةً بكثير من عملية التوليد المنظمة للأفكار.

يبدو الأمر متناقضًا، ولكن كلَّما زادت الحاجة لأن تكون الفكرة مثيرة، زادت الحاجة لأن يكون الملعب محدَّد المعالم بوضوح من البداية؛ فبمجرد أنْ أعرف الملعب، أستطيع حينها التحرُّكَ فيه بحُرِّية واستكشافَ كلِّ حدوده. أما إنْ لم يكن الملعب محددًا، فلن أعرف

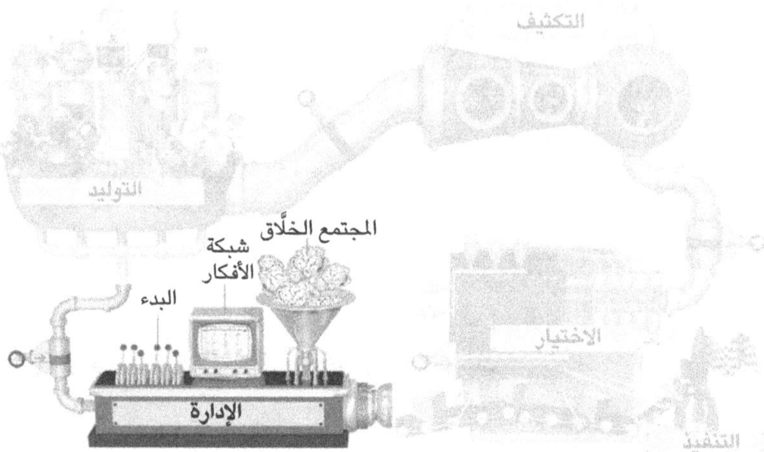

بيانُ المعلومات والبدءُ هما مرحلتان من مراحل إدارة الأفكار، وهما يحدِّدان تفصيليًّا مضمونَ مشروع الأفكار، وأهدافه، والمعايير التي ينبغي وضعها في الاعتبار، والكيفية التي ينبغي تنفيذ مشروع توليد الأفكار بها. ولا يمكن أن يبدأ إنتاج الفكرة إلَّا بعد تحديد هذه النقاط بوضوح شديد.

من أين أبدأ بحثي عن الأفكار، وستكون الاحتمالات المفتوحة أمامي كثيرةً للغاية. يبدو الأمر كما لو كنتُ برفقةِ طفلٍ لم تُوضَع له حدودٌ للسلوك؛ فلن يتطوَّر بشكل جيد مثل طفل يعرف حدودَ سلوكه. أو بتعبيرٍ آخَر: إنني بحاجةٍ إلى خريطةٍ أستطيع بها البدءَ في رحلة البحث عن كنز، على أن تكون نقاطُ الوجهة، والمعلوماتُ بشأن الاتجاه والأحراش المنيعة والجبال والمحيطات المحظورة، موضَّحةً على الخريطة؛ بذلك لا يكون البحث عن الكنز شبيهًا بالبحث عن إبرة وسط كومة من القش.

يتأرجح أي مشروع جيد لتوليد الأفكار ما بين التنظيم والفوضى؛ فوجودُ بيانِ معلومات منظَّم لن يكون ذا قيمة إلَّا إذا تركْتَ نفسك له كي يُلْهِمك في عملية تجميع الأفكار (انظر فصول: «الفريق الإبداعي»، و«مقابلات الأفكار»، و«استكشاف الاتجاهات»)، وقمتَ باستغلاله أفضل استغلال. ولتحقيق هذا تحتاج أيضًا لأن تكون لديك القدرة على السماح

بطرح الأفكار التافهة تمامًا، في حدود المسار المحدد. فالحدود توضِّح الاتجاهَ الذي ربما توجد به الأفكار ذات الصلة.

(١) تعيين حدود الملعب

نحن بصدد البحث، على سبيل المثال، عن منتج شوكولاتة جديد. يحتاج الأشخاص المسئولون؛ أيْ مالكو المشروع، إلى التفكير مسبقًا وبشكل مُفَصَّل في عملية توليد الأفكار؛ أيْ تحديد ما يبحثون عنه بالفعل، بناءً على المنتجات القائمة، ومنتجات المنافسين، وإمكانات الشركة. أنت بحاجةٍ لأن تكون لديك «فكرة» عن الاتجاه الذي يمكن أن تسير فيه الفكرة، فإذا كانت شركة الشوكولاتة تواجِه، على سبيل المثال، جمهورًا طاعنًا في السن، فقد يكون منطقيًّا تطويرُ منتجٍ موجَّه لجمهور أصغر سنًّا، والعكس بالعكس. من الممكن أن يكون السؤال «ما الذي نحن مؤهَّلون لتصنيعه فعليًّا؟» سؤالًا ثانيًا ممكنًا. هل من الوارد الحصول على ماكينة جديدة أو مصنعِ إنتاجٍ يقوم على أفكار المنتَج الجديد، أم أن ذلك سيخرق الميزانية؟ ما الوقت المناسب لتنفيذ الفكرة الجديدة، بمعنى ما مدى السرعة المطلوبة لتنفيذ الفكرة؟ ما هي ميزانية البحث والتطوير المتوفرة للمنتج الجديد؟ على سبيل المثال: هل يمكن أن تتحمَّل الشركة مرحلةَ تجارب معملية باهظة التكاليف يُطوَّر خلالها منتجٌ بخصائص جديدة كليًّا مثل القوام أو الرائحة؟ أيُّ المنتجات حقَّق نجاحًا مميزًا خلال السنوات الأخيرة وما المنتجات التي لم تحقِّق أيَّ نجاح؟ هل بيانات السوق متاحة؛ تلك البيانات التي توفر معلوماتٍ عن عادات أكل الشوكولاتة لدى المستهلكين؟ أي المواد الخام/المكونات يحظر استعمالها، وأيها مرغوب فيها؟ ما المعايير الأخرى التي ينبغي أن يَفِي بها المنتَج؟ ما الاسم التجاري القائم حاليًّا للشركة والذي يمكن استعماله كوسيلة لتسويق المنتَج الجديد؟ أم هل سيكون من المنطقي البحث عن اسم تجاري جديد كليًّا؟ هذه فقط بعض الأسئلة المحتَمَلة التي ينبغي الإجابة عنها قبل البدء في البحث عن الأفكار.

(٢) التعليمات المبهمة تؤدِّي إلى أفكار مبهمة

إذا لم تُعيَّن حدود الملعب بوضوح من أجل رحلة البحث عن الفكرة، فلن يكون بالإمكان إيجاد أفكار جيدة. وتوفر أمورٌ مثل المعايير، ومستويات الميزانية، والمحظورات، وثقافة الشركة إطارًا جيدًا للبحث، وكلَّما كانت معرفتك بما ليس مرغوبًا قطعيًّا أفضل، كان

بإمكانك تحديد المجالات التي يمكنك البحث فيها بشكل أفضل. فإذا كنتُ أعرف، على سبيل المثال، أن مؤسسةَ مساعدةِ الأطفال لديها ١٥٠ ألف يورو فقط متاحة للحملة الجديدة في العام القادم، فحينئذٍ سوف أبحث عن مجالات وأفكار مختلفة تمامًا عمَّا لو لم تكن هذه المعلومات متوفرة لي. الأسوأ من ذلك، أنه إذا لم تكن هذه المعلومات الأساسية متوفرة لي، فسيكون من المحتمل أن أطوِّر أفكارًا بعيدة تمامًا عن الواقع ولا يمكن تنفيذها.

أخبرني مديرو «مايند لاب» بكوبنهاجن — وهو مركز أبحاث تابع لوزارة الاقتصاد بالحكومة الدنماركية — أنهم غالبًا ما يضطرون للتشكيك في صياغة عملائهم للأسئلة بشكل كامل. ويُعزَى هذا لكون الأمر يتعلَّق بمشروعات معقَّدة للغاية لا يمكن إحالتها إلى عملية توليد الأفكار. فكان أحد المشروعات، على سبيل المثال، يتعلق بموضوع «النمو الاقتصادي في الدنمارك»، ويُعَدُّ إيجاد صياغة واضحة لهذه القضية، يمكن لجميع الأطراف المَعْنِية بالمشروع الموافَقة عليها، بمنزلة تحدٍّ كبيرٍ. أولًا، يحتاج الجميع إلى الوضوح بشأن ما يقصدونه بكلمة «نمو»، وما العوامل القابلة للتغيير مستقبلًا (مثل الظروف بالنسبة إلى الشركات، والقوانين، والتوجُّهات الاجتماعية والثقافية ...) وينبغي إنشاء هذه القاعدة المشتركة قبل البدء في البحث عن الأفكار. وكلَّما زادت الأطراف المَعْنِية ذات المصلحة، كما في مثال الحكومات، زادت صعوبةُ إيجادِ قاعدةٍ مشتركة بشكل واضح. ولكن الأمر يستحقُّ الجهد دومًا؛ لأن هذا يمكِّنُك من تجنُّب الالتباسات وسوء الفهم في المشروع.

(٣) ألف وواحد من الأسئلة «الغبية»

عند البدء في مشروع جديد، نقوم بتنظيم اجتماعٍ أول مع عملائنا، أو اجتماعٍ افتتاحي لمشروع توليد الأفكار. يعمل هذا الاجتماع على توضيح كل التساؤلات القائمة بشأن توليد الأفكار. وكأطراف من الخارج، يعرفون عادةً القليلَ عن الشركة وثقافتها، يوفِّر لنا هذا الاجتماع فرصةً للإلمام بأنشطة الشركة على أفضلِ نحوٍ ممكن. وفي بعض الحالات، نقضي بضعة أيام في الشركة من أجل استيعاب ما يعكفون عليه حاليًّا على نحو صحيح. خلال الاجتماع الأول نطرح الكثيرَ من الأسئلة ونتساءل عن الكثير من الأمور؛ فنحن نتناول المشروع بشكلٍ شبهِ صحفي؛ فكلَّما تساءلنا، زادت معرفتنا.

كأطراف من الخارج، تكون لدينا بالطبع ميزةُ القدرةِ على طرح أسئلة «غبية»؛ لأننا لا نعرف أنشطةَ ومشكلاتِ عملائنا بشكلٍ جيد في تلك الفترة (ملحوظة: نحن لا نطرح الأسئلة الغبية بحقٍّ إلى أن نحظَى بالتكليف بتوليد الأفكار ...) وقد لاحظنا أن هذه الأسئلة

الغبية ظاهريًّا غالبًا ما توفر معظمَ المعلومات عن المشروع؛ وهي حقيقةٌ ينبغي أن تضعها في اعتبارك في مشروعاتك للأفكار. لماذا لا تقوم بمناقشةِ بيانِ المعلومات مع شخص تثق به من خارج الشركة؟ سوف تذهل من كمِّ الأسئلة التي سوف تسمعها، والتي ستساعدك على تكوينِ وصياغةِ سؤالك.

غالبًا أيضًا ما يكون الأمر مثيرًا ومسليًا لأقصى حد بالنسبة إلى الأطراف الخارجية عندما يشغلون أنفسهم بصياغة الأسئلة من أجل توليد الأفكار. فنحن كمصنع أفكار نطَّلِع على معلوماتٍ شديدةِ الخصوصية عن عملائنا، ونتعرَّف على العديد من ثقافات الشركات المختلفة كلَّ يوم، فضلًا عن المعرفة الشديدة الاتساع عن قطاع الصناعة، التي اكتسبناها خلال ١٤ عامًا من نشاطنا التجاري. وتضم ملفاتُ عملائنا قطاعاتٍ من كل حرف من الحروف الأبجدية: الملاحة الجوية، الفضاء، الروائح، البنوك، السيارات، الكيماويات، معدات أطباء الأسنان، معارض السلع المخفضة، المشروبات، المباني المضادة للزلازل، الأغذية، الأغذية الوظيفية، مبيدات الأعشاب، الأجهزة الإلكترونية المنزلية، المستشفيات، التأمين، جماعات المصالح، السلع الاستثمارية، الإعلام، معدات المكاتب، العطور، الأحزاب السياسية، الحملات الوقائية، الأفراد العاديين، وسائل النقل العامة، ساعات الكوارتز، المحطات الإذاعية، تجارة التجزئة، الاتصالات، التليفزيون، الأدوات، مراكز اليوجا، منتجات الشباب، وغيرها الكثير. وهذه المعرفة الواسعة بالقطاعات مفيدة لكلِّ مشروع جديد؛ لأن بإمكاننا دائمًا استدعاء نماذج مشابهة من القطاعات التي لدينا إلمامٌ فعليٌّ بها. ومع ذلك فنحن كأطراف خارجية في حِلٍّ من المعرفة التفصيلية المزعجة، والتحيُّزات، ومسارات التفكير المحددة سلفًا، والمحظورات التي تضعها الشركات. إضافة إلى ذلك، نحن نحظى بحرية أكبر فيما يتعلَّق بمظهرنا أمام العميل؛ نظرًا لنشاطنا المتخصص في توليد الأفكار؛ فلا أحدَ يتوقع أن يرى مستشارين عاديين يرتدون حُلَلًا سوداء وحول معاصمهم ساعات ثمينة.

وكلَّما استطعنا الإلمام بالأسلوب الذي يدفع عملاءنا للعمل بشكلٍ أفضل في الاجتماع الأول، استطعنا مرافقتَهم عبر مشروع توليد الأفكار بشكل أفضل، والتأقلم على طبائعهم وعاداتهم الغريبة، وأمنياتهم الخاصة وجوانبهم «غير التقليدية». على سبيل المثال: يحتاج عميلنا؛ شركة سينجينتا — إحدى الشركات الزراعية الرائدة — إلى القدرة على التنسيق بين عدد لا يُحصَى من قادة المشروعات الدولية وصُنَّاع القرار لكل مشروع لتوليد الأفكار. من الممكن أن يحدث بسهولةٍ أن نمضي أول ساعة من الاجتماع الأول في اختيارِ مكانٍ مناسب لمشروع توليد الأفكار، لينتهيَ بعد ذلك بمناقشة حامية وطريفة لميزات ومساوئ

المطارات الدولية المتعددة. وفي المشروع التالي، يمكننا دمج هذه المعرفة الخاصة بالعميل بشكل مباشِر في الاجتماع الأول واقتراح حلٍّ مناسب للعميل: «روبرت، ما رأيك في لندن؟ في الحقيقة لقد اكتشفنا مطعمًا جديدًا في المطار سينالُ إعجابَك، ووجدنا فندقًا على بُعْد ساعة من المطار.»

في حالات أخرى، نلاحظ كَمْ يتوحَّد عملاؤنا مع منتجاتهم ومدى قلة إدراكهم أن هذا التوحُّد يمكن أن يبدو سخيفًا وتافهًا بعض الشيء للأطراف الخارجية؛ فقد تحدَّث أحد المُصَنِّعين البارزين لأنظمة المراحيض، على سبيل المثال، بصوت جهوري أثناء تناول الطعام بعد الاجتماع الأول عن مزايا هذا المرحاض وذاك، وعن «الوظائف» الخفيفة والثقيلة، وعن المشكلات التي يواجهها بعض عملائهم مع المراحيض التي يقومون بتصنيعها. وكما يمكنك أن تتخيَّل، فقد واجَهْنا صعوباتٍ في «غمس أنفسنا» داخل هذا الموضوع، أكثر ممَّا واجهناها في كل الحالات الأخرى، غير أننا بمجرد أن نشغل أنفسنا تمامًا بموضوعٍ ما، نبدأ أيضًا في التصرف بنفس أسلوب عملائنا، ومن الوارد جدًّا أن نبدأ في التحدُّث بشكل مكثَّف عن المراحيض ومزاياها وعيوبها في جميع المناسبات الملائمة وغير الملائمة.

على أي حال، تُعتبَر مسألة البعد موضوعًا مهمًّا، خاصةً في بداية عملية توليد الأفكار. ففي موضعٍ ما بين الموقف الغامض نحو الشركة ومنتجاتها من جانب، وبين غياب الاهتمام على الجانب الآخَر، هناك حالة ذهنية نفسية وعاطفية مثالية لـ «تقصِّي صلاحية» المشروع على نحوٍ بنَّاء. عليك فقط أن تضمن أن بإمكانك إدخال أولئك المشاركين في المشروع في هذه الحالة الذهنية، وسوف تقدِّم لك الأطراف الخارجية التي تجلبها داخل المشروع خدمةً قيِّمة في هذا الصدد.

(٤) اللغة المشتركة تؤدي إلى نتائج أفضل

نتيجةً للاجتماع الأول، يُصاغ السؤال الخاص بمشروع توليد الأفكار بأسلوب معين، بحيث يجعل الجميع متفقين بشأن الاتجاه الذي ينبغي أن تسير فيه الفكرة التي نبحث عنها. ومهمتنا كمصنعٍ للأفكار هي ضمان أن تكون صياغة السؤال منطقية بالفعل؛ لأن الفكرة الجيدة بحق لا يمكن تطويرها إلَّا بصياغةٍ منطقيةٍ للسؤال، وهو ما يمكن أن يكون عملًا شاقًّا للغاية.

أذكرُ مثالًا حيث كان يفترض أن نقوم بتطوير شعارٍ جديد لشركة «ميديا ماركت» السويسرية؛ كان مدير التسويق ومدير المتجر حاضرَيْن في الاجتماع الأول، وحين تعلَّق

الأمر بتحديد المعايير للشعار الجديد، لم يستطع الاثنان الاتفاقَ على إنْ كان يجب أن تكون العبارة الأساسية «اختيارات متعددة» أم «سعر منخفض»، واقترح الاثنان أن تُعطَى كلتا العبارتين قِيمةً متساوية. وكنا نحن في برين ستور ضد هذا، فلا يوجد ما يُسمَّى بشعار به عبارتان على نفس القدر من الأهمية، وكنا سنرفض واحدًا منهما. أمضينا حوالي ساعتين في هذه الغرفة، وطرحنا الكثير من الأسئلة لنعرف كيف ينبغي ترتيب العبارتين من حيث الأولوية، واتفقنا على أن تكون عبارة «اختيارات متعددة» هي المعيار الأساسي، وحدَّدنا عبارة «سعر منخفض» كمعيار ثانوي. وكان الشعار النهائي باللغة الألمانية السويسرية Luege, lose, chaufe بمعنى: انظرْ حولك، واستمِعْ لآراءٍ أخرى، ثم اشترِ. على وزن أغنية يتعلَّمها الأطفال في مرحلة رياض الأطفال في سويسرا للسلامة على الطرق luege, lose, laufe (انظرْ يسارًا ويمينًا، وأنصِتْ، ثم اعبُرِ الطريق).

في ورش العمل التي نعقدها مع الشركات الراغبة في تعلُّم كيفية تطوير بيانات المعلومات، رأيتُ أن معظم الأشخاص يواجِهون الكثير من الصعوبات في مرحلة الإعداد؛ لتوليد الفكرة عن مرحلة التوليد الفعلي للفكرة. فهم يبدءون مباشَرةً بالبحث عن الأفكار ويهرعون — إنْ جاز التعبير — إلى أول طريق مسدود يجدونه. ومن أجل المساعدة في فصل مرحلة الإعداد عن مرحلة البحث الفعلي عن الأفكار، قدَّمتُ «منطقة إيداع الأفكار» في ورش العمل المذكورة. بمجرد أن ينحرف أحدهم ويبدأ في وصف فكرةٍ ما، يطلب منه المشارِكون الآخَرون كتابةَ تلك الفكرة في منطقة إيداع الأفكار؛ وهكذا يمكن فصل المرحلتين بشكل واضح إحداهما عن الأخرى. بعد ذلك يمكن إدراج هذه الأفكار داخل المجموعة الكلية للأفكار في الوقت المناسب، تحديدًا في مرحلة توليد الأفكار. وبالمناسبة، إذا خطر لك بعض الأفكار أثناء قراءتك هذا الكتاب، فأرجو ألَّا تضع الكتاب جانبًا لتبدأ على الفور في التطبيق، فقد أدرجنا لك منطقةَ إيداعٍ للأفكار في بداية الكتاب لهذا الغرض. اكتبْ ملحوظةً بأفكارك هناك لوقت لاحق، وعاوِد الاسترخاء واستكمِل القراءة …

(٥) بيان المعلومات: الاختصار واستخدام لغة سهلة

لا يتولى العميل كتابة بيان المعلومات الخاص بعملية توليد الأفكار في مشروعاتنا، ولكنْ نحن مَن نقوم بكتابته، كنوعٍ من «المُخالَصة» حتى يتسنَّى للعميل التحقُّق من أننا قد فهمناه على نحوٍ صحيح. يمكنك أيضًا استخدام هذا المبدأ في المشروعات الداخلية، بتكليفِ

فريقِ توليد الأفكار بكتابة بيان المعلومات كنتيجةٍ للاجتماع الأول. وينبغي أن يكون «العميل» الداخلي المَعْنِيُّ حاضرًا في الاجتماع الأول، ثم يصدِّق على بيان المعلومات. سوف يضمن هذا أن النتائج ستكون ذات صلة فعليًّا لاحقًا.

يُصاغ بيان المعلومات بأسلوب بسيط، وعادةً لا يتجاوز ثلاثَ صفحات. تحتوي الصفحة الأولى على وصف للموقف المبدئي الذي يجد العميل نفسه فيه حاليًّا؛ ما حقيقة الوضع، وما القضايا التي تشغل العميل في ذلك الوقت. في الصفحة الثانية نتحدَّث عن أهداف توليد الأفكار، وهنا نقوم بتحديد ما نبحث عنه بالضبط، وكيفية صياغة السؤال المحوري، وما المعيار الأساسي الذي يصلح للبحث عن الأفكار، وما المعايير الثانوية المهمة (على ألَّا تزيد عن معيارين ثانويين). بالإضافة إلى ذلك، نذكر بالتحديد عددَ الأفكار التي يمكن أن يتوقَّعها العميل في نهاية عملية توليد الأفكار. ينبغي أن تكون كل هذه المعلومات مقتضبة، وقاطعة، وفي صميم الموضوع، ويمكنك فهمها دون الحاجة إلى أن تكون من أفراد الشركة. واختبارنا لهذه النقطة هو: إذا استطاع طفل في الثانية عشرة أن يكرِّر مضمونَ بيان المعلومات بعد قراءته مرة واحدة، فإن بيان المعلومات واضح.

مثال لبيان معلومات جيد (مختصر قليلًا)

الموقف المبدئي

وضعَتْ «شركة ماين-إكس» لنفسها هدفَ مساعدةِ ضحايا الألغام الأرضية في كل أنحاء العالم، وفي نفس الوقت ممارَسة ضغوطٍ من أجل إزالة الألغام. وكعادتها كلَّ عام، تُقِيم المؤسسة احتفالًا خيريًّا له هدفان؛ أولهما جمع الأموال، وثانيهما توعية الناس إجباريًّا بمسألة الألغام.

الأهداف

تبحث المؤسسة الآن عن أفكار جيدة للاحتفال القادم، كي يخلد في ذاكرة الضيوف.

المعايير

المعيار الأساسي للفكرة التي يُبحَث عنها أن يكون لها صدًى كبير لدى العامة. يجب أن تكون المؤسسة حديثَ الناس.

أمَّا المعياران الثانويان للأفكار فهُمَا: (أ) أن تحقِّق أكبر نجاح ممكن في جمع التبرعات في الاحتفال الخيري، و(ب) أن تكون فكرةً قابلة للتنفيذ بتكلفة لا تتعدَّى ١٥٠٠٠ يورو.

النتائج

عرض ما لا يقل عن خمس أفكار لأنشطةٍ سيكون لها أثرٌ كبير لدى العامة.

بدءًا من هذه المرحلة فصاعدًا، يصبح بيان المعلومات هذا (الذي بُسِّط واختُصِر ها هنا) هو بوصلتنا عبر مشروع توليد الأفكار بأكمله؛ فهو يعمل بمنزلة أساسٍ لجميع خطوات العمل، وتتم قراءته والتشاور حوله مرارًا وتكرارًا. وإذا كان بيان المعلومات جيدًا وواضحًا، فلن يكون هناك مبرر للأسئلة، وهي دلالة جيدة. أما إذا لم يكن واضحًا أو كان مَصُوغًا بأسلوب رديء، فسوف تتعثَّر مرارًا في هذه العملية لتوليد الأفكار، ولن تكون قادرًا على الاتفاق على الأهداف والمعايير. وبيانُ المعلومات غيرُ الواضح يمكن حقًّا أن يجمِّد عمليةَ توليد الأفكار برُمَّتها؛ لأنك ستضطر على نحوٍ متكرر إلى أن تشغل نفسك بالتساؤل عمَّا يدور حوله الأمر برُمَّته.

ووجود بيان معلومات جيد له أهمية خاصة عند إشراك أطراف من خارج المؤسسة في العملية؛ فبيانُ المعلومات الجيد يجلب أهمَّ النقاط إلى مستوًى مفهومٍ للأطراف الخارجية؛ ومِن ثَمَّ يضمن أن يتحدَّث الجميع لغةً واحدة.

(٦) بيانات المعلومات الواضحة تحتاج إلى الممارسة

أنت بحاجةٍ إلى التمرُّس بإعداد بيانِ معلومات جيد. ويسري هذا أيضًا علينا في برين ستور، وقد وجدنا مجالًا مثاليًّا للتدريب: فنحن نمارسه مع الأفراد العاديين. فقد أنشأنا متجرًا للأفكار يمكن للأفراد العاديين من خلاله تفويضنا بمهمةِ إيجادِ فكرة مقابل ١٠ يورو تقريبًا؛ فنقوم بكتابة بيان معلومات معهم، ثمَّ ننفذ عملية توليد أفكار قصيرة ولكنها مكثَّفة (العصف الذهني المكثف). يُعتبَر الأفراد العاديون عملاء جيدين للممارسة والتدريب على كتابة بيانات المعلومات؛ لأنهم، على عكس موظفي الشركات، لم يعتادوا صياغةَ أيِّ نوعٍ من التفويضات بشكل عام (أما مسألة أن الكثير من الموظفين يقومون بهذا يوميًّا ولا يزالون لا يجيدونه، فتلك قصة أخرى).

يتطلَّب التعامل مع الأفراد العاديين أسلوبًا غاية في الحساسية والدقة؛ نظرًا لتعلُّق الأمر بأسئلة خاصة. ومع ذلك، من المهم أن تطرح أكبرَ قدرٍ ممكن من الأسئلة لكي تستطيع

تعيينَ حدود الملعب بوضوح؛ لذلك إذا سأل رجل عن الهدية التي يمكن أن يقدِّمها لصديقته كهدية في عيد ميلادها، فعليك أن تسأله عمَّا تحبه صديقته، وما لا تحبه، وماذا أهداها العامَ الماضي، والمبلغ الذي يرغب في إنفاقه، وما إذا كان مستعِدًّا أن يفعل شيئًا بنفسه ... إلخ. وللحصول على إجابات لهذه الأسئلة، أنت بحاجةٍ إلى السؤال بأسلوب موجَّه ومثابر أكثر بكثير مما تتبعه مع الشركات. أنت بحاجة أيضًا إلى التحقُّق بنفس الدقة مما إذا كانت الأسئلة منطقيةً أثناء صياغتها؛ فهناك أفراد عاديون يأتوننا بذرائع زائفة بينما هم في الحقيقة يحتاجون إلى شيء مختلِف تمامًا. فقد جاءتنا، على سبيل المثال، سيدة مُسنَّة في برين ستور، وقالت إنَّها كانت تسمع ضوضاء غريبة في المطبخ، وأرادت أن تعرف ما الذي يمكن أن تفعله بشأنها. فقام مدير مشروعٍ بكتابةِ بيان المعلومات معها وهما يتناولان القهوة، وسألها بضعة أسئلة موجَّهة، واتَّضَح منها أن الضوضاء في المطبخ كانت مجرد مشكلة ثانوية، وأن المشكلة «الحقيقية» كانت بالمنزل بغرفة المعيشة؛ إذ كان زوجها الذي اقترن بها منذ عقودٍ قد تقاعَدَ قبل شهر، ولم يكن يعرف كيف يشغل وقته، وكان يثير أعصابها بشكل حاد، ولم يكن حتى يريد أن يتقَصَّى عن الضوضاء الغريبة الصادرة من المطبخ ... فقمنا بإيجاد بعض الأفكار لها عن كيفيةِ دفعِ زوجها لمعاوَدة الاهتمام بشيءٍ ما مرةً أخرى.

(٧) طلبات أفكار لا تُصدَّق

نحب هذه الطلبات الخاصة في متجرنا للأفكار؛ فنطاق الأسئلة التي واجهَتْنا لا يُصدَّق. كان هناك شخصٌ يعمل بأحد المتاحف، يشعر بالتجاهُل من قِبَل رئيسه في العمل، وأراد أن يعرف كيف يستطيع أن يحظى بمزيد من التقدير منه؛ وكان هناك ذلك الصبي ذو الاثني عشر عامًا، الذي أراد إقناع والده بأن يشتري له جهاز كمبيوتر؛ وهناك سليلُ أسرةٍ يونانية لها باعٌ في مجال الشحن كان يبحث عن اسم مناسب للشاليه الخاص به الكائن في سويسرا؛ والسيدة العجوز ذات الخمسة والسبعين عامًا، التي كانت تريد الوقوع في الحب مجددًا؛ والوالدان اللذان يبحثان عن مَراسِم احتفال لا تُنسَى بتعميد طفلهما؛ وكذلك والد الفتيات الثلاث المهووسات بالهواتف، الذي أراد السيطرة على مشكلة التكاليف للأبد.

إن العمل مع الأفراد العاديين دائمًا ما يمنحنا أفكارًا جديدة، فيما يتعلَّق بالشركات التي قد تحتاج إلى أفكار. فعلى سبيل المثال، كانت هناك صاحبة الكلب التي أرادت أن تصنع روزنامة، للأسابيع الأربعة التي تسبق عيد الميلاد، لمحبوبها الصغير وطلبت منَّا بعض

الأفكار عن الشكل الذي يمكن أن تبدو عليه، وكيف يمكن أن تعمل. وجدنا السؤال مشوِّقًا للغاية، حتى إننا سارعنا بالاتصال بأحد كبار مصنِّعي طعام الحيوانات، وطوَّرنا معه أفكارًا جديدة لمنتجات الحيوانات. بالطبع لم نكن لنعرض الأفكارَ التي قمنا بتطويرها مع فرد عادي على شركة، فتلك مسألة شرف. ولكن السؤال يتيح تطبيقًا تجاريًّا، على طريقة: كل مَن يبحث عن فكرة يجلب لنا واحدة أيضًا.

يواجهنا الأفراد العاديون كلَّ يوم بطلبات أفكار، تتراوح ما بين المضحك والجاد، ويساعدوننا على تحسين عمليتنا بشكل متواصل.

إن لعملنا مع الأفراد العاديين ميزات أخرى لنا أيضًا؛ فباستخدام مهامَّ بسيطةٍ نستطيع مراقَبةَ عملية توليد الأفكار باستمرار والعملَ على تحسينها، أو يصبح بالإمكان

اختبار أدواتٍ وإجراءاتٍ جديدة في ميدانٍ «مَرِح». وأخيرًا وليس آخِرًا، تُعتبَر المشروعات مع الأفراد العاديين المجالَ الوحيد الذي يمكن لمنتجي الأفكار المستقبليين التدرُّب فيه؛ فلسوء الحظ لا يمكنك أن تدرس إنتاجَ الأفكار في جامعةٍ أو تتعلَّمه في فترةِ تدريبٍ مهني. ليس حتى الآن، ولكنْ مَن يَعلم، ففي عام ١٩٥٠ لم يكن هناك ما يُسمَّى بعالِم كمبيوتر ...

(٨) بيان المعلومات مهمةٌ إدارية عليا

لا يمكنك تفويضُ آخَرَ بمهمةِ كتابةِ بيان معلومات؛ فمن المهم أن يشترك الشخصُ صاحب القرار النهائي فيما يتعلَّق بالفكرة التي ستُنفَّذ في إعداد بيان المعلومات. والأسباب بسيطة: فإذا لم يُشارك شخصٌ ما في كتابة بيان المعلومات الخاص بتوليد الأفكار، فلن يكون قادرًا على تقييمِ جودةِ الأفكار النهائية، ولكنْ إذا حَظِي صانع القرار بفرصةِ تحديدِ معايير الجودة في البداية، فسوف يكون قادرًا أيضًا على تقييم الجودة بموضوعية في النهاية.

نعرف عددًا كافيًا من العملاء الذين يرغبون في تجنُّب تحمُّل مسئولية بيان المعلومات، وفي معظم الحالات نتمكَّن من إقناعهم بالمشاركة في وضع بيان المعلومات، باستخدام أسلوبِ جدالٍ دقيق وأمثلةٍ سيئة من الماضي؛ فنوضِّح لهم أن العميل يُنفِق الكثيرَ من المال لأجل عملية تنتج أفكارًا مفصَّلة وفقًا لبيان معلومات محدَّد، وأنه لن يكون من المؤسف فقط، بل من الحماقة أيضًا، ألَّا ننتهز الفرصة لضمانِ إنتاجِ أفكارٍ مناسبة، وليس فقط لتجنُّب إنتاج أفكار قديمة.

كانت تلك المشروعات التي قمنا بتنفيذها — بما يخالف قناعاتنا الشخصية — دون أن يكون لصُنَّاع القرار هذا المستوى من المشاركة؛ تثمر دائمًا نتائجَ أقل إرضاءً من تلك التي كان يُتوصَّل فيها إلى المعايير والأهداف بالاتفاق مع مَن يصنعون القرار. فلا يكفي أن يقدِّم صانع القرار مساهمته في المشروع (وهو ما يفعله على أي حال إذا كان المشروع يمثِّل أهميةً له)، بل لا بد أن يشارك في إعداد بيان المعلومات، وأن يكون حاضرًا في الاجتماع الأول، ويطَّلِع على بيان المعلومات الذي أُعِدَّ ويقرؤه بعد كتابته ويوافق عليه؛ فهذا هو السبيل الوحيد لتجنُّب سوء الفهم والتأويلات الخاطئة.

حتى عند اتباع كل هذه الخطوات تفصيليًّا، يظل هناك شكٌّ في أن يكون الجميع يتحدثون عن نفس الشيء. حتى في المشروعات التي أُعِدَّ لها جيدًا، قد يتصادف أن تكون لبعض المشاركين رؤيةٌ لنوعية الفكرة التي سيُبحَث عنها، مختلفةٌ عن رؤية جميع المشاركين

الآخرين في المشروع؛ لذلك يكون من المفيد لو رُوجِع بيان المعلومات من حينٍ لآخَر. وينبغي أن يقوم مدير المشروع بتكراره إلى أن يلمَّ الجميع بشكلِ خارطةِ البحث عن الفكرة.

أذكر مشروعًا لتوليد الأفكار لصالح شركة ميجروس؛ كبرى شركات بيع المواد الغذائية بالتجزئة بسويسرا. في هذا المشروع، كان من المفترض إيجاد أفكار تتعلَّق بكيفية قيام موظفي الشركة بنقل شعار «الطَّزاجة» للعملاء والموظفين الآخرين، باعتباره الفكرةَ الرئيسية لدى الشركة. تمَّ تحديد بيان المعلومات وكان واضحًا، وكنا على أُهْبة الاستعداد لأول اجتماع للفريق الإبداعي، الذي سيبحث فيه موظفو ميجروس عن أفكارٍ مع برين ستور وأطرافٍ من خارج الشركة. حينها ظهر لمالك المشروع، الشخص الذي اتفق معنا، موعدٌ آخَر مهم في اللحظة الأخيرة، وأرسَلَ شخصًا آخَر لحضور ورشة العمل. كانت المشكلة أن المندوبة التي أرسَلَها لم تكن على علمٍ ببيان المعلومات؛ ومِن ثَمَّ لم تكن مستعدة. وحين عكفنا على تناوُل بيان المعلومات معًا في الاجتماع الاستهلالي؛ إذا بالمندوبة تقول فجأةً: «لا، هذا خطأ تمامًا! ليست تلك هي الفكرة التي نبحث عنها!» جاءت هذه العبارة في التوقيت الخطأ وأربكت جميع المشاركين، واحتجنا لأكثر من ساعة لمناقشةِ بيان المعلومات معًا، وتوضيحِ حقيقةِ أن المشروع قد تم الاتفاق عليه على هذا الشكل — وليس بأي شكل آخَر — من قِبَل المدير، وحينها استطعنا أخيرًا أن نبدأ الاجتماع مع الفريق الإبداعي.

(٩) بيان المعلومات يمكن أن يتطوَّر

بالطبع يمكن أن يتغيَّر بيان المعلومات أو يتطوَّر أكثر خلال مشروع توليد الأفكار، ولكن كل تغيير من هذه التغييرات التي تطرأ على بيان المعلومات ينبغي دراسته بعناية، وينبغي — قبل كل شيء — أن يُدوَّن بوضوح. بالطبع يمكن أن يكون التغيير منطقيًّا؛ على سبيل المثال: إذا ظهرت اعتبارات استراتيجية جديدة في المشهد، أو إذا طرأت تطوُّرات على الميزانية، أو إذا أدَّى ظهور معلومات جديدة إلى تغيير بيان المعلومات. في مثل هذه الحالات، ينبغي أيضًا التسجيل الواضح لما سوف يتغيَّر في عملية توليد الأفكار من حيث خطوات العمل المستخدَمة، والأدوات، والمشاركون، والإطار الزمني.

تبدأ الخطورة حين تتغيَّر عملية البحث عن الفكرة كليًّا داخل مشروعٍ ما. ومن واقع الخبرة يحدث هذا في معظم الحالات إذا تغيَّرت إدارة المشروع، وتمَّ تحديد الأهداف بأسلوب جديد تمامًا. في هذه الحالة، ينبغي التفكير بعناية فيما إذا كان لا يزال منطقيًّا الاستمرار في المشروع تحت هذه الظروف المتغيِّرة، أو إذا كان من الأفضل البدء من نقطة الصفر

من جديد، فاحتمالاتُ أن تكون لدى إدارة المشروع الجديدة أهداف مختلفة تمامًا مرتفعةٌ؛ لذلك من المحتمل في هذه الحالة أن أي بيان معلومات موجود لن تعود له صلة بالمشروع.

(١٠) تحليل بيان المعلومات

لسوء الحظ، لا ينتهي الأمر عند وجود بيان معلومات جيد؛ فسوف يكون من المستحيل الإجابة عن السؤال «ما الذي سيشكِّل فكرةً جيدة لمنتَج شوكولاتة جديد؟» بهذه الصيغة في عمليةٍ لتوليد الأفكار. فالسؤال بحاجةٍ إلى تحليله إلى أجزائه المكوِّنة له، وتحديد المنظورات التي يمكن رؤيته من خلالها. وهذه يمكن أن تكون جريئة وغير تقليدية، الأمر المهم هو أن تكون واقعية وملموسة قدر الإمكان؛ بحيث يتسنَّى للمشاركين في عملية توليد الأفكار التعامُل مع السؤال على الفور. إليك بعض الأمثلة:

- «ما الذي سيمثِّل نوعًا رائعًا من الشوكولاتة للمواطنين من كبار السن، وأصحاب الأعمال، والرُّضَّع، والرجال، ومدمني التكنولوجيا، والمتميزين، والمصمِّمين، والممرضات، ومَن يكرهون الشوكولاتة، ومدمني الشوكولاتة؟»
- «ما المكونات الجديدة التي يمكنكم إضافتها إلى الشوكولاتة؟»
- «في أية مناسبات يمكن تناوُل المزيد من الشوكولاتة؟»
- «الشوكولاتة تجلب السعادة للناس. ما الوظائف الأخرى التي يمكن أن تؤديها الشوكولاتة؟»
- «الشوكولاتة الصحية، ماذا عنها؟»
- «بأي منتجات جديدة يمكنك إغراء الأشخاص الذين لا يحبون الحلوى كثيرًا؟»
- «أي نوع من منتجات الشوكولاتة يوجد في الدول الأخرى، ولكنْ لا يوجد هنا؟»
- «كيف يمكن إقناع المدخنين بالتحوُّل إلى تناول الشوكولاتة؟»

سوف تستخدم هذا النوع من الأسئلة الواقعية «الصغيرة» أثناء المشروع بدلًا من الأسئلة «الكبيرة»، سواء في مرحلة الفريق الإبداعي، أو الاستطلاعات، أو استكشاف الاتجاهات، أو استكشاف الإنترنت. وكقاعدة عامة: كلَّما كان المشروع معقدًا، زادت الحاجة إلى تحليله، وزاد حجم الوقت اللازم لتوليد الأفكار (ثمة مزيد من المعلومات عن هذا في فصل «الفريق الإبداعي»).

(١١) التفكير من منظور مستقبلي

في البداية، ربما ستواجه صعوبةً في تحليل الصياغة المعقدة للسؤال الأساسي ووضع أسئلة واقعية منفصلة. ومن المخاطر الخاصة التي قد تواجهنا هنا تفضيلُ الناس بشكلٍ عامٍّ شغْلَ أنفسهم بالماضي بدلًا من المستقبل، فما من جدوى كبيرة عند طَرح السؤال: «كيف نجتذب مزيدًا من العملاء إلى متجرنا؟» في أن تفكر في أسئلة من قبيل: لماذا لا يأتي الزبائن اليومَ أو لم يأتوا أمس؟ وما الخطأ الذي ترتكبه في المتجر؟ ولماذا يأتيك الأشخاص الخطأ؟ ومن الأفضل كثيرًا أن تصوغ أسئلة إيجابية مثل:

- «ما الخطوات التي يمكننا اتخاذها في متجرنا لجعله أكثر إثارةً في أعين الزبائن؟»
- «كيف يبدو متجر الأحلام بالنسبة إلى مدمنِ تسوُّق؟»
- «في أي متجر يشعر حتى الأشخاص الذين يكرهون التسوُّق بشعور طيب؟»
- «ما الذي يمكن أن نفعله خارج المتجر لجذب الناس؟»
- «ما أشكال الترويج التي يمكن أن نقوم بها لجذب الناس؟»

كما ترى، الفكرة هي أن تحدد جميع المشاهد المحتملة للفكرة وتصوغ لها أسئلة بسيطة. في مثال المتجر، من المنطقي للغاية أن تزور المتجر برفقة المشاركين في عملية توليد الأفكار، وتقوموا بتوليد الأفكار هناك. سيكون من الضروري أيضًا أن تَعدَّ أسئلةً لهذا الغرض، ومن الأهمية بمكان أن تكون جميع الأسئلة الفرعية — كما هو الحال مع بيان المعلومات — بسيطةً وواقعية لأقصى الحدود. أنت بحاجةٍ إلى ترشيح الأسئلة البالغة التعقيد إلى الحد الذي يجعل طفلًا صغيرًا يستوعب الأسئلة الفرعية؛ حينها فقط يمكنك أن تُنهِي مرحلة بيان المعلومات والبدء، وتُطوِّر المرحلة التالية بشكل مُثمِر بِناءً على العمل الذي تم القيام به.

مفاهيم جوهرية: «بيان المعلومات والبدء»

- بيان المعلومات مسئولية الإدارة العليا. فتأكَّدْ من أن صانع (أو صُنَّاع) القرار الذي سيحكم على الفكرة في النهاية، مشارك في الإعداد، أو على الأقل في تقييم بيان المعلومات.
- خصِّصْ وقتًا كافيًا في بداية أي مشروعِ أفكارٍ لصياغة السؤال الخاص بالبحث عن الفكرة بوضوح. أشرِكْ جميع الأشخاص الضروريين الذين يمكنهم المساهمة بشيء. اجعلْ طرفًا خارجيًّا يقوم بمناقشة بيان المعلومات.

• يجب ألَّا يزيد بيان المعلومات على ثلاث ورقات مقاس A4. يمكنك إضافة مواد قراءة إضافية، ولكن بيان المعلومات الأساسي ينبغي أن يكون قصيرًا. وهو يشمل الموقف المبدئي، والأهداف المرجوَّة من الفكرة مع المعيار الأساسي، وربما مع معيارين ثانويين، وكذا النتائج المتوقَّعة (كم فكرة في أي شكل).

• حدِّدْ أهدافَ الفكرة، إنْ أمكن، دون استخدام كلمة «و» في جملتك.

• حدِّدْ معاييرَ واضحة وضوحًا قاطعًا، ولكن لا تحدِّدْ عددًا أكبر مما ينبغي منها؛ يكفي معيار واحد أساسي ومعياران ثانويان.

• أجْرِ الاختبار: هل يستوعب طفل تعرفه في الثانية عشرة ما يدور حوله بيانُ المعلومات؟ إذا كان الأمر كذلك، يمكنك أن تنطلق.

• استخدِمْ بيان المعلومات كورقةِ عملٍ ورفيقٍ يومي في مشروعِ توليدِ الأفكار. تأكَّدْ أيضًا من أن الأشخاص المشاركين في عملية توليد الأفكار على دراية ببيان المعلومات، ويعرفون أنه يمثِّل إجماعَ المشاركين في المشروع. سجِّلِ التغييرات والأهداف التي تُعدَّل في بيان المعلومات، وتعامَلْ دومًا مع النسخة الحالية.

• حين يتوافر لديك بيان معلومات جيد، ابدأ في تحليله إلى مجالات بحث وأسئلة فرعية. أدرِجْ أكبرَ عدد ممكن من المناظير المختلفة، وقم بصياغة أسئلة بسيطة وواقعية لهذه المناظير يمكنك استخدامها لاحقًا عند البحث عن الإلهام. صُغْ أسئلةً إيجابية مفتوحة. ينطبق المبدأ ذاته هنا: كلما كان السؤال أبسط، كانت الأفكار المتوقَّعة أفضل. بالنسبة إلى الأسئلة البسيطة، يكفي من أربعة إلى ستة أسئلة فرعية لإجراء بحث عن الأفكار؛ أما بالنسبة إلى الأسئلة المعقدة نسبيًّا، فيكفي حوالي عشرة إلى خمسة عشر سؤالًا فرعيًّا؛ وبالنسبة إلى الأسئلة الشديدة التعقيد، يلزم من عشرين إلى ثلاثين سؤالًا فرعيًّا.

المجتمع الخلّاق

عرْضُ أفكارك على الآخرين يجعلها أكثرَ قيمةً.

* * *

منذ بضع سنوات، أدركتْ هيئةُ السكك الحديدية السويسرية الحاجةَ إلى مُخاطَبة الفئات المستهدفة من الشباب بأسلوب أكثر فاعليةً، وراحت تدرس ما من شأنه إثارة اهتمام وحماس الشباب. عقد فريقُ التسويق مناقشاتٍ مطوَّلةً وتوصَّلوا إلى حل: تقديم عروض خاصة لعطلة نهاية الأسبوع للشباب بمقصورات القطارات، التي تغيَّرت ديكوراتها بحيث تشبه صالات الديسكو. وجاءت هيئة السكك الحديدية إلى برين ستور بهذه الفكرة، وعهدوا إلينا باختبار الفكرة على بعض الشباب؛ للتأكُّد من أنها جيدة حقًّا. استمَعَ الشباب إلى الفكرة، ووجدوها مملَّة. كانت الرسالة العامة التي احتوتها ردودُ الأفعال هي أن «قوة خدمات القطار تكمن في كونها خدمات قطارات، وليس صالات للرقص.» طالبَتْنا هيئة السكك الحديدية بإعادة التفكير في الفكرة مع الشباب، والخبراء، والمتخصصين؛ وكانت النتيجة هي «تراك ٧»، وهو عبارة عن بطاقة لركوب القطار للشباب حتى سن ٢٦ عامًا، والتي تُمكِّنهم، حال دفع تكلفة ركوب القطار لمرة واحدة في السنة، من السفر مجانًا في كل القطارات في سويسرا من الساعة السابعة مساءً حتى آخِر قطار ليلًا. لقد أدَّى التعاون بين الأطراف الداخلية (العملاء) والأطراف الخارجية (الشباب/الخبراء) إلى فكرة أكثر تشويقًا بكثير من المحاولة التي قام بها خبراء التسويق بمحطة السكك الحديدية السويسرية.

لكي تعمل ماكينة أفكارك، أنت بحاجةٍ إلى ضم الأشخاص المناسبين إلى فريق الإدارة. و«المجتمع الخلّاق» هو مجموعة من الأشخاص تتألَّف من الأطراف الداخلية والخارجية المتضمَّنة في مشروع الفكرة.

(١) ما الفكرة الجيدة؟

تتميز الفكرة الجيدة حقًّا بأنها بسيطة، وغير متوقَّعة، ومناسبة. وهي تضم جميع المتناقضات: فيجب أن تنطوي على قدر كبير من المُجازَفة، وتظل مع ذلك سهلةَ التنفيذ. يجب أن يتحدث الجميع عنها، ولكنْ ينبغي ألَّا تثير حنقَ العملاء الحاليين. ينبغي أن تكون سليمة علميًّا وأكاديميًّا، وفي نفس الوقت مُبتكَرة للغاية. لعلك تود خلق خدمة جديدة يراها العملاء ثورية، ولكن تظل في نطاق احتمال الموظفين. وربما تود تبسيط الإجراءات إلى حد كبير دون إزعاج الأشخاص المعنيِّين، أو تجميل تصميمِ منتَجٍ ما دون خسارة العملاء الحاليين.

إذا كنتَ تبحث عن فكرةٍ، فأنت إذًا بحاجة إلى دراسة جميع الاحتمالات والاعتراضات منذ البداية؛ فأنت دائمًا تبحث عن المشاركة والإضافة، ومع ذلك ينبغي ألَّا تضحي بجاذبية الفكرة خلال هذه العملية، ويظل لِزامًا أن تكون بسيطة، وغير متوقَّعة، ومناسِبة.

الفكرة الجيدة بسيطة، وغير متوقَّعة، ومناسِبة.

(٢) التوليفة الجيدة تؤدِّي إلى أفضل نتيجة

إن خلق الأفكار الوجيهة بمنزلة تحقيقِ عمليةِ توازن، وهو شيء يبدو مستحيلًا للوهلة الأولى؛ شيء أشبه بتوحيد ثقافتين مختلفتين. بإيجاز: إنه إنجاز صعب. كثير من الباحثين عن الأفكار يخفقون في تحقيق هذا الإنجاز؛ لأنهم يرتكبون خطأً قاتلًا؛ فهم يحاولون خلق تناقض دون تفكير في المتناقضات، فتجدهم يتركون توليد الأفكار لمجموعة متجانسة، عادةً ما تتألف من أشخاص من داخل الشركة، أو وكالة، أو مستشارين. والمجموعة المتجانسة تكون لديها رؤية متشابهة للأمور؛ فهي تظل داخل إطار معين، ولا تفحص المتناقضات، ولا تطرح أسئلةً غير متوقَّعة، ولا تشكِّك في الحقائق والمبادئ والقوانين غير المدونة. إن مجموعة من الأفراد الذي يفكرون بنفس الأسلوب قد يجد أفرادها ألفةً كبيرة بينهم، إلَّا أنهم لن يخلقوا سوى أفكارٍ روتينية رتيبة. وقد أوجزَتْ أورسولا رينولد، نائبة مدير الوكالة الفيدرالية السويسرية للتعليم المهني والتكنولوجيا، هذا بشكلٍ رائع بقولها: «كل الأفكار التي نطوِّرها في محيط دائرتنا المغلقة هي ببساطة مرجعيات لأفكار قائمة.» وهذه الأفكار المرجعية جميعًا تتحرك في اتجاه واحد، ومتوقَّعة، ونادرًا ما تثير الانزعاج، وتسير مع تيار ثقافة الشركة. مَن الذي سيتحمَّس لها؟ مَن الذي سينزعج منها؟ ومَن سيدافع عن مثل هذه الأفكار ويقنع الآخَرين إلى أن يرغبوا هم أيضًا فجأةً في تأييد الفكرة؟

(٣) الابتكارات المهمة تثير انزعاج الناس

عادةً لا تكون الأفكار التي تُولد من قِبَل مجموعات متجانسة ابتكاراتٍ ذات أهمية؛ فتوليدُ وتحقيق ابتكارات ذات أهمية أمرٌ غير مريح ويتطلَّب الكثير من العمل والجهد. وتنفيذُ فكرة جيدة أيضًا ليس جزءًا عاديًّا من النشاط اليومي؛ ولذلك يُعتبَر أمرًا معقدًا ولا يُعامَل كأولوية.

ثمة مثال من شركة دوبونت يبيِّن ذلك بوضوح: قامت دوبونت، التي تُعدُّ واحدة من أبرز الشركات المصنِّعة للمواد الاصطناعية (مثل التيفلون والليكرا)، بتطوير بوليمر يتحلَّل بيولوجيًّا يُسمَّى «بيوماكس». تتميَّز هذه المادة بخواصَّ مثيرةٍ إلى أقصى حد؛ من

بينها حقيقة أنها تتحلَّل لدى احتكاكها بالماء، وحينها واجَهَ مطوِّرو المادة سؤال: أين يمكن استخدامها؟ أو لَمَن يمكن أن تكون ذات أهمية؟ كان البحث عن الأفكار صعبًا لعدد من الأسباب؛ لم يكن العلماء أنفسهم في موقعٍ يؤهِّلهم لوصف مادتهم الرائعة بكلمات بسيطة، فالزملاء الذين تعامَلوا مع مواد أخرى ونجحوا في خلقِ موضعٍ لها في السوق يُنظَر إليهم كمنافِسين أكثر من موفِّرين للأفكار. ولم تَعتبر إدارةُ الشركة أن المساعدة في توليد الأفكار من بين المهام المنوطة بها. ولم تبدأ الغيوم في الأفق في الانقشاع إلَّا عندما اقترحت برين ستور جمْعَ العلماء مع أشخاصٍ من خارج الشركة، والبحث عن الأفكار بطريقةٍ منظَّمة وممنهجة. وبدلًا من التلاعب بسؤال: «ماذا سوف تفعلون بمادتنا؟» طرحنا سؤال: «تخيَّلْ أنك ميكروب، ماذا تريد أن تأكل؟» على سبيل المثال. وعلى الفور توالَتِ احتمالاتٌ غاية في الإثارة لاستخدام بيوماكس، بفضل التصادُم بين ثلاثة أكوان (العملاء، الأطراف الخارجية، السؤال الصحيح)، كاستخدامه، على سبيل المثال، في أعقاب السجائر، أو في عِصِيِّ الحلوى المثلجة.

إن الاتجاه الفطري لمجموعة متجانسة تواجِه فكرة جديدة، تجلب معها الكثير من الجهد والشك في مرحلتَي الإعداد والتنفيذ، نحو التراجُع واتخاذ القرار باتخاذ الطريق السهل؛ لَهُوَ ردٌّ فعلٍ بشري محض. فالمشروعات المعقدة والأفكار الجريئة تكون مخيفة في البداية؛ فالناس يتجمدون ويشعرون بالعجز لأنهم يخشَوْن المجازفات، ويرون التحديات التقنية مُقبِلةً نحوهم، ولديهم تخيُّلات لكلمة «فشل» وكأنها تنجرف نحوهم عبر الأفق مثل سراب. والخوفُ من تحقيقِ فشلٍ ضخم، ومن ثَمَّ المُخاطَرة بمسارك المهني، واحدٌ من أكثر الأسباب شيوعًا لعدم تنفيذ الأفكار الجديدة أو حتى عدم اكتشافها من الأساس. يُضاف إلى ذلك أن التفكير داخل حيز فردي يتجلَّى بشكل قوي: فالابتكارات عادةً ما تكون مسئوليةَ التطوير والبحث، ولا تجرؤ الأقسام الأخرى على الاقتراب من الموضوع أو يتقهقرون نظرًا لما ينطوي عليه الأمر من مصاعب ومشكلات.

لهذا السبب، نجد أن الكثير من المنتجات والخدمات التي تباع كابتكارات جديدة اليومَ، لا تعدو كونها مجردَ تطويرٍ هامشي وتحسينات لا تُذكَر لمنتجاتٍ قائمةٍ بالفعل. لا يوجد ما يعيب مثل هذه التحسينات؛ فهي مهمة للغاية لدورة حياة المُنتَج، ولكن يجب ألَّا تباع حقًّا كابتكارات جديدة.

إن أي منتج جديد — أو خدمة جديدة — هذه الأيامَ، يحتاج إلى تمييزه عن سابقيه وعن المنتجات المنافِسة. يمكنك بالطبع أن تجعل هذا التمييز على مستويات السعر والتسويق،

ولكن هذا يقف عند حد معين فقط؛ إذ إن الملعب هنا أصغر بكثير. إن التمييز الحقيقي يحدث فقط كنتاجٍ لفكرة جديدة، والفكرةُ الجديدة تكون جيدة فقط إذا كانت تجلب معها تمييزًا حقيقيًّا عن الموجود. والمجموعاتُ المتجانسة نادرًا ما تنجح في الوصول إلى ذلك.

(٤) التعبيرات القاتلة تعني موت جميع الأفكار

الأمر الثاني الذي يُفتقَد حين تبدأ مجموعة متجانسة في البحث عن فكرة هو العنصر المبتكر المرح في عملية توليد الأفكار؛ فإذا كانت الرؤية الداخلية هي الرؤية الطاغية في عملية البحث، فلن يسير البحث بالمعدل المنشود مهما كان جيدًا من الناحية المنهجية؛ فبدلًا من المساعدة في البحث عن الأفكار، يعمل المشاركون على إبطائه وعرقلته. فالاعتبارات المهنية، والرغبة في الاستحواذ، واعتبارات التسلسل الوظيفي والرقابة الذاتية تتصدَّر المشهد، كما يتبيَّن في «التعبيرات القاتلة» المشهورة:

- أعرفُ ذلك بالفعل.
- لقد جرَّبنا ذلك من قبلُ.
- المنافس يفعل ذلك بالفعل.
- إنه باهظ التكلفة.
- لا يمكننا القيام بذلك.
- هناك صعوبات تقنية.
- سوف يرفض المدير ذلك.
- إنه لا يلائم صورتنا.
- سوف نجعل من أنفسنا أضحوكة.
- ليست لدينا معرفة كافية عن ذلك.
- لا يمكن تنفيذ ذلك.

إنهم مكابح حقيقة للأفكار؛ ومن ثَمَّ فهم يجعلون عملية توليد الأفكار صعبة ومنفرة. هل تعتقد حقًّا أن الأفكار غير المتوقَّعة يمكن العثور عليها من خلال عملية صعبة ومنفرة؟

إذا كان الأشخاص أنفسهم دائمًا هم مَن يلتفُّون حول الفكرة، فإن الحججَ القاتلة هي أول الأشياء التي تظهر، وليس الأفكار الجديدة. فكل فكرة جديدة يُنظَر إليها من منظور

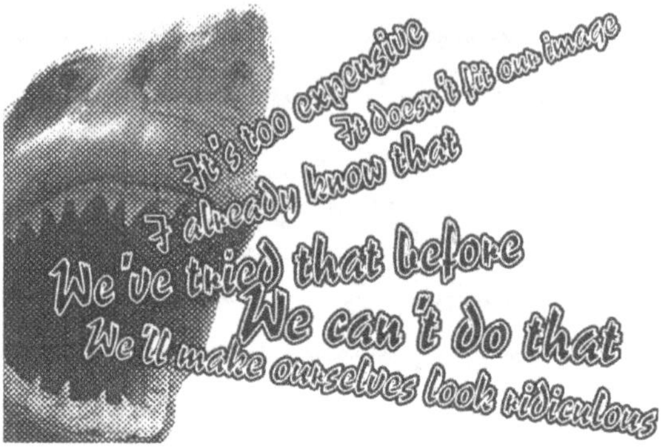

الأشخاص الذين يقولون «لا» لكل شيء يهاجمون الأفكار الجديدة كأسماك القرش.

«لماذا لا يمكن أن يجدي هذا؟» بدلًا من منظور «كيف يمكن أن يجدي ذلك؟» وهذا كفيل بتدمير كنوز الأفكار قبل حتى أن تُنتشَل من مكمنِها.

بالإضافة إلى أولئك الذين يقولون «لا»، هناك أيضًا مَن يقول «إنها ملك لي»؛ فمعظم الناس هذه الأيام يعتقدون أن الأفكار مِلك لشخصٍ ما. إن امتلاك فكرة جيدة والشروع في استخدامها في الوقت المناسب يُعتبَر أمرًا مفيدًا لتطوُّرك المهني؛ لذلك ينبغي أن تخدم الفكرةُ أهدافَ الفرد بشكل أساسي، وبعد ذلك فقط تفيد الشركة أو حتى السوق. فإذا أخبرتُ الآخَرين بفكرتي في التوقيت الخطأ، أو أخبرتُ الشخصَ الخطأ، فمن الممكن أن يكون لذلك تأثير سلبي على مسيرتي المهنية؛ فمن الممكن أن تُقابَل الفكرة بالرفض، أو يُروَّج لها بعد بضعة أسابيع من قِبَل «الشخص الخطأ»؛ وهكذا تكون هذه هي النهاية لترقيتي ودافعيتي، بل إن هذا قد يُعِيق التبادُلَ بين المجموعات المتعددة داخل شركة واحدة. فرَدًّا على سؤالٍ يتعلَّق بعمليات تجديد المنتجات، طرحَتْه مجموعاتُ شركة نستله الأخرى حول العالَم في إحدى السنين، قال لنا أحد كبار المديرين: «نحن لا نريد حتى أن نعرف، وإلَّا فسيأتون إلينا ويسرقون ابتكاراتنا.» وما زلتُ لا أفهم ما يفترض أن يسوء تبادل عمليات تجديد المنتجات بين المجموعات المختلفة من نفس الشركة حول العالم.

«تلك كانت فكرتي!» أو «لقد سرقت فكرتي!» هو ما تسمعه في مناخ يسوده الرغبة في التملك والاستحواذ. الأمر الغريب هو أن الناس عادةً ما يسعدون بالحديث عن أفكارهم،

ويستمتعون بالفعل بمشاركة أفكارهم مع الآخَرين. إن ثقافة الشركة هي ما تجعل الناس نزاعين إلى الاستئثار بأفكارهم عن طريق مكافأتهم على هذا السلوك؛ فحينئذٍ فقط يشعر الشخص بالحاجة إلى امتلاك «فكرته» والاحتفاظ بها لنفسه لأطول وقت ممكن؛ كي يستخدمها لمنفعته الشخصية في مرحلةٍ ما بدلًا من إخبارِ الآخَرين بها ومشاركتها معهم، لكي يستطيع الجميع الانتفاع بها.

نحن هنا في برين ستور ننتهج أسلوبًا مختلفًا تمامًا؛ فلدينا قناعة بأن الفكرة تتطور أكثر كلما أُتِيح للمزيد والمزيد من الأشخاص المختلفين العملُ عليها. فالعملية تجمع العديد من قِطَع الأحجية معًا وتحوِّلها إلى فكرة جيدة؛ حينئذٍ يكون هذا ببساطةٍ النتاجَ النهائي المنطقي لعملية مدارة بشكل جيد، مثلما تكون الشوكولاتة هي النتاج النهائي لتسلسُل محدد بوضوح من خطوات العمل في مصنع للشوكولاتة. نحن على وعي تام بأن هناك أيضًا إلهامًا وروحًا مبدعة في عملية تصنيع الشوكولاتة، ولا يختلف الأمر في توليد الأفكار، بالطبع نحن نحتاج إلى الإلهام، والفوضى، وحب الاستطلاع، والمفكِّرين غير التقليديين، إلَّا أن هذه الأمور جزءٌ من العملية وليست أداءات فردية. وهذا أحد الأسباب التي تجعل برين ستور تكافئ كلَّ مَن يشارك في عملية لتوليد الأفكار بمقابل مُحدَّد سلفًا؛ فكلُّ مَن يساهم بشيء، حتى ولو بمجرد سؤال أو ابتسامة في اللحظة المناسبة، قد ساهَمَ بشيء في نجاح الفكرة؛ فعمليةُ توليد الأفكار تحتاج إلى أشخاصٍ يحفِّزون الآخَرين ويدفعونهم، وأشخاصٍ يراقبون، وأشخاصٍ يُحلِّلون. ووجهاتُ النظر المختلفة والمهاراتُ المختلفة تساهم في إنتاج فكرة جيدة أكثر بكثير من شخص واحد مهما كان عبقريًّا.

يقدِّم لنا التاريخ، بالطبع، عددًا لا حصرَ له من الأمثلة لومضات عبقرية من الإلهام من أشخاص عاديين، ومخترعين حمقى، ومهندسين «مجانين». وهذا الأسلوب في توليد الأفكار له فاعليته وقيمته جنبًا إلى جنب مع البحث المنهجي عن الأفكار. ولكن هل من المحتمل أن يقدِّم عالِمٌ مجنون اقتراحًا يُقبَل ويمكن تنفيذه مثلما تقدِّمه مجموعتنا المتباينة؟

(٥) السماح للعوالم المختلفة بالتصادم

إذا أخذتَ هذا المبدأ الخاص بمزج الأطراف الداخلية والخارجية في مجتمعك الخلَّاق على محمل الجد في بحثك عن الأفكار، تكون قد جنيتَ الكثير بالفعل. ونحن هنا في برين ستور أَجَدْنا ضمَّ وجهات النظر والرؤى الخارجية؛ ففي المرحلة الأولى من عملية توليد الأفكار، مرحلة جمع الإلهام، نقوم بدمج الأشخاص من داخل الشركة — أيْ عميلنا وموظفيه —

مع أطراف من خارج الشركة؛ ومِن ثَمَّ نَدَعُ عوالمَ مختلفة تمامًا تتصادم معًا منذ البداية. والأطراف الخارجية المثالية لعمليتنا هي الشباب ما بين ١٤ و٢٠ عامًا، إما من سويسرا أو من دول العالَم الأكثر تنوُّعًا، اعتمادًا على طبيعة المشروع. كان من بين ما يبدو فيه مخاطرة ومغامرة من الوهلة الأولى، إجراءٌ جُرِّب واختُبِر على مدى أربعة عشر عامًا في برين ستور، يفيد جميع المشاركين في عملية توليد الأفكار؛ فالجمع بين الشباب وصُنَّاع القرار له عدد من الآثار الإيجابية، التي لها تأثير مباشِر على التعبيرات القاتلة للأفكار السابق ذكرها:

- يتميَّز الشباب بالجرأة وعدم التكلُّف، وهذا يكون بمنزلة فيروس مُعْدٍ بشكل كبير في ورشة عمل مشتركة مع صُنَّاع القرار.
- يتميز الشباب بالأمانة والمباشرة؛ فهم يقولون ما يدور بخَلَدِهم؛ ونتيجةً لذلك غالبًا ما يكون لهم تأثير ملطف. خذْ على سبيل المثال دانيال ذا الثلاثة عشر عامًا القادم من لندن؛ فقد سأل ذات مرة أعضاءَ الإدارة العليا المجتمعين لمتجر سي آند إيه للأزياء والموضة، إنْ كانوا هم أنفسهم يرتدون ملابس من سي آند إيه، وراح الواحد تلو الآخَر يعترف، في حنق، بأن جواربهم وملابسهم الداخلية، على أقصى تقدير، جاءت من سي آند إيه. فكَّرَ دانيال في الأمر لبضع ثوانٍ، ثم قال: «ولماذا إذًا تتوقَّعون منَّا أن نرتدي هذه الملابس؟» فضحك الجميع، ثم عادوا — وعلى وجوههم ارتياح واضح — إلى العمل، تحديدًا إلى البحث عن أفكار جديدة لسي آند إيه.
- الشباب يمكنهم العمل بسرعة وبكفاءة، ومن خلال ذلك يدفعون المديرين المشاركين في العملية نحو أعلى مستويات الأداء؛ ففي الكثير من مشروعاتنا، يندهش عملاؤنا كيف يظل الشباب ينضحون بالأفكار، ويواصلون التخيُّل في نهاية يوم العمل. وهذا «الخُلُق في العمل» مُعْدٍ وينقل الانطباع بأن العمل يمكن أن يكون متعة.
- التدرُّجات الهرمية في الفريق تصبح بلا قيمة من خلال إشراك الشباب؛ لأن الشباب لا يهتمون بالتدرُّجات الهرمية، ولأنهم يشرعون في العمل بعفوية شديدة، حتى إن المسئولين التنفيذيين عادةً ما يبدءون في فعل الشيء نفسه، عاجلًا أو آجلًا. وقد كانت لدينا أمثلة لفِرَق إدارةٍ اعتاد أفرادها مخاطَبَةَ كلٍّ منهم الآخَر بشكل رسمي باستخدام الألقاب لسنوات، وفجأةً بدءوا في دعوة كلٍّ منهم الآخَر بالأسماء الأولى خلال مرحلة توليد الأفكار. وقد رأيتُ مديرين يتخلَّوْن عن تحفُّظهم في وجود

الشباب، ويخبروننا بعد انتهاء ورشة العمل أنهم شعروا كما لو كانوا وسطَ نافورة من الشباب. بالمناسبة، نحن نخبر الشباب قبل بدء العمل أنَّه مِن شبه المؤكد أن المديرين يخافونهم أكثر مما يخافون هم المديرين. وهذا صحيح حقًّا؛ فالعديد من الخبراء المُحنَّكين ذوي الخبرة كانوا يتصلون بنا قبل يوم من بدء ورشة عمل توليد الأفكار؛ ليسألونا عمَّا ينبغي أن يرتدوه، وكيف يجب أن يكون سلوكهم.

- الشباب يعملون بسرعة وكفاءة ويجدون سهولة في التركيز، وهم يبيِّنون لعملائنا أن العمل يُؤتِي نتائجَ جيدة، ويمكن مع ذلك أن يتخلَّله الكثير من المتعة والمرح. ودائمًا ما يُذهَل عملاؤنا من طول الفترة التي يستطيع الشباب التركيز خلالها على مهمةٍ ما، ومدى سرعتهم في التعلُّم، وإلى أي مدًى يكونون أكثر انتعاشًا ونشاطًا في نهاية ورشةِ عملٍ مدتها ثماني ساعات، من المديرين المعتادين على الضغط.
- الشباب يتعلَّمون بالفعل بسرعة بالغة، ولم يفقدوا بعدُ فضولَهم الطفولي تمامًا، على الرغم من قضاء عدة سنوات في النظام التعليمي؛ فهم يستوعبون المعلومات سريعًا ويربطونها ببراعة بالمعلومات والمعارف الأخرى. ففي بعض الحالات لا يعلم الشباب أي شيء يُذكَر عن منتَجٍ أو خدمةٍ ما في بداية ورشة العمل؛ هم فقط يتعرَّفون بشكل تقريبي على مضمونه في «مركز المعلومات»، وهو برنامج قصير يعرض فيه العميل أو برين ستور بإيجازٍ موضوعَ البحث عن الأفكار. وقد استمعتُ إلى أسئلة الشباب عن شتى أنواع الموضوعات، من التخلُّص من النفايات النووية، والطريقة التي تعمل بها مبيدات الأعشاب الضارة التي يتم اختيارها، أو طريقة عمل طائرةِ رجالِ أعمال فخمة؛ إلى الموضوعات الشبابية التقليدية مثل: التسويق للفعاليات والأحداث، أو المشروبات، أو أنظمة الترفيه المنزلي أو الموسيقى، وأضطرُّ حقًّا لتصحيح آراء كلِّ متشائم يشكو من قلة اهتمام الشباب اليوم. وغالبًا ما يطرح الشباب أسئلة قاطعة وحاسمة نظرًا لصدقهم وسذاجتهم الفطرية.
- لا يتسم الشباب بحب التملك فيما يتعلَّق بالأفكار؛ فهم يجدون متعةً في اللَّعِبِ بالحلول الجديدة، وبناءِ قلاعٍ في السماء، وإيجادِ اقتراحات مجنونة. وأي مشارِك شاب في فِرَقنا الإبداعية لن يسأل نفسه أبدًا إنْ كان ما يفعله له معنًى أم لا، هو فقط يُلْقِي بنفسه داخل المياه وعلى الفور يشعر وكأنه سمكة. ويستمتع الشباب بأفكار الآخَرين ويُدخِلون عليها مزيدًا من التطوير، من خلال إيجادِ نسخة جديدة، أو تبنِّي منظور جامح، أو طرح الكثير من الأسئلة؛ وهم بذلك يزوِّدون

عملاءنا بمسارات جديدة للتفكير؛ فأجد الكثيرَ من عملائنا يقولون فجأةً: «لم أفكِّر في الأمر بهذا الشكل من قبل.» ويكونون على استعدادٍ لأول مرة للنظر إلى موضوعٍ ما بأسلوب جديد.

- إن التعبيرات القاتلة على غرار: «لن يُجدِي هذا»، و«لقد جرَّبناه بالفعل»، و«نعرف ذلك»، و«هذا محض حماقة»؛ تعبيراتٌ غريبة على الشباب؛ لأنهم ليسوا مدموجين في هياكل الشركات، فهُمْ ينظرون إلى الاقتراحات الجديدة بفضولٍ وحبٍّ استطلاع، ويَسْعدون بإدخال مزيدٍ من التطوير عليها بدلًا من المسارعة بوَأْدها بحجة قوية ومُقنِعة؛ لذلك فالمراهق لديه القدرة على جعل مهندس طائرات خبير ومحنك يمضي بضعَ دقائق في التفكير فيما سيحدث لو تحرَّكت قمْرة القيادة في طائرةٍ من أقصى الأمام إلى أقصى الخلف، وأُضِيفت نقاطُ رؤيةٍ جذابة في الأمام (وهو اقتراحٌ لم يكن للمهندس أن يصرِّح به قطُّ، وتوصَّل في النهاية إلى فكرة مختلفة تمامًا، وهي تزويد الركاب برؤية من القمْرة، بتصميم كاميرا تقوم بنقل زاوية الرؤية الخاصة بالطيارين إلى الشاشات في المقاعد).
- وأخيرًا، يمثِّل الشباب جيلًا جديدًا يشعر بالارتياح في التعامل مع أشكال التكنولوجيا الجديدة، وتقنيات التسويق، والإعلان، والعلاقات العامة كما لم يفعل أيُّ جيل قبلهم.

منذ عام ١٩٨٩ وأنا أرى كيف يبدأ الشباب وصُنَّاع القرار العمل معًا على أمرٍ ما في غضون دقائق، وكيف يخلقون شيئًا جديدًا معًا دون انتقادِ الحالي، وكيف يمرحون ويضحكون معًا. ورأيت كيف أن الأشخاص الذين لم يكونوا ليتبادلوا كلمة واحدة أحدهم مع الآخر، يرتادون مسارات جديدة معًا تحت ضغطِ وقتٍ رهيب. ورأيت كيف تلتقي مجموعتان مختلفتان تمام الاختلاف معًا باحترام، وحب استطلاع، وقدرة على الإبداع والابتكار. إن هذه اللقاءات تغمرني بالسعادة في كل يوم من حياتي العملية، وتجعلني أحترم الأطراف الداخلية والخارجية، التي تغامِر بالإقدام على هذه الخطوة.

حتى الأشخاص الشكَّاكون، الذين واجَهوا العملية في البداية بانعدامِ ثقةٍ، يسيرون بمعدل سريع، لدرجةِ أنهم الآن يستطيعون بالكاد التوقف بعد مرحلةِ إحماءٍ واستعدادٍ بطيئة نوعًا ما. تخيَّلْ تلميذًا بالمدرسة في الثالثة عشرة يجلس على الأرض مع مديرِ تسويقٍ بأحد البنوك، ويستغرقان تمامًا معًا في الحديث عن موضوعٍ ما، معتمِدَيْن على ملصق دعائي.

(٦) كيف تعمل الشبكة؟

سوف تواجِه صعوباتٍ في بناء شبكة منهجية من الأطراف الخارجية بنفسك، أو في الاستعانة بالشباب في مشروعاتك الأولى لتوليد الأفكار. ولكن عند تصميم مجموعتك، سوف يفيدك أن تفهم لماذا وكيف نفعل ذلك في برين ستور، وكيف تعمل شبكتنا، وكيف نختار المشارِكين في وِرَش العمل.

إن جميع الشباب الذين يشاركون في شبكتنا مسجَّلون في قاعدة بيانات إلى جانب مهاراتهم الفردية؛ ويمكن أن تكون المهارة، على سبيل المثال: القدرة على التحدُّث بلغةٍ أخرى، أو التمتُّع بمهارات جيدة بشكل خاص في الإنترنت، أو أن يكون الشخص قد أمضى طفولته في بلد غريب، أو تكون عبارة عن هوايةٍ مثل تولِّي تحرير مجلة مدرسية أو قيادةِ مجموعة كشَّافة. على حسب المشروع، تُشكَّل مجموعة يتمتع أفرادها بالمهارات المهمة للمشروع المَعْنِي، ونقوم بنشر الاشتراك في أي مشروعٍ كفرصةِ عملٍ على الإنترنت أو في قنوات أخرى، ويتقدَّم المشاركون المحتمَلون للوظيفة، ويقدِّمون معلوماتٍ عن مهاراتهم (وفي كثير من الحالات يضطرون لإثباتِ مهاراتٍ معينة بالاستعانة باستبيان)، وبعدها نكون في موقعٍ يُمكِّننا من دعوةِ أنسب الأشخاص للمشروع. ويتم كل هذا بالاستناد إلى شبكة الإنترنت باستخدامِ نموذجِ استمارة على أية قاعدة بيانات كبيرة متاحة تجاريًّا، ويمكن لأعضاء الشبكة توسيع وتحديث بياناتهم ومهاراتهم باستمرار؛ فمجرد رحلة إلى بورما، يمكن — على سبيل المثال — أن تساعد في اكتساب مهارات جديدة على غرار «مسافر إلى وجهات غريبة» أو «خبير في آسيا»، إذا استطاع عضْوُ شبكةِ «المجتمع الخلَّاق» أن يُظهِر ما تعلَّمَه وواجَهَه أثناء الرحلة بأسلوبٍ ملائم. يتم توليف فِرَق العمل بعنايةٍ من أشخاص ذوي اهتمامات مختلفة، ومن مناطق وفئات عمرية مختلفة، ومن مستويات تعليمية مختلفة، وهكذا نخلق فريقًا شديد التنوُّع والتباين.

يُمكن للشباب المشارِكين بالفعل في العديد من المشروعات المتنوعة الاستفادةُ من إمكانياتٍ وفرص التقدُّم والتدرُّب كوسطاء، أو مقرري اجتماعات، أو مديري مشروعات؛ لذلك يظلُّون ضمن الشبكة حتى عندما يتجاوزون مرحلةَ الشباب، وغالبًا ما يتم إشراكهم كخبراء في مجالاتهم المتخصصة. ولعل من النماذج الجيدة لمثل هذه المسيرة المهنية لورينت، مديرَ اتصالاتنا ذا الأربعة والعشرين عامًا؛ فقد بدأ مسيرته المهنية في برين ستور حين كان في الثانية عشرة، وشارَك في أحد مشروعات الأفكار لأول مرة. وقد لاحظنا في المشروع الأول أن لورينت في غاية البراعة؛ إذ يقوم لورينت بربط جميع الحقائق والمعلومات المستمَدة من

المشروع بمعرفته العامة الشديدة الاتساع بمهارة، وتتفجر منه أفكار رائعة. في ذلك الوقت كان لورينت طفلًا يافعًا مفرط النشاط نوعًا ما، يحمل بداخله قدرًا بالغًا من الطاقة، ولكنْ لحسن الحظ كان يحظى بوالدين يعرفان كيف يوسِّعان قدرةَ طفلهما بشكل فعَّال. وإلى جانب دروس البيانو والتشيلو، ومشروع مجلته المدرسية والعديد من المشروعات الفنية، قدَّمت له برين ستور خطةً للتعامُل مع هذه الطاقة، ولم يخيِّب لورينت أملنا مطلقًا على مدار كل هذه السنين؛ ففضلًا عن المشاركة في وِرَش عملِ توليدِ الأفكار، دائمًا ما كان يعمل على مشروعات داخلية في الإجازات. ولصِغَر سنه كان يمضي ساعات الليل مع موظفي برين ستور، ودائمًا ما كانوا يتلقَّون مكالمات هاتفية من والدة لورينت في المساء للتأكُّد من أن صغيرها قد غسل أسنانه. كانت هذه أقل مخاوفنا، فقد كان من الصعب كفاية محاوَلةُ إيجاد مفتاح «إيقاف عقله» قربَ منتصف الليل، وإقناعه بالتفكير في الذهاب إلى الفراش. وفي سن السادسة عشرة أصبح لأول مرة قائدًا لمشروعِ إنتاجِ مجلةٍ عن موضوع التغذية، موجَّهةٍ للفئة العمرية ما بين ١٤ إلى ١٨ عامًا. كان صيفًا شديد السخونة، ولن أنسى أبدًا دَفْعي لورينت بكامل ثيابه في بحيرة بيل الدافئة، التي تبلغ حرارتها ٢٤ درجة لكي أجعله يهدأ من الداخل والخارج؛ حيث كان يلهث بشدة بعد مناقَشةٍ لا نهايةَ لها حول الاسم المحتمَل للمجلة. واليومَ يعيش لورينت ما بين برلين وبيل، أسبوعًا هنا وأسبوعًا هناك، ويعتني بكل مشروعات برين ستور للاتصالات، من المراسلات البريدية والنشرات الدعائية إلى العلاقات العامة وجهات الاتصال الجديدة، وهناك العديد من الموظفين مثل لورينت، المرتبطين ارتباطًا حرًّا ببرين ستور، يمكنهم أن يصبحوا أعضاءً فاعلين مجدَّدًا في مشروعات لعملائنا.

(٧) شبكة صغيرة تتمدَّد

بدأت برين ستور نشاطَها في عام ١٩٨٩ بشبكة في غاية التواضُع من الشباب من سويسرا. كنا ندعوهم للمشاركة في مشروعات مع عملاء كانوا يريدون التعرُّف على فئة «الشباب» المستهدفة بشكل أفضل، وواتَتْهم الجرأة للجلوس على طاولة واحدة معهم. في أواخر الثمانينيَّات، كان الرأي السائد في سويسرا هو أن «الشباب» هم الأشخاص ما بين سن الخامسة والخامسة والعشرين، الذين يمكن استمالتهم لأي منتج على وجه الأرض عن طريق منشورٍ إعلاني باللغة الإنجليزية، والأسطوانات الموسيقية، والألوان الصاخبة. ويا له من خطأ فادح! فأي شخص ينظر إلى فئة الشباب المستهدفة عن كثب، حتى في ذلك

الحين، كان يجد أن «الشباب» منقسِم إلى ثقافات فرعية متنوعة، وأن الشباب — شأنهم شأن الكبار — ليسوا جميعًا مهتمين بنفس الشيء، بل بمجموعة متنوعة من الموضوعات المختلفة.

كان من أوائل مشروعاتنا توسيع قاعدة انتشار حملة «أَوْقِفوا الإيدز» التابعة لوزارة الصحة السويسرية، والتي كان من المُزمَع أن تتوافق مع اهتمامات الفئة العمرية ما بين ١٥ و١٩ عامًا؛ وفي سبيل هذا الغرض، جاء الشباب من جميع أنحاء سويسرا إلى الوكالة الإعلانية المُنظِّمة لحملة «أَوْقِفوا الإيدز» آنذاك في برن، وقاموا بتطوير وتقييم العديد من الأفكار المتنوعة، وكانت إحداها مُقنِعة بشكل خاص: إعلان من صفحتين نُشِر في المجلات لأطفال المدارس، وأُلصِقت قطعة من العلكة على اليسار، برعاية شركة هوليوود للعلكة، وكُتِب أسفلها: «من أجل التقبيل»، وعلى الجانب الأيمن أُلصِق واقٍ ذكري في علبة مزيَّنة بقلب أحمر اللون مُذَيَّلة بعبارة: «ضد الإيدز»، وقد لاقى الإعلان نجاحًا كبيرًا في مدارس سويسرا. في تلك الفترة، كان موضوع الإيدز لا يزال من المحظورات، فثار الكثير من المدارس، لا سيما المدارس الداخلية الكاثوليكية، بسبب الإعلان. كانت الخدعة أن الإعلان قد نُشِر من خلال المجلات المدرسية المستقلة على صعيدَي التمويل والمحتوى عن الإدارة المدرسية في سويسرا، وكانت الخطوة الوحيدة التي يمكن للمدارس اتخاذها هي حظرَ بيعِ المجلة داخلَ حدود المدارس؛ الأمر الذي أدَّى بالطبع إلى زيادة مثيرة في المبيعات أمام بوابات المدارس مباشَرةً.

وبالتدريج أشرَكْنا الشبابَ في شتى أنواع مشروعات توليد الأفكار؛ تلك المَعْنِية بالفئة المستهدَفة من الشباب، ولكن أيضًا في المشروعات الأخرى التي نضطر فيها، على سبيل المثال، إلى النظر إلى الأشخاص الأكثر ثراءً. وأثبَتَ منهجُنا في الإشراك المنهجي للشباب جدارتَه في كل المشروعات على مدار الأربعة عشر عامًا.

(٨) الخبراء والمتخصِّصون والمفكِّرون الجانبيون

في شبكة الأشخاص المستقلين الذين نستعين بهم، والتي تمتد الآن في سائر أنحاء العالم، لن تجد شبابًا فقط، ولكنك ستجد أيضًا خبراء، ومتخصِّصين، ومفكِّرين من شتى الأنواع: أساتذة جامعيين في جامعات متعددة، أو خبيرًا في الشوكولاتة، أو استشاريَّ تغذية، أو متخصِّصًا في العلاج بالتنفُّس، أو مديرَ سيرك، أو متخصِّصًا في الكائنات البرمائية في البرية، وحتى رجل الإطفاء الطائر (الذي يقفز من طائرة على حريقٍ بنِيَّة إطفائه). ولدينا في الشبكة «مصمِّم شرح» لا يمكنه فعل شيء آخَر (مثلما يقول هو نفسه) سوى شرح الأمور

الصعبة للآخرين من أجل استيعابها بلغةٍ مَجازية بسيطة. ولدينا أيضًا كاهنٌ امرأة — وكان من المعتاد أن يكون من الرجال — ومنتجُ أفلام، وخبيرٌ في الإنسان الآلي، ومتخصِّص في الحياة البرية، ومطرب أوبرالي، ومصمِّمُ منتجات، ومصمِّمو جرافيك، وفنيون، ومطوِّرون، ومشرفاتُ حضانة، ومعلمون، وأخصائيون نفسيون، وخبيرٌ في اليابانيات، وعلماء في السياسة، وغير ذلك كثيرون. وهم قادمون من سويسرا، وألمانيا، والنمسا، وإنجلترا، وفرنسا، والولايات المتحدة، وهولندا، والمكسيك، والهند، واليابان، وسنغافورة، وهونج كونج، والبرازيل، والصين، وأجزاء أخرى من العالم. وتنمو الشبكة كلَّ يوم (وتضم اليومَ حوالي ٢٥٠٠ عضو، نصفهم تقريبًا من الشباب). ولا تعمل شبكتنا على أساسِ التعاون الثابت، ولكن على أساسِ الارتباط الحر، الذي يُفعَّل حين يتطلَّب أحد المشروعات تلك المهارات المتخصِّصة. ويتقدَّم المتخصِّصون للوظائف بنفس الطريقة التي يتقدَّم بها الشباب، من خلال تسجيل مهاراتهم، والتي تُختَبر إنْ لزم الأمر.

عند إدراج شخصٍ ما في مشروع، فإنه حينئذٍ يلعب دورًا ما لفترةٍ من الزمن محدَّدةٍ بوضوح، ثم يغادر المشروع، وعلى حسب الوظيفة المنوط بها يمكن أن يستمر الالتزام لبضع ساعات (بالنسبة إلى المشاركين في ورشةِ عملٍ لتوليد الأفكار، على سبيل المثال)، أو بضعة أيام (بالنسبة إلى استكشاف الاتجاهات أو مقابلات الأفكار، على سبيل المثال)، أو عدة شهور (بالنسبة إلى مدير مشروع، على سبيل المثال)؛ الشيء المهم هو أنه دائمًا ما يكون الالتزام تجاه المشروع الحالي فقط في كل حالة. ويضمن لنا نظامُ دعوةِ أشخاصٍ معيَّنين للمشارَكةِ القدرةَ على إدراجِ أولئك الأشخاص ذوي الصلة بالمشروع، إذا كان لديهم وقت كافٍ متاح، ولديهم الحافز للعمل على المشروع بكل كَد.

يمكن تعديل النظام باستمرار، وهو يعمل وفقًا لمبدأ الوصول إلى الأداء المثالي، فقط إذا كان الوقت المتاح للبحث عن الأفكار مقيَّدًا، حينها نبحث عن مشاركين وأعضاء للمشروع في محيط مكاتبنا، وحين يستلزم الأمر — نظرًا لاعتبارات الوقت — نلجأ لتسويات في عملية الاختيار؛ لأن أهم شيء في المشروع هو السرعة. ومع ذلك يحظى عميلنا بفريق مختلط، يتفق مع مبدئنا في إشراك أطراف داخلية وخارجية. أما إذا توافر لدينا وقتٌ أكبر وميزانيةٌ أعلى، فيمكننا توسيعُ دائرة بحثنا عن عاملين مستقلين مناسبين للمشروع من «مجتمعنا الخلَّاق»، ونقوم بتجميع فريق مختلط مثالي بحق، غالبًا ما يضم خبراء على مستوًى رفيع.

تقوم برين ستور بتجميع فريق جديد تمامًا من العاملين المستقلين لكل مشروع؛ فهذا من شأنه أن يتفادى الأفكارَ المكوَّنة سابقًا، والتفكيرَ الهرمي، واستنزافَ الطاقة. والجهدُ

اللازم لقيادة فريق كهذا جهدٌ كبير، وينبغي تخطيط عملية تدريب الأفراد تخطيطًا جيدًا؛ وما نتحصَّل عليه من ذلك، فضلًا عن التوليفة المثالية، هو المرونةُ العالية والكفاءة.

(٩) المشروعات الحسَّاسة

يقلق كثير من عملائنا على أمور السرية والأمان حين يسمعون لأول مرة عن هذه الشبكة، والحقيقة أننا لم نواجه أيَّ مشكلة قطُّ في ذلك على مدار الأربعة عشر عامًا التي أمضيناها في هذا النشاط؛ والسبب الأول في ذلك أن جميع المشاركين بالمشروعات الذين يأتوننا من خارج الشركة لا تتوافر لديهم أبدًا جميعُ المعلومات عن المشروع المتاح أمامهم، فقط النقاط المتصلة بهم. ولكنْ ما هو أهمُّ أن تَوجُّهنا الهادئ نحو فكرة «الأمان» قد ساهَمَ بالتأكيد في حقيقةِ أن مشاركينا لا يفكرون مجرد تفكيرٍ بشأن مسألة «السرية»؛ هم فقط يعملون معنا على فكرة جديدة، وعادةً ما يتم إخبارهم أيضًا بهُوِية العميل (ما لم يُطلَب العكس بشكل صريح)، وبمجرد إتمام المشروع بنجاحٍ يتم أيضًا إبلاغهم بالنتائج من قِبَلنا. ونظرًا لأننا لا نكافئ الأداءَ الفردي، وإنما نكافئ الجهدَ المبذول في مشروع محدد بشكل واضح، لم نواجه أيضًا أية مشكلة فيما يتعلَّق بالرغبة في تملُّك الأفكار؛ فكلُّ مَن يعمل معنا يكون على دراية تامة بأنه يساهم بقطعة من الأحجية في نجاح المشروع برمته.

من المهم أيضًا تجميع فريق جديد تمامًا لكل مشروع؛ حتى لا تحدث متلازمةُ استنزافِ الطاقة مطلقًا.

بالطبع نحن نأخذ على مَحْمل الجد رغبةَ عملائنا في السرية وحماية البيانات الحساسة؛ فكلُّ مشارِكٍ في مشروع يوقِّع على اتفاقٍ ينصُّ على عدم استخدام البيانات والمعلومات الواردة في المشروع إلا فيما يخص المشروع، ونعتبر أيَّ تحذير أو تنويه آخَر نوعًا من المغالاة أو قد يأتي بنتائج عكسية.

(١٠) الأطراف الداخلية والخارجية في ابتكارات الشركة

إذًا ما الذي يمكن أن تفعله لتطوير أفكار مبتكرة لصالح شركةٍ ما، على أن تكون الأفكار بسيطةً، وغير متوقَّعة، وفي نفس الوقت ذات صلة؟ يمكنك إدراجُ آراء متناقِضة في كل مشروعِ ابتكارٍ منذ البداية. لعل المناظير الثلاثة الأكثر ارتباطًا هي المنظور الداخلي والخارجي والإدارة المحايدة للعملية؛ فالأشخاصُ الذين يعملون في شركتك يدعمون المنظورَ

الداخلي تلقائيًّا، والأشخاصُ الذين يعملون خارج الشركة يدعمون المنظورَ الخارجي تلقائيًّا، والجمعُ بين المجموعتين هو فقط ما سوف يتيح لك تطويرَ أفكارٍ جديدة وغير متوقَّعة، والإدارةُ المُحايِدة للعملية تُفسِح المجالَ لإجراءٍ منظَّم.

إن إدراج مستويات هرمية مختلفة، وممثِّلين لمجالات وظيفية مختلفة في الشركة، سوف يمكِّنك ببساطة من توسيع المنظور الذي يُنظَر إلى الفكرة من خلاله على نحوٍ كبير؛ ومن ثَمَّ تجني الكثير. هل فكَّرتَ في إشراك السيدة التي تقدِّم الوجبات في مَقْصِف شركتك في عمليةٍ لتوليد الأفكار؟ من المؤكد أن لديها بعض الأشياء للمُساهَمة بها.

ولكنَّ وجهات النظر النابعة من داخل الشركة لن تكون كافيةً للتوصُّل إلى أفكار بسيطة، وغير متوقَّعة، وذات صلة حقًّا؛ ينبغي أيضًا أن تضم أشخاصًا من الخارج. من المحتمل أنك لن تنجح في إحضار أي شباب إلى الطاولة، ولكنْ يمكنك أن تجرِّب ذلك مع الطلاب. تجنَّبْ هؤلاء الذين تطوَّروا بالفعل إلى أشخاصٍ ليس لديهم أي اهتمامات خارج إطار مجالهم. يمكن أيضًا أن يكون المتدرِّبون في شركتك خيارًا جيدًا؛ نظرًا لقُرْبهم من شخصية الشباب بمنظورهم الخارجي للأمور، ولكنهم مع ذلك موجودون داخل الشركة. ولا بد، بالطبع، أن تدير ورشةَ عملٍ مع الأطراف الداخلية والخارجية وتتحكم فيها عن قُرْب.

فكِّرْ، مع كل من الأطراف الداخلية والخارجية، في وجهات النظر التي تريدها بالفعل. غالبًا ما يكون الخبراء المحنَّكون أقلَّ إثارةً من المستخدِمين؛ فحين كنا نطوِّر أفكارًا لتغليف وتعبئة الدواء لصالح شركة دوبونت، على سبيل المثال، لم نُشرِك خبراء في التغليف، بل أشركنا العديد من أعضاء فريق التمريض بمستشفًى قريب، وكانت معرفتهم الخبيرة المستمَدة من التعامُل اليومي مع التغليف أكثر قيمةً بالنسبة إلينا في هذه المرحلة من رأي مُصَمِّمي الأغلفة المؤهلين بشكل ممتاز، الذين قد يكون احتكاكهم بالعالم الواقعي محدودًا. فكِّرْ أي وجهات النظر تحتاج إليها أشدَّ الاحتياج من أجل مشروعك: أهي وجهة نظر المُستخدِم، أمْ وجهة نظر خبيرٍ ذات أساس نظري؟ هل من المحتمَل أن تحتاج أيضًا إلى مفكِّر جانبي، يناقش كل شيء وينظر إلى كل شيء بأسلوب مختلف تمامًا عنك؟ كل ما نستطيع أن ننصحك به ألَّا تحيط نفسك بأشخاص مريحين يفعلون دائمًا ما تطلبه منهم، بل أَحِطْ نفسك بأشخاص مزعجين يناقشون ما تفعله من الصباح حتى المساء، ويدفعونك أحيانًا إلى اليأس، فسوف يكون لذلك نفعٌ أكبر بكثير لمشروع توليد الأفكار الخاص بك، وسيدفعك إلى آفاقٍ أبعد بكثير.

بالإضافة إلى تشكيل الفريق، تحظى الإدارة المحايدة للعملية بأهمية كبيرة؛ فحين يتعلَّق الأمر بالأفكار، يرغب الجميع في أن يكون لهم رأي، ولا بأس في ذلك، ولكنْ أن يكون لك رأي وتلعب دورًا في اتخاذ القرارات فهذه مسألة تحتاج إلى توجيه ورقابة مستقلة. أنت أيضًا بحاجةٍ إلى شخصٍ ما من آنٍ لآخَر يوجِّه المشروع بقدر معين من السلطة.

مثال لفريق متوازن لمشروع ضاغط لتوليد الأفكار

المنظور الداخلي

- المهندس من قسم التطوير بما له من معرفة متخصصة في موضوع الفكرة.
- المدير الإداري بما له من سلطة.
- مشرف خطٍّ الإنتاج الذي يملك معرفةً ممتازة بالماكينات والآلات.
- مدير التسويق نظرًا لمسئوليته عن الفكرة.
- المتدرِّب الفضولي المحب للاستطلاع في قسم التسويق.
- ممثِّلو المبيعات والماليات.

المنظور الخارجي

- ثمانية طلاب (إناث وذكور على حد سواء).
- خبير في الشأن الروسي (لأن المشروع يتعلَّق بالسوق الروسية).
- عملاؤك الثلاثة الأفضل.

مَن ينبغي أن يديره؟

- منسق ذو خبرة، يمكنه حتى أن يتصدَّى للمهندس الذي دائمًا ما يقول «لا».

مفاهيم جوهرية: «المجتمع الخلَّاق»

- أشرِكْ أطرافًا من الداخل والخارج على حد سواء في كل مشروعٍ لتوليد الأفكار، واحرصْ على أن تكون هناك إدارة محايدة تتميَّز بالكفاءة.

• ابحثْ عن أكبر قدر ممكن من وجهات النظر من داخل الشركة ومن خارجها. والمشارِكون المثاليون هم، على سبيل المثال: الطلاب، وربَّات البيوت، والشباب، والأشخاص من داخل الشركة الذين لا يتم إشراكهم عادةً في مشروعات توليد الأفكار. يمكنك أيضًا الاستعانة بالمتخصصين، أو العملاء، أو الاستشاريين كخبراء ومتخصصين.

• ينبغي أن يتراوح حجم المجموعة المشارِكة في ورشة عمل توليد الأفكار ما بين ثمانية أشخاص كحد أدنى ومائتَيْ شخص كحد أقصى؛ وهناك علاقة متوازنة بين الأطراف الداخلية والخارجية في الأحوال المثالية. وفي المراحل المتأخرة من المشروع سوف يكفي وجود مجموعات أصغر حجمًا، وستتألف في أغلب الأحيان من خبراء (أربعة إلى ستة أشخاص، منهم إدارة المشروع).

• أجزِلِ الأجرَ للمشاركين على جهودهم، واحرصْ على أن يغطيَ هذا الأجر تكلفةَ حقوق الطبع والنشر. حدِّدْ للمشاركين حجمَ العمل المطلوب بشكل محدد: ما المتوقَّع منهم، وكم ستكون مدة مشاركتهم، وما الشروط المسبقة التي ينبغي أن يستوفوها؟ اعقدِ اتفاقاتٍ مسبقًا فيما يتعلَّق بالسرية، وحقوق الطبع، والمساهَمة المنشودة (مجال التخصص، المنظور).

• ينبغي أن يُدعَى المشاركون صراحةً كلاعبين في الفريق؛ فالأشخاص الشديدو الفردية، أو الذين يرغبون في الظهور والتميُّز عن الآخرين بأي ثمن، يعطِّلون العملية. شدِّدْ على أنك تبحث عن مساهمات ووجهات نظر جديدة، ولكنْ سيُجرَى البحث عن الفكرة في عملية مشتركة.

• كافِئ على المشاركة في العملية، والجهود المبذولة لإيجاد حل، وليس نتائج الأفكار الشخصية.

• في المشروعات الأطول أجلًا، استعِنْ بشخص من الخارج ليقوم بمراجَعة ونقد الأفكار بشكل دوري. كوِّنْ فريقًا جديدًا لكل خطوة في المشروع (يمكن للفريق الأساسي، بالطبع، أن يظل في موقع المسئولية طوالَ فترة المشروع كاملًا).

• «شارِكْ بجرأة»؛ كنْ سخيًّا تجاهَ المشاركين بالمعلومات الخاصة بالمشروع. لا تحبس المعلومات خشيةَ أن يتسرَّب شيء إلى الخارج؛ فالتحفُّظ على المعلومات لن يجلب أية أفكار جديدة، ولكنِ اعْقدِ اتفاقاتٍ مع المشارِكين بشأن السرية والخصوصية.

الفريق الإبداعي

جمع الأفكار الخام على يد أطراف داخلية وخارجية.

* * *

قال الموسيقار أنطون بروكنر ذات مرة: «إذا أردتَ أن تبني أبراجًا عالية، فعليك أن تُمضِي فترةً طويلة في العمل على الأساس.» وهذا لا يَسْري فقط على الموسيقى وكل شكل من أشكال الفن، بل أيضًا على الأفكار؛ فإذا أردتَ إنتاج أفكار جيدة، فلا بُدَّ أن تُعنَى المرحلةُ الأولى من المشروع بتوليد أكبر قدرٍ ممكن من بذور الأفكار المختلفة؛ فذاك هو الأساس، أو العمل الأساسي، اللازم لتحقيق نتيجة جيدة حقًّا.

في فصل «بيان المعلومات والبدء»، أوضحتُ كيف يمكنك تكوين بيان معلومات واضح، وكيف يمكنك تقسيم هذا البيان إلى أجزائه المكونة. وفي فصل «المجتمع الخلَّاق»، ناديتُ بدفع الأطراف الداخلية والخارجية للعمل معًا على الأفكار، لكي ينتج شيء جديد بحق. وفي فصل «ماكينة لإنتاج الأفكار»، تعلَّمتَ أنه لا بد من فصل المراحل المختلفة لعملية توليد الأفكار (التوليد – التكثيف – اتخاذ القرار – الإدارة) بعضها عن بعض بشكل واضح. والآن ستُطبَّق هذه المبادئ الثلاثة — بيان المعلومات، والأطراف الداخلية/الخارجية، وفصل المراحل — بشكل عملي.

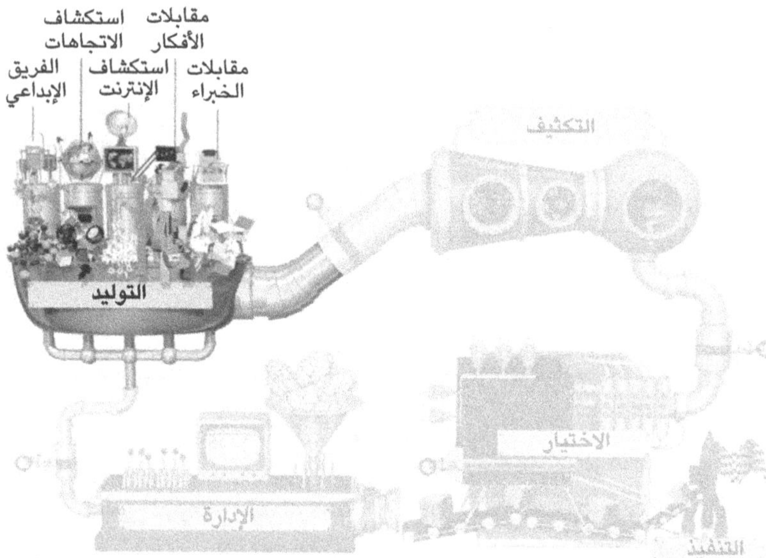

الفريق الإبداعي هو الأداة الأهم في مرحلةِ توليد المادة الخام لأفكارك؛ ففي ورشة عمل تستمر لما بين ساعة وثماني ساعات، تقوم الأطراف الداخلية والخارجية معًا بجمع أكبر عدد ممكن من مكونات الأفكار.

أنت حقًّا بحاجة إلى «فريق إبداعي» عند البحث عن الأفكار، والفريقُ الإبداعي هو عبارة عن ورشة عمل يأتي فيها الأطرافُ من داخل وخارج الشركة معًا تحت إشرافٍ وتوجيهٍ مهني متخصِّص من أجل توليد الأفكار بناءً على بيان المعلومات. لا، في الواقع هم لا يبحثون بعدُ عن أفكار كاملة، بل يبحثون فحسب عن جزيئاتِ أفكار، ومكوِّنات، وأجزاء، وأفكار ومفاهيم منقوصة؛ والهدفُ هو إلقاء الضوء على سؤالٍ ما من عدة مناظير مختلفة، وتوليد أكبر عدد ممكن من البذور والأفكار الخام. ونادرًا ما يحدث أن تسقط فكرةٌ قابلة للتنفيذ من السماء في ورشة الفريق الإبداعي؛ فليس هذا هو المطلوب أيضًا، فما يُتوصَّل إليه هو أفكار وخواطر أكثر جنونًا تعمل بمنزلةِ إلهامٍ في مرحلة التكثيف من المشروع لكي تُطوَّر أكثر وتُدمَج.

(١) جلب الأشخاص المناسبين إلى المكان المناسب

يتمثَّل الحد الأدنى من متطلبات ورشة الفريق الإبداعي في ١٥ مشاركًا (مزيج من أشخاص من الداخل والخارج)، ومنسِّق متمكِّن وقادر على التحفيز، وربما منسِّق مشارِك أيضًا، وشخص واحد على الأقل ليقوم بتدوين النتائج.

بالإضافة إلى ذلك، أنت بحاجةٍ إلى قاعة كبيرة يغمرها ضوءُ النهار الطبيعي. وكقاعدة عامة: ينبغي أن تكون القاعة قادرةً على أن تَسَع ما لا يقل عن أربعة أضعاف عدد المشاركين الفعليين الذين دعَوْتَهم إلى ورشة العمل. ومن المنطقي أن تتخيَّر قاعةً لإقامة ورشة العمل، لها أقلُّ صلةٍ ممكنة بعملك اليومي. في برين ستور، يدخل المشاركون أجواءً تنمُّ عن مصنع مجنون؛ حيث الجدران ذات الألوان البرَّاقة، والأرضية المفروشة بحشائش صناعية، والمنتجات الصناعية التي تحوَّلت إلى أثاث، والزخارف الغريبة، والعديد من أحواض الاستحمام. فهم يواجِهون أجواءً غريبة تمامًا لحظةَ وصولهم، حين يتسلَّمون شارةَ أسمائهم والخامات التي سيعملون بها في حقيبة بلاستيكية قابلة للنفخ، في غرفة «تسجيل الدخول» ذات اللون الوردي الخاصة بنا، المعلَّقة بها شاشات لبيان مواعيد المغادرة كتلك الموجودة في المطارات.

بالطبع نجد متعةً في التفكير في وضْعِ ديكورات داخلية مجنونة وإضافةِ مؤثرات جديدة، ولكنَّ العامل الحاسم هو الأثر الذي نُحدِثه في نفوس عملائنا؛ فنحن نأخذهم خارجَ حياتهم المكتبية اليومية لحظةَ دخولهم الأجواء غير المألوفة لبِنايتنا. هذا يعمل على تصفية أذهانهم، ونحن نريد أذهانًا صافية في هذه المرحلة.

لا يمكنك بالطبع استنساخ جوٍّ كهذا، ولكنْ يمكنك البحث عن جوٍّ مشابِه. ولا يمكنك بالطبع أيضًا تصميم قاعة ورشة العمل بنفس أسلوبنا المبالَغ فيه؛ لأنك ربما ترغب في استخدامه لغرضٍ آخَر بعد ذلك ... ولكنْ يظل بإمكانك تطبيق المبدأ عينه.

حين تنتج برين ستور أفكارًا في مكان آخَر خارجَها، وهو ما يحدث كثيرًا جدًّا، نقوم بالشيء نفسه تمامًا؛ إذ نبحث عن غرفةٍ يمكنها إحداث نفس الأثر الذي تُحدِثه غرفتنا؛ فنحن نبحث عن جوٍّ مختلف بشكل مميز عن بيئة المكتب المعتادة، لنضع مشارِكينا في إطار ذهني إيجابي ومنفتح. ونحن نبذل الكثير من الوقت والطاقة في البحث عن مثل هذه الغرفة؛ لأننا نعلم أن جودة النتائج تعتمد بشكل قوي على مدى إمكانية تخلِّي المشاركين عن روتينهم اليومي، وهذا ما أظهَرَتْه خبرتنا على أية حال. لا تستهِنْ بتأثير البيئة المحيطة؛

تحوي حقيبةُ الأدوات جميعَ الخامات اللازمة لورشة الفريق الإبداعي: مَسْندًا للكتابة، ودفترًا، ومقصًّا، وغراءً، وشيئًا للأكل والشرب، وكتيبَ معلومات صغيرًا.

ففي قاعة مؤتمراتك العادية، سوف تجد مسارات مجرَّبة كثيرًا إلى حد الاهتراء، ولكنك لن تجد طرقًا جديدة.

من الأماكن الجيدة للغاية، على سبيل المثال، استوديوهات الرسَّامين، أو استوديوهات المصوِّرين، أو رَدْهات المصانع، أو المسارح، أو دُور السينما، أو الصالات الرياضية. في بعض الأحيان يكون المكانُ الذي يبدو للوهلة الأولى غير مناسب على الإطلاق هو المكانَ المناسب تمامًا؛ فقد احتجنا، على سبيل المثال، لإيجاد قاعةِ ورشةِ عملٍ في شيكاغو من أجل مشروع لشركة سينجنتا، أحد عملائنا. كنا نعرف أننا نتعامل مع عميل محافِظ نوعًا ما؛ ولذلك قمنا بجولات كثيرة للبحث عن احتمالاتٍ أكثر كلاسيكيةً، مثل مراكز الندوات وقاعات المؤتمرات، ولم نَرْضَ بأيٍّ من هذه الحلول؛ حيث كان كل شيء عقيمًا وعاديًّا أكثر مما ينبغي. بعد ذلك وجدنا مركزَ شباب في الطرف الشمالي لمدينة شيكاغو، كان يُستخدَم

لإقامة شتى أنواع الفعاليات، مثل «أمسيات الميكروفون المفتوح» أو حفلات الهيب هوب الموسيقية، ويتميَّز بالتجربة الممتعة البديلة التي نرغبها؛ فقد كان هناك، على سبيل المثال، ٥٠ مقعدًا مختلفًا في القاعة — لم يكن هناك مقعدان متشابهان — وكان هناك الكثير من قِطَع الأثاث والديكورات العديمة الفائدة، ولكنها لطيفة، منتشرة في أرجاء المكان. كانت قاعة ورشة العمل تحتوي على إضاءة علوية رائعة، وتوافَرَ بها أيضًا مَنفذٌ مؤدٍّ إلى الفناء الخلفي؛ وكانت المسافة من هذا الفناء إلى بحيرة ميشيجان — تلك البحيرة الضخمة التي تطل عليها شيكاغو — حوالي ٢٠٠ متر فقط، وكان ضوء النهار الطبيعي والمَنفذ المؤدِّي إلى الخارج مثاليَّيْن لإنتاج الأفكار، وخامَرَنا شعورٌ فوري بالارتياح في هذه القاعة، ولكنْ هل كان عميلنا سيشعر بنفس الشعور؟ قرَّرنا أن نخوض المغامرة. بعد تنظيف المكان تمامًا، وإزالة ٨٠ بالمائة من الأثاث بصفة مؤقتة، واستخدام معطِّر جوٍّ غطَّى رائحة القنب العالقة بالهواء بفاعلية؛ أصبحت القاعة ممتازةً لأغراضنا. وماذا حدث بعدُ؟ شعر كلٌّ من العميل والأطراف الخارجية المدعوَّة بالارتياح داخلَ هذه الأجواء، واستطاعوا إنتاجَ أفكار رائعة معًا.

(٢) توجُّه خالٍ من النقد

تعتمد جودة النتائج بشكل قاطع على تصميم ورشة فريق إبداعي خالية من النقد ومنفتحة على كل ما هو جديد. إن الهدف الأوحد لورشة العمل هو جمع المادة الخام للأفكار، وهو ما يؤدي تلقائيًّا أيضًا إلى إنتاج فائض من الأفكار. في الواقع، إن معظم ما يُنتَج ما هو إلَّا فائض غير مُستخدَم؛ فهذا أمر لا بد منه، ولكنك في البداية لا تعرف أبدًا ما لن يُستخدم، وما سوف يتبيَّن لاحقًا أنه ذو قيمة لا تُقدَّر. انظرْ إلى عملية توليد الأفكار الخام كمغامرة، أحيانًا تحمل فيها حجرًا من الجبل مفترِضًا أنه يحوي قطعة من الماس، وتقوم بجرِّ الحجر معك إلى أسفل بناءً فقط على هذا الافتراض، وأنت مستعِدٌّ للانتظار لترى إنْ كان الحجر سوف يُفاجِئك بالفعل بمحتواه الثمين.

بالمثل، من الممكن أن تتحوَّل فكرة تبدو في ظاهرها بلا قيمة إلى حجرٍ ثمين عند البحث عن أفكار. أرادَتْ شركة تصنيع الطائرات البرازيلية إمبراير أن تعرف كيف يمكن تطوير الطائرة النفاثة الإقليمية من حيث التصميم الداخلي، والترفيه، وترتيب المقاعد، والاتصالات في المستقبل. في ورشة عمل الفريق الإبداعي — التي شارَكَ فيها مهندسو طيران، وأخصائيو تسويق، وطيارون، وشباب — طرحنا، من بين أمور أخرى، السؤالَ التالي: «كيف ينبغي

إعداد وتصميم طائرة بحيث لا يرغب الركاب في الهبوط مطلقًا؟» عَكَفت ثماني مجموعات على هذه المهمة لعشر دقائق، واستخدمت كلُّ مجموعة طائرةً ورقية وخامات يدوية، وكان الهدف هو بناء نموذج وتسميته وعرضه على المجموعات الأخرى.

وبفضل مشاركة الشباب في كل مجموعة، كان العمل ديناميكيًّا للغاية؛ بحيث تمكَّنت كل مجموعة من عرض نموذج مثير في نهاية الدقائق العشر. كان الأمر مذهلًا؛ فقد قامت خمس من المجموعات الثماني بإنشاء حوض سباحة داخل الطائرة، بينما فكَّرت أربعٌ منها في نقل قمْرة القيادة من الأمام إلى الخلف لإتاحة أماكن للرؤية في الأمام. بالتأكيد لم يكن لكلتا الفكرتين أن تظهرا في جلسة عصف ذهني تقليدية مع مهندسين؛ حيث لم يكن بالإمكان تطبيقهما عمليًّا. أما في ورشة عمل فريقنا الإبداعي، فقد سُمِح بهما، بل كانتا مرغوبًا فيهما أيضًا، وهذه الأفكارُ غير التقليدية وغير الواقعية ضروريةٌ؛ من أجل خلق شيء واقعي وغير متوقَّع في المرحلة التالية من المشروع.

في حالة مشروع إمبراير، صارت أحواض السباحة رذاذات معطرة في كل مقعد، بينما أصبحت نقاط الرؤية كاميرات في أماكن متعددة في الطائرة، يستقبل من خلالها كلُّ راكبٍ مَشاهِدَ مشوِّقةً وغير تقليدية، تُنقَل إلى مقعده بواسطة شاشة. وبعد خمس سنوات، تُستخدَم هذه التكنولوجيا الآن في العديد من الطائرات.

(٣) سؤال وجيه

ينبغي أن يكون السؤال في ورشة عمل الفريق الإبداعي بسيطًا وغير معقَّد بقدر المستطاع، وفيما يلي بعض الأمثلة:

- «كيف تروِّج مادونا لنفسها لو أرادَتْ أن تصبح رئيسة للولايات المتحدة؟» (حزب سياسي سويسري، مشروع «أفكار لحملة انتخابية في اللحظات الأخيرة».)
- «طوِّرْ غطاءً لمشروبٍ يمكن فتحه في الظلام!» (إس آي جي كومبيبلوك للتغليف، مشروع «أفكار لأغطية جديدة».)
- «ما الاسم الذي كان لشخصٍ من المريخ أن يطلقه على هذا المنتج؟» (متاجر ميجروس للتجزئة، مشروع «مشروب جديد للشباب».)
- «لو كنت ميكروبًا، فما الذي تحب أن تأكله؟» (دوبونت، مشروع «أفكار لتطبيقات لمادة بيوماكس المُصنَّعة القابلة للتحلُّل البيولوجي».)

- اكتب ٥٠ كلمة تبدأ جميعًا بالحروف LUM. (سينجنتا، مشروع «إيجاد اسم لمبيد أعشاب ضارة جديد».)
- «لو كنتَ رئيسًا لمحلات سي آند إيه، فما الذي كنتَ ستغيِّره في المحلات؟» (سي آند إيه، مشروع «جعل ساحات البيع مثيرة للشباب».)

فقط حين يُصاغ السؤال ببساطة إلى حدٍّ يجعل مراهقًا يستوعبه دون الاضطرار للسؤال مرتين، نستطيع أن نفترض أن يُسفِر عن شظايا أفكار مثيرة؛ لذلك فإن إعداد مثل هذه الأسئلة يُعَد شرطًا سابقًا للأفكار الجيدة، ويدخل ضمن الإعداد لورشة عملٍ كهذه. ومن المهم على نحوٍ خاص ألَّا تتضمَّن الأسئلة أية كلمات غريبة، أو صياغات فكرية، أو حقائق صعبة الفهم. وعادةً لا يكفي سؤال واحد لتلقِّي ما يكفي من الأفكار الأساسية المثيرة؛ فيلزم على الأقل ستة أسئلة لورشة عمل مدتها ساعة، و٣٠ سؤالًا كحد أقصى لورشة عمل مدتها ست ساعات، من أجل تحقيق نتائج جيدة.

يمكنك أن تعرف ما إذا كانت صيغةُ السؤال جيدةً من خلال اختبار تجريبي قصير، يمكنك إجراؤه مع منسِّقك وبعض المشاركين المتطوعين للاختبار في اليوم السابق لورشة الفريق الإبداعي. سوف تلاحظ سريعًا جدًّا ما إذا كانت الأسئلة تتدفق بسلاسة وبشكل مُقنِع من المنسِّق إلى المشاركين، وما إذا كان المشاركون يمكنهم تطوير أفكار غير متوقَّعة. فإذا تعثَّر المنسق عند صياغة السؤال، أو إذا اضطرَّ للبدء في شرح الأمور؛ فأنت إذًا بحاجةٍ إلى إعادة صياغة السؤال. وإذا كان المشاركون لا ينتجون سوى مساهمات مُملَّة، فأنت إذًا بحاجة إلى التفكير بشأن الأسلوب الذي تعمل به. غير أن الخبرة تبيِّن أن بإمكانك التوصُّلَ إلى مادة مشوِّقة وقابلة للاستخدام بصياغة بسيطة للسؤال وتقنية مناسبة. مهلًا لحظة: تقنية؟ ما المقصود بالتقنية؟

(٤) استخدم مجموعة متنوعة من التقنيات

أنت لا تحتاج فقط إلى أسئلة بسيطة، بل تحتاج أيضًا إلى تقنيات ترتبط بها الأسئلة؛ فمن المستحيل أن تتوقَّع من المشاركين في ورشة عمل أن يجلسوا بصبرٍ إلى طاولة لساعتين، وينتجوا أفكارًا وَهُم سعداء. والتقنيات هي عبارة عن أنشطة متنوعة ترتبط بصياغة السؤال الخاص بالبحث عن الأفكار، وتقوم بتنشيط أجزاء مختلفة من المخ (أحيانًا تكون المهارات الإبداعية مطلوبة، وأحيانًا المهارات اللغوية، وأحيانًا القدرة على التخيُّل المُجَسَّم،

وأحيانًا المهارات التجريدية). وتضمن هذه الأساليب قدرةَ جميع المشاركين — لِستٍّ ساعات إذا استدعى الأمر — على التركيز، وأن يكونوا متحفِّزين للموضوع.

في برين ستور نستخدم أكثر من ١٠٠ أداة مختلفة ونواصِل صنْعَ تقنيات مُفصَّلة على أسئلة العملاء. وأولئك العملاء بالذات، الذين عملوا معنا بالفعل في مشروعات عديدة، يرغبون في أن نفاجئهم بأنشطة جديدة طوال الوقت. إذا احتجتَ إلى بعض التقنيات الجيدة لمشروع توليد الأفكار الخاص بك، يمكنك نَسْخ أهم «كلاسيكياتنا»؛ فقد جُرِّبت واختُبِرت آلافَ المرات، ويمكنك استخدامها بشكل بسيط.

(٤-١) العصف الذهني

يُعتبَر العصف الذهني التقليدي، الذي ربما تعرفه جيدًا، من التقنيات الجيدة والبنَّاءة؛ ولكنْ فقط حين يُنفَّذ بأسلوب إبداعي. تستمر جلسة العصف الذهني الواحدة وفقًا لمبادئ الإنتاج الصناعي للأفكار ما بين ٥ دقائق و١٥ دقيقة، ويمكن من خلالها الإجابة عن سؤال واحد بتنويعات عدة؛ على سبيل المثال: ما الوظائف التي يمكن أن تقوم بها الشوكولاتة بشكل خاص للأطفال، والشباب، والمواطنين المتقدِّمين في السن، والمديرين، ورجال المريخ؟ سوف تحتاج إلى منسِّق لجلسة العصف الذهني، وشخصٍ يمكنه تدوين ما يُقال سريعًا (والأفضل أن يكون هناك اثنان)، ولوح ورقي أو بَرْنامج بث للفيديوهات متصل بالكمبيوتر الشخصي الخاص بالشخص الذي يدوِّن الملاحظات.

قواعد العصف الذهني:

- يمكن للجميع قول كل ما يخطر ببالهم (حتى إن بدا للوهلة الأولى أحمق أو بلا معنى).
- كل شيء مباح، عدا النقد. ويمكن استبعاد الأشخاص الذين ينتقدون أو تصدر منهم تعليقات سلبية دائمًا (لقد ذكرنا ذلك بالفعل!) من جلسة العصف الذهني باستخدام البطاقة الحمراء.
- إذا لم يُدوَّن شيءٌ ما، فكرِّره حتى يُدوَّن.
- إذا خطر لك شيء قيل بالفعل، فقُلْه مرةً أخرى.
- تحدَّثْ بصوتٍ عالٍ وبوضوح.

يقوم المنسق بطرح السؤال الأول، ويَدَع جلسةَ العصف الذهني تمتد حسبما يتطلَّب الأمر إلى أن تبدأ في التباطؤ. بعد ذلك يطرح السؤال التالي، ويمكنه أن يجعل جلسة العصف الذهني أكثر إثارةً بدفع المشاركين للتحرُّك؛ كأنْ يجعلهم يقفون، أو يقفون على المقاعد، أو يغيِّرون الأماكن، أو يغيِّرون المشهد (بمغادرة الحجرة على سبيل المثال).

تعتمد جودة جلسة العصف الذهني بشكل كبير على جودة المنسِّق، وعلى سرعة الشخص الذي يقوم بعملية التدوين؛ فإذا سارت ببطء شديد، يمكن أن تصبح جلسة العصف الذهني مملَّة سريعًا؛ أما إذا سارت بسرعة معقولة وكانت ديناميكية، فإنها تجلب الكثير من المرح وتؤدي إلى نتائج غير متوقَّعة حقًّا.

تُعتَبر قاعدة «قُلْ كلَّ شيء يخطر ببالك» مهمةً بشكل خاص من أجل نجاح العصف الذهني. في ورشة عمل الفريق الإبداعي الخاصة بنا، دائمًا ما نخبر مشاركينا كمثالٍ أنهم ينبغي أن يقولوا كلَّ شيء، حتى ولو كان بلا معنى. ويمكنك أن تثق بشيء واحد في كل جلسةِ عصفٍ ذهني تقريبًا، سواء أكانت عن السفر إلى الفضاء، أم عن الأثاث المكتبي، سوف تسمع كلمة بلا معنى مرة واحدة على الأقل. والعصف الذهني مناسب للأسئلة التي يُمكن من خلالها أن يزوِّد كل مشارِكٍ الآخَرَ بالإلهام، على سبيل المثال، من أجل إيجاد أفكار خيالية للغاية أو تداعيات أفكار؛ ففي جلسةِ عصفٍ ذهني مدتها خمس دقائق ويشارك بها ١٥ مشاركًا، يمكن جمع حوالي ٢٥٠ فكرة مستوحاة؛ أيْ ٥٠ في الدقيقة الواحدة، وهذا يعني السرعة العالية! ولا ينبغي أن تستمر جلسةُ عصفٍ ذهني كهذه لأكثر من ١٥ دقيقة.

(٤-٢) كتابة الأفكار

تُعتَبر تقنية «كتابة الأفكار» وسيلة جيدة لجمع أفكار سديدة ومتنوعة، وهي تقنية يمكن تنفيذها من قِبَل المشاركين، سواء بشكل فردي أو في مجموعات.

وللإعداد لها، لا بد أن تقترن صيغة السؤال بورقة عمل؛ فإذا كان السؤال، على سبيل المثال، هو: «كيف توضِّح لمشتري هذا المنتج أن المنتج الآن أفضلُ من ذي قبلُ؟» فستحتوي ورقة العمل الملائمة على صورةٍ للمنتج، وبجوارها شكلُ نجمةٍ فارغة للكتابة بداخلها.

يحصل جميع المشاركين على مجموعة من أوراق العمل هذه، ويبدءون في ملئها. ومن المهم استخدام ورقة جديدة لكل فكرة، وألَّا يُضيِّع المشاركون وقتًا في التفكير بشأن ما كتبوه. وينبغي أن يتأكد المنسِّق من أن المشاركين يملئون ورقةً تلو الأخرى فقط دون أي شيء آخَر. والمتوسط الجيد لمدة جلسة كتابة الأفكار هو ثلاث دقائق للسؤال الواحد، بعدها

في تقنية «كتابة الأفكار» يكتب المشاركون أفكارهم على نماذج مجهَّزة مُسبَّقًا. خصِّصْ ورقةً منفصلة لكل فكرة على الدوام.

تُوضَع الأوراق ببساطة على الأرض أو في صندوق، ثم تُجمَع ويُدوَّن ما بها من قِبَل مقرِّر الجلسة. يُسفِر هذا، في وجود ١٥ مشاركًا، عن ٤٠٠ فكرة مُلهمة على الأقل.

(٤-٣) محطة الأفكار

تُعَد «محطة الأفكار» وسيلةً جيدة للنظر إلى سؤالٍ ما من عدة منظورات مختلفة في فترة زمنية قصيرة للغاية. في مرحلة محطة الأفكار سوف تحتاج إلى ست محطاتِ عملٍ جماعية معزولة، وهذه المحطات في برين ستور تكون عبارة عن ست مقصوراتِ عملٍ منفصلة تَسَع كلٌّ منها ثمانية أشخاص، ونسميها «المختبرات الصغيرة»، وعند السفر نستخدم ست خيامٍ متحركة. الشيء المهم أن المشاركين يمكنهم العمل بالتوازي في ست نقاط مختلفة

في «محطة الأفكار»، ينتقل المشاركون عبر ست محطات، ويدوِّنون أفكارهم لسؤالٍ بعينه في كل محطة لمدة ثلاث دقائق على نغماتِ موسيقى ملهمة.

دون أن يزعج أحدهم الآخَر؛ قُمْ بترقيم المحطات لتسهيل التنقُّل بينها. تحتاج إلى ستة أسئلة لتمرين «محطة الأفكار» ترغب في جمع أفكار لها؛ قُمْ بطباعة الأسئلة على أوراق كبيرة، وثبِّتها في مستوى العين في كل محطة بحيث يستطيع المشاركون رؤيةَ محتواها فور دخولهم المحطة، وتحتاج أيضًا إلى اثنين من الألواح الورقية القلَّابة يحتويان على عددٍ كافٍ من الأوراق وأدوات الكتابة (يُفضَّل الأقلام العريضة أو أقلام السبورة التي يمكن إعادة ملئها) في كل محطة.

إنْ شئتَ، يمكنك أيضًا تزيين المحطات أو تزويدها برسوم توضيحية بشكل يتلاءم مع السؤال، بحيث تعمل كمصدرِ إلهامٍ للمشاركين. حين كنا نبحث عن أفكار لتغيير اسم سلسلة مطاعم على سبيل المثال، قمنا بتزيين كلِّ واحدة من المحطات الست لتبدو كمطاعم مختلفة؛ فكانت هناك طاولات منصوبة، وصور، وعناصر ديكور بدايةً من الطراز

السويسري التقليدي، مرورًا بالآسيوي، ووصولًا إلى المكسيكي. كان الهدف من هذا التمرين وضع أكبر عدد ممكن من الأسماء الغريبة ذات الوَقْع الرَّنَّان. أو يمكنك ببساطة تدعيم السؤال بصورة مناسبة، وإذا كنتَ تهوى الموسيقى كوسيلةِ دعمٍ للعمل وتراها مُلهِمة، فابحثْ عن موسيقى مناسبة للتمرين، وقُمْ بإعداد ست مقطوعات موسيقية مدةُ كلٍّ منها دقيقة واحدة.

يُقسَّم المشاركون إلى ستِّ مجموعات بواسطة المنسِّق، ويُوزَّعون على المحطات الست. وفور بدء الموسيقى، يدوِّن المشاركون أفكارًا عن السؤال المطروح على الألواح الورقية القلَّابة في محطاتهم تباعًا، وبالطبع يُسمَح أيضًا بوجود رسوم أو مخططات يدوية، إذا كان السؤال يَسمح بها. بعد ثلاث دقائق، تنتقل كل مجموعة إلى المحطة التالية؛ حيث يُستأنَف التمرين على الفور. وبعد ٢٠ دقيقة (١٨ دقيقة زمن العمل، ودقيقتان زمن التنقُّل بين المحطات)، تكون قد جمعتَ حوالي ٨٠٠ فكرة ملهمة من ١٥ مشاركًا. وتُعَدُّ «محطة الأفكار» مناسِبة لجميع أنواع الأسئلة التي يمكن النظر إليها من مناظير متعددة، وأيضًا لورَش الفريق الإبداعي التي لا يكون لديك فيها سوى فترة زمنية محدودة لتوليد الإلهام؛ فهذه التقنية تُولِّد الكثيرَ من الأفكار الملهِمة في فترة زمنية قصيرة للغاية.

(٤-٤) سباق الأفكار

«سباق الأفكار» هي التقنية المفضَّلة لدي؛ لأنها الأقرب شبهًا لفلسفتنا في البحث الصناعي عن الأفكار. على عكس المدرسة، حيث يقال لك: «فكِّرْ أولًا، ثم اكتبْ.» نعمل نحن على مبدأ: «اكتبْ أولًا، ثم فكِّرْ.» ويأتي التفكير في مرحلة متأخرة للغاية، وأحيانًا نحتاج إلى استخدام بعض الحِيَل للتأكُّد من أن مشاركينا يلتزمون بهذا، و«سباق الأفكار» إحدى هذه الحِيَل؛ فهذه التقنية ذات الإيقاع السريع للبحث عن الأفكار تُغْلِق عقولَ مشاركينا، وتدعهم يعملون على المستوى الفطري فقط.

كما يُوحي الاسم، فإن «سباق الأفكار» تقنية يتخللها الكثير من الركض، وتحتاج إلى مساحة كبيرة لتطبيقها. إذا كان الجو معتدلًا، يمكنك إقامة «سباق الأفكار» بالخارج، ولكنه يصلح أيضًا في رواق طويل، أو في مصنع، أو في قاعة مؤتمرات كبيرة للغاية. وإلى جانب المساحة الكبيرة، تحتاج أيضًا إلى كميات من أوراق العمل، بها متَّسعٌ لكتابة عشر أفكار على كلٍّ منها، وأدوات للكتابة، ومسند، وخَتْم أخضر اللون.

الأمر كله يتعلَّق بالسرعة في «سباق الأفكار»: مَن الذي يمكنه كتابة أكبر عدد من الأفكار في أقصر وقت؟

يحدث «سباق الأفكار» بين محطتين تفصل بينهما مسافة لا تقل عن عشرة أمتار. في إحدى المحطتين، يكتب كلُّ مشترك عشرَ أفكار على عشر ورقاتِ عمل. وفي الأخرى، يقف المنسِّق (ومساعدان اثنان إنْ أمكن) في انتظار هجوم الحشود. ويهرول المشاركون نحو المنسِّق وفي أيديهم أوراق العمل بعد ملئها، ويحصلون على ختم موافَقة لكل فكرة صالحة، ثم يهرولون عائدين إلى المحطة الأولى حيث يقومون بتدوين الأفكار العشر التالية. يجمع المشاركون أوراقهم بمساعدة مسند ورق مزوَّد بمشبك (متاح لدى المحلات المتخصِّصة). والفائز هو الشخص الذي يجمع أكبر عدد من الأختام الخضراء في نهاية التمرين. ستكون قد جهَّزْتَ الجائزةَ سابقًا؛ شيء متواضع: قطعة من الشوكولاتة، أو مجلة، أو لعبة مسلية.

تتميَّز تقنية «سباق الأفكار» بأنها مَرِحة ومثمرة للغاية؛ فحتى المشاركون الخجولون نوعًا ما، الذين لا يعرفون إنْ كانوا سيستطيعون إنتاج أفكار، يصبحون أبطالًا حقيقيين

في هذا التمرين. لقد شاهدتُ مجموعات تناولوا التمرين بأسلوب رياضي للغاية، وانقطعَتْ أنفاسهم تمامًا في غضون عشر دقائق. ولأسباب تتعلَّق بالسلامة، ينبغي دائمًا أن تتأكد من أن الطريق بين المحطة الأولى والمحطة الثانية خالٍ تمامًا من أي عراقيل، وأن جميع المشتركين قد تمت توعيتهم بألَّا يُنهِكوا أنفسهم في أدائه، وألَّا يصيبوا أنفسهم. وقد نفَّذنا ما لا يقل عن ٥٠٠ تمرين من تمارين «سباق الأفكار» منذ بدأنا استخدام هذه التقنية، ولم يُصَب أحدٌ قط.

يمكنك في تمرين لسباق الأفكار مدته خمس دقائق مع ١٥ مشتركًا أن تجمع ما يَقْرب من ٤٠٠ فكرة ملهمة، وهذه الأفكار الملهمة تأتي مباشَرةً «من معدة» المشاركين؛ بمعنى أنهم لم يقوموا بتنقيتها أو تأويلها، وهو ما يجعلها مثيرةً على نحو خاص. المثير في الأمر أن الأشخاص النزاعين إلى الشك، أو الذين يقولون دائمًا «لا»، غالبًا ما يكونون الأكثر طموحًا وتطلُّعًا مع هذه التقنية، وينبهرون بما يتحقَّق بعد ذلك. وغالبًا ما أرى هؤلاء الأشخاص الذين يبدون عابسين أو يُظهِرون عدم اهتمامهم في وِرَش العمل الأخرى، وقد انفصلوا عن أنفسهم في هذا التمرين، وعادةً ما ترتسم الابتسامة على وجوههم لما تبقَّى من ورشة العمل. أترى، الضغط يمكن أن يجعلك سعيدًا!

(٤-٥) تشكيل الأفكار

تعمل هذه التقنية على المستوى اليدوي، وتحوِّل المشاركين إلى أشخاص مولعين بالعمل اليدوي، وهي مفيدة بشكل خاص لجمع الأفكار المُصوَّرة والمُجسَّمة، وغالبًا أيضًا ما نستعين بها كوسيلة لكسر الجليد بين المشتركين. ويُفضَّل لهذا التمرين أن تجعل المشتركين يعملون في مجموعات من ثلاثة أشخاص، لكلِّ مجموعةِ عملٍ موادُّ تشكيل لدنة بستة ألوان مختلفة (الصلصال هو الأفضل)، وقطعة من ورق الكرتون المقوَّى، وأوراق ملاحظات لاصقة، وأعواد أسنان، وأدوات للكتابة. تتمثَّل المهمة في بناء نموذج مُجَسَّم له علاقة بالسؤال، وعمل أعلام صغيرة باستخدام أعواد الأسنان، وأوراق الملاحظات اللاصقة لتسمية النماذج، ومِن ثَمَّ عرض العمل على المجموعات الأخرى.

كل شيء مناسب كسؤال يمكن الإجابة عنه بشكل تصويري أو بواسطة شكلٍ ما؛ على سبيل المثال: «أنشِئْ شيئًا يلفت الانتباه!» أو «كيف سيكون شكل مطعم أحلامك خلال ٥٠ عامًا؟» أو «ما نوع المركبة التي يُمكن قيادتها بهذا المحرك الصغير؟»

لتقنية «تشكيل الأفكار»، يحتاج المشتركون إلى مواد لدنة للتشكيل، وسكين للقَطْع الدقيق، وملصقاتِ تعريفٍ لعرض الأفكار بشكل مُجَسَّم.

يجب أن يكون الوقت المتاح لهذه المهمة قصيرًا للغاية؛ لكي يتم إنشاء تلك النماذج المذهلة وغير المألوفة، ولا يكون لدى المجموعات وقت لإقناع أنفسهم بالتراجُع عن أعمالهم الفنية الجريئة وإعادة بنائها. والمدة المثالية هي ١٥ إلى ٢٠ دقيقة. ومن المهم للغاية تسمية النماذج، وإذا تمَّ نسيان هذا، فلا بد حينها أن يقوم الشخص القائم بتدوين الملاحظات أثناء عرض النماذج بتسجيل ما يقال بالضبط خلال العرض الشفهي، حتى لا تضيع التفاصيل. ينبغي أيضًا تصوير النماذج؛ لأنها عادةً لا تدوم طويلًا أو تتعرَّض للكسر. ولا بد دائمًا أن تتأكد من إمكانية انسياب النتائج إلى العملية التالية، إما كصورة أو في الصيغة المكتوبة.

تُعَدُّ تقنية «تشكيل الأفكار» مناسِبةً للغاية للبدء في موضوعٍ ما، أو لإنهاء موضوع بطريقة فنية. وبالنسبة إلى الموضوعات المعقدة، نقوم بإضافةِ مواد للأشغال اليدوية إلى

مادة التشكيل اللدنة، ولا بد أن تكون واحدةً بالنسبة إلى كل مجموعة، وينبغي أن تكون المواد والخامات محفِّزة للخيال، ولا تقيِّده. وعادةً ما تكون مادة التشكيل اللدنة كافية؛ لأن بإمكانك أن تصنع بها أي شيء. ومن المهم أن يفهم المشاركون أنهم لا يُفترَض بهم أن يصنعوا نماذج جميلة، وإنما ما يهم هو الفكرة وراء النموذج.

أذكر تجربة مبهرة بشكل خاص مع تقنية «تشكيل الأفكار» مع جامعة جنيف والمعهد الدولي للتطوير الإداري، اللذين أرادا التعاون معنا في مشروعٍ عن موضوع «إدارة الانتباه»؛ كان المشروع يتعلَّق بمسألةِ كيفيةِ قيام المديرين بزيادة انتباه موظفيهم في المشروعات المهمة. في ورشة عمل الفريق الإبداعي، أردنا أن نُلقِي بعض الضوء على جوانب متعددة حول موضوع الانتباه، ونكتشف كيف يمكن خلق الانتباه. كان لدينا في الفريق العديد من مديري الإدارات العليا من سيمنز، ودويتشه بنك، وموتورولا ضمن آخَرين، وقد انتابهم قدرٌ كبير من الشك إزاء إشراك الشباب في هذا المشروع، وكنا نعرف أننا بحاجةٍ إلى خلق تجربة مبهرة في بداية المشروع.

كان التمرين الأول هو «تشكيل الأفكار»؛ قام كل مدير — بمشاركة أحد الشباب — بتكوين نموذج مثير للانتباه، وبعد عشر دقائق كان أمامنا ٤٥ نموذجًا، أظهرَتْ على نحو مبهر كمَّ الوسائل المختلفة الموجودة لتجذب الانتباه، وكمَّ الطرق المختلفة التي يمكن النظر إلى الموضوع بها، ولم تَعُد لدينا أية مشاكل انتباهٍ أخرى مع مشاركينا في بقية ورشة العمل.

باستخدام «تشكيل الأفكار» لمدة من ١٠ دقائق إلى ٢٠ دقيقة، وبمشاركة ١٥ مشتركًا، يمكنك تكوين ما بين خمسة وخمسة عشر نموذجًا؛ الأمر الذي سيمنحك انطباعًا بما يمكن أن تبدو عليه الفكرة النهائية، أو ما يمكن أن تدور حوله. من المهم أيضًا أن تكون لدى كل مجموعةٍ القدرةُ على عرض النموذج بشكل مختصر للمجموعات الأخرى؛ فهذا مفيد للتحفيز، ويمكن للشخص القائم على تدوين الملاحظات أن يدوِّن وصفًا دقيقًا للفكرة، وعادةً ما يكون هناك أيضًا الكثير مما يدعو للضحك مع معظم العروض.

في المشروعات المعقدة، يمكن أيضًا أن يُصمَّم تمرين «تشكيل الأفكار» بحرية تامة؛ ففي مشروعٍ لصالح شركة نستله، كانت أمامنا مهمةُ وضْعِ أفكار جديدة للمشروبات التي تدخل فيها القهوة؛ فطلبنا من العميل ميزانية مفتوحة لإقامة مختبر مشروبات يستطيع فيه أعضاءُ ورشة الفريق الإبداعي إعدادَ خلطات مشروباتهم، وقمنا باستئجار خمس ثلاجات، وعشرة خلاطات، وماكينة ثلج، وألواح تسخين، واشترينا شاحنة مُحَمَّلة بجميع المكونات الممكنة لمشروب القهوة، من الحليب والقهوة إلى الفواكه والأعشاب وصوص الكراميل

والتوابل، وصل عددها إجمالًا إلى أكثر من ١٠٠ مكوِّن. في جلسة «تشكيل الأفكار»، كان لدى المشاركين نصف ساعة لمزج توليفات مشروباتهم، وإعطائها أسماءً، وعرضها على المشاركين الآخرين لتذوُّقها. كانت التركيبات، جزئيًّا، مغامرة للغاية، وكان مذاقها كذلك أيضًا؛ على سبيل المثال: سُمِّي مشروب القهوة مع جوزة الطيب والفراولة «كوميوشيك»، ولكن الملاحظات على النتائج كانت بمنزلة إلهام ممتاز لبقية العمل.

(٤-٦) تخطيط الأفكار

غالبًا ما يكون العمل بالصور وسيلةً جيدة لدفع الأطراف الداخلية والخارجية للعمل معًا. و«تخطيط الأفكار» تقنية بسيطة ومحفزة بصريًّا، يهوى معظم المشاركين استخدامها، وتحتاج فيها إلى العديد من الصحف، والمجلات، ومقص، وملصقات كبيرة وغراء.

والتقنية مناسِبة للغاية لما يلي:

- الأسئلة التواصلية، على سبيل المثال: «اصنعْ ملصقًا سوف يجعل ملايين الناس يحبون جبن الكامامبير الجديد!»
- البحث عن البراهين والحُجج الداعمة، على سبيل المثال: «اجمعْ صورًا وعبارات تدعم استخدام الكمبيوتر اللوحي الجديد في سلسلة بي إم دبليو ٧!»
- البحث عن عوالم مصورة، على سبيل المثال: «في أي عالم تُؤكَل هذه الشوكولاتة؟»
- وأيضًا الأسئلة المجردة، مثل: «اصنعْ ملصقًا يوضِّح الشخص المثالي لهذه الوظيفة!»

تُعتبَر تقنية «تخطيط الأفكار» تقنية شبه تأمُّلية؛ فالأشخاص من الداخل والخارج يَدعون أنفسهم لاستيحاء الأفكار من المجلات، ويكتفون في البداية بقصِّ أي مواد لها علاقة بالسؤال. بعد ذلك يبدءون بشكل حدسي في إلصاق المواد التي جمعوها معًا لصنع عمل فني يقومون بتسميته وتعريفه بتوضيحِ ما أرادوا عرضه على المُلصق. وجلسة واحدة من «تخطيط الأفكار» مدتها حوالي ١٥ دقيقة، بمشاركة ١٥ مشاركًا مُقسَّمين إلى خمس مجموعات، سوف تنتج حوالي ١٠٠ فكرة مُلهمة يمكن الاستعانة بها في العملية اللاحقة.

في «تخطيط الأفكار»، يصنع المشاركون ملصقًا من المجلات الحديثة عن موضوعٍ معين أو سؤالٍ مُصاغ بوضوح.

(٥) البرنامج

تتألَّف ورشة الفريق الإبداعي في الأساس من العناصر التالية:

(١) سؤال لكسر الجمود، يقوم خلاله جميع المشاركين بتقديم أنفسهم، ويتعرَّف كلٌّ منهم على الآخَر بشكل أفضل قليلًا. وهذا أمر ضروري؛ لكونهم مجموعة مختلطة من الأشخاص من الداخل والخارج.

(٢) أسئلة متنوعة، مستمَدة من بيانِ المعلومات الخاص بالمشروع (انظرْ فصل «بيان المعلومات والبدء»)، وتقنيةِ العمل الأنسب لكل سؤال، والموسيقى الملائمة إنْ تطلَّب الأمر.

(٣) «مركز معلومات» يَعرف فيه المشاركون في ورشة الفريق الإبداعي مزيدًا من المعلومات عن السؤال في عملية البحث عن الأفكار. ونحن نعمل بمبدأ: «أقل قدرٍ ممكن، بحسب الضرورة»؛ فلا ينبغي أن يرتبك المشاركون بفعل الخطب والتفسيرات المسهبة، بل ينبغي لهم استغلال طاقتهم لإيجاد أفكار، وكلَّما كانت التفاصيل التي يعرفونها عن المشروع أقل، كان ذلك أفضل. وتقع على كاهل قائد ورشة العمل مهمةُ تنظيم البرنامج «للفريق الإبداعي» بطريقةٍ تجعلهم يتبنَّون المنظور الصحيح، ويجمعون بذور الأفكار المناسبة. وليس بالضرورة أن يكون مركز المعلومات في بداية ورشة العمل؛ إذ يمكن أن يحدث عند مرحلة مواتية استراتيجيًّا.

(٤) فترات راحة دورية وقصيرة للغاية مع وجبات خفيفة صحية ومتنوعة. في برين ستور نقدِّم فاكهةً، أو فُشارًا، أو زباديًّا، أو مشروبات.

(٦) السرعة، السرعة، السرعة!

لا شكَّ أنك أنت نفسك قد ارتَدْتَ بعض ورش العمل في الندوات. وما ألاحظه دومًا منح المشاركين قدرًا من الوقت أكبر مما ينبغي، للتوصل إلى نتيجةٍ ما في هذه الورش؛ وهذا يتسبَّب في ضياع جميع ديناميكيات التفاعل؛ لأن المشاركين يمضون العشرين دقيقةً الأولى في حديث قصير، ثم يناقشون المهمةَ بفتور، وأخيرًا يقومون بملء لوحٍ ورقي قلَّاب ببعض الجمل لمجرد أن يكون لديهم شيء يمكنهم عرضه.

إذا أردتَ أن تصنع أفكارًا، فأنت إذًا بحاجةٍ إلى قلب هذا المبدأ: أَتِح القليل جدًّا من الوقت بدلًا من إتاحة الكثير منه. في برين ستور تتراوح مدة كل قسم من البرنامج ما بين عشر دقائق وعشرين دقيقة، فإذا أخبرت مجموعةً ما بأن عليهم إيجاد حلٍّ في غضون عشر دقائق، فسوف يتحرك الجميع ويكونون منتِجين بدلًا من التفكير في المشكلات، والقيود، والعوائق الفنية المحتملة. هذا لا يعني أن هذه الأمور لا ينبغي التفكير بشأنها مطلقًا، بل ينبغي التفكير فيها لكنْ في الوقت المناسب فقط، وهذا الوقت المناسب يأتي لاحقًا؛ فحين نكون بصدد توليد الأفكار، لا نرغب في معرفة كل الأشياء التي لن تُجدِي، بل كل الأشياء التي ستكون رائعة.

إذا أتحْتَ وقتًا محدودًا، يزداد مستوى الأدرينالين لدى المشاركين؛ غير أن هذا يجدي تمامًا بالفعل إذا قمتَ فقط بمزج أطرافٍ من الداخل مع أطراف من الخارج. إن المراهقين

الذين نعمل معهم يأخذون الوقت المتاح بشكل جادٍّ على نحوٍ خاص؛ فإذا قلنا: «لديكم ثلاث دقائق، ابدءوا الآن!» فإنهم يبدءون حقًّا في حينه، وعادةً ما يكون المراهقون هم مَن يدفعون العملاء لتقديم أفضل ما لديهم. ذات مرة سمعت تلميذًا بالمدرسة في الرابعة عشرة يقول لاثنين من المديرين: «ماذا تنتظران؟ لقد بدأنا العمل!» وهذا هو النهج الذي يسير عليه الأمر في معظم ورش الفريق الإبداعي؛ فالجميع يبدأ العمل بشكل براجماتي وبكفاءة، ولكن بسرعة معينة، ويحدِّدون لأنفسهم هدفَ إدهاشِ المجموعات الأخرى بمقترحاتهم الطريفة، أو المجنونة، أو البعيدة تمامًا عن الواقعية؛ وهذا بالضبط — مثلما كنتُ أقول في الغالب — ما نبحث عنه.

بصرف النظر عن الطموح المنشود، الأمورُ لا تكون جادة بشكل بحت في هذا العمل الجماعي؛ فمعظم استبيانات التغذية المرجعية التي يكملها عملاؤنا والمراهقون بعد انتهاء ورش العمل، تُذكِّر كمَّ الضحك الذي تخلَّلها. ويُعَد الضحك أيضًا مقياسًا لنا فيما يتعلَّق بما إذا كان برنامجٌ ما يسير بشكل جيد أم لا؛ فإذا لم يكن هناك ضحك من القلب بعد مضي ساعة، فهناك إذًا خطأ ونكون بحاجةٍ مُلِحَّة إلى تعديل البرنامج.

(٧) قضايا تنظيمية

يستطيع المشاركون جمع المزيد من الأفكار المستوحاة، إذا شعروا بارتياح في ورشة الفريق الإبداعي؛ لذلك فإن ما يحدث في الخلفية في مثل هذا الورشة، وكيفية خلق جو يَعْلَق في ذاكرة المشاركين لزمن طويل، يحظيان ببعض الأهمية. ويشمل هذا القاعةَ، والطعامَ والشراب المقدَّمَين، وترتيبَ المكان، وجودةَ مواد العمل، والتهوية، وبالطبع القهوة! أيْ إن هناك عددًا كبيرًا من الأمور التي ينبغي التفكير بشأنها.

إن هدفك الأساسي بالطبع هو وضع فكرة جيدة، ولا ينبغي أن تَدَع العمل الدائر في الكواليس يتطوَّر إلى سعي إلى الكمال. غير أنه من الحكمة أن تتخذ بعض الاحتياطات، ولعل الشيئين الأهم هما الترتيب وتوفير الأطعمة والمشروبات. كلِّفْ أحد الأشخاص — وَلْيكن أحد المتدربين مثلًا — بمسئولية التحقق من أن قاعة العمل وقاعة الاستراحة مرتَّبتان أثناء ورشة العمل؛ بمعنى إزالة الآنية الفخارية، وجمع المواد وإعادتها إلى موضعها، وتنظيف الطاولات ... إلخ. سوف تكون في غاية الامتنان لهذا المضيف في نهاية ورشة العمل.

يُفضَّل إسناد مسألة التزويد بالمؤن إلى مصدر خارجي توفيرًا للوقت والأعصاب. احرصْ على توفير ما يكفي من الوجبات الخفيفة الصحية واللذيذة، مثل الشطائر الصغيرة،

أو الفُشار، أو الزبادي، أو الأصابع المملَّحة، أو الفواكه. تَجَنَّبِ الأطعمة الدَّسِمة مثل الشوكولاتة، أو قطع الحلوى، أو رقائق البطاطس المقلية، أو الأطعمة الدهنية عامةً؛ فسوف تكون ثقيلة على معدة مشاركيك، وتصرف انتباههم عن العمل.

ينبغي مناقشة كلٍّ من تنظيمِ ورشة العمل، وإجراءِ البرنامج مع فترات الراحة، والنقاطِ البارزة، والتفاصيلِ الفنية بالتفصيل بشكل مسبق من قِبَل فريق قيادة ورشة العمل؛ فبهذه الطريقة تضمن أن يقدِّم لك المشاركون أفضلَ إطراءٍ ممكن في نهاية ورشة العمل. «بالكاد لاحظنا التنظيم في الخلفية.» وكلَّما كانت الصورة المُصَدَّرة للأطراف الخارجية المشارِكة في المشروع مهمة بالنسبة إليك، كانت هذه الاعتبارات أكثر قيمةً؛ لذلك قد يكون من الملائم أن تجعل أحدَهم مسئولًا بشكلٍ محدَّدٍ عن الاعتناء بالأشخاص القادمين من الخارج قبل وأثناء وبعد ورشة العمل.

(٨) لغة ورشة العمل

يُعَد اختيار لغة المشروع الأكثر ملاءمةً جزءًا من تنظيم فريقك الإبداعي أيضًا. وكقاعدة أساسية: إنْ لم يكن لدى جميع الأشخاص نفس اللغة الأم، فإن اللغة الإنجليزية هي الأنسب كلغة لورشة العمل؛ فمعظم موظفي الشركات العالمية معتادين على العمل بالإنجليزية، كما أن اللغة الإنجليزية لغةٌ مناسبة للغاية لوِرَش الفريق الإبداعي لعددٍ من الأسباب؛ فهي عفوية، ومباشِرة، وغير مُتكلِّفة، وكلها عوامل تساعد في خلق الديناميكيات المفضلة في أي فريق. وأيًّا كانت اللغة التي تستقر عليها، فإن طلاقةَ المشاركين فيها لفظيًّا والشعورَ بالثقة معها أمران ذوا أهمية محورية. وهذه الأيام لا يمثِّل هذا مشكلة مع المراهقين؛ فهم يتحدَّثون الإنجليزية بشكل جيد مثل لغتهم الأم تقريبًا. أما إذا كانت هناك أي شكوك بالنسبة إلى المشاركين الآخرين، فإن الشخص الذي ينبغي إشراكه هو ذلك الأكثر طلاقةً في لغة المشروع. وكبديل، يمكنك العمل مع فِرَق متعددة اللغات تقوم بوضع أفكار بالتوازي: ففي مشروع لصالح سي آند إيه مع صِبية في الثالثة عشرة جاءوا من جميع أنحاء أوروبا، جعلنا كل مجموعة تعمل بلغتها، ثم قمنا بتوصيل النتائج إلى المجموعات الأخرى عن طريق مترجم. يُعَد هذا جهدًا لوجستيًّا كبيرًا، ولكن في هذه الحالة كان الشيء الأهم أن يكون الشباب قادرين على التحدُّث بلغاتهم الأصلية، المُتمثِّلة في الألمانية، والإسبانية، والفرنسية، والهولندية، والإنجليزية.

(٩) توليد أفكار أكثر أو أقل من اللازم

تعتمد المدة الزمنية لورشة الفريق الإبداعي بشكل كبير على مدى تعقيد السؤال وعلى عدد النتائج المنشودة؛ فإذا كنتَ، على سبيل المثال، تقضي ساعة في العمل فقط على سؤال «ما هي قنوات التوزيع المبتكرة المتاحة لخطِّ إنتاجِ مستحضرات التجميل الجديد؟» يمكنك أن تفترض أنك لن تولِّد مادة كافية؛ إذ ستكون لديك أفكار قليلة للغاية يمكن تكثيفها لإنتاج الأفكار المشوِّقة حقًّا لاحقًا. ويُعزَى هذا إلى أن سؤال «قنوات التوزيع» يحوي أوجهًا مختلفة كثيرة للغاية، وكل هذه الأوجه ينبغي تغطيتها في ورشة الفريق الإبداعي.

على الجانب الآخر، إذا كنتَ تمضي ست ساعات في جمع مادة عن موضوع «أين نريد أن نذهب في رحلة الشركة هذا العام؟» فحينها يمكنك أن تثق بأنه ستكون لديك معلومات أكثر من اللازم، وسوف تكون في أشد الحاجة لقضاء وقت كبير للغاية في مرحلة التكثيف، لاستخلاص الأفكار الجيدة حقًّا من المادة الخام. أنت بحاجةٍ إلى التفكير بعناية بشأن طول الفترة المُزمَع قضاؤها في توليد الأفكار لكل سؤال؛ تكفي ٢٠ دقيقة للأسئلة الأكثر تفاهةً، أما الأسئلة الشديدة التعقيد فعادةً ما تكون ثماني ساعات فترة كافية.

مفاهيم جوهرية: الفريق الإبداعي

- لإقامة ورشة عمل الفريق الإبداعي، تحتاج إلى حوالي ١٥ مشاركًا (من الداخل والخارج)، وفريق لقيادة المشروع، يتألَّف من منسق واحد على الأقل، وشخص لتدوين الملاحظات، ومضيف يعتني بالطعام والشراب ويحافظ على ترتيب القاعة وتنظيمها.
- ينبغي أن تكون القاعة المخصَّصة لورشة الفريق الإبداعي قادرةً على استيعاب أربعة أضعاف الأشخاص الذين سيشاركون فعليًّا في ورشة العمل. ولا بد أن يغمرها ضوء النهار الطبيعي، وأن يكون لها مَنْفذ إلى الخارج إنْ أمكن، ويجب أن تكون مختلفة قدر الإمكان عن جو عملك اليومي. تُحظر الهواتف المحمولة وأجهزة الكمبيوتر المحمولة طوال مدة ورشة العمل، ومن المنطقي أن تُنظَّم عدة فتراتِ راحةٍ قصيرة كلَّ يوم لتنفيذ الأعمال المكتبية المعتادة.
- لا بدَّ أن تكون الأسئلة (التي تتراوح ما بين ٤ و٣٠، على حسب مدة ورشة الفريق الإبداعي اللازمة) بسيطة ومرتبطة بالتقنية الملائمة. ينبغي أن تكون التقنيات متنوعة وتحفِّز المشاركين على الاستمرار، وينبغي ألَّا تستمر الأنشطة لأكثر من ١٥ دقيقة. قُمْ بدمج أطراف من الداخل والخارج معًا في كل تمرين.

• فترات الراحة الدورية، والوجبات الخفيفة المناسبة والصحية، والحركة الكافية وإمداد الأكسجين؛ كلُّها عوامل تؤثِّر على جودة النتائج؛ لذا تأكَّدْ من جودة تهوية القاعة، وخذ فترةَ راحةٍ أطول بعد ساعةٍ على أقصى تقدير، يستطيع خلالها المشاركون الخروج من القاعة.

• تأكَّدْ من أن جميع النتائج تُدوَّن وتُحفَظ على نحوٍ جيد. أنت بحاجةٍ إلى كل فكرة ملهمة تمَّ جمعها من أجل مرحلة التكثيف. لا تتخلَّصْ من أي مادة.

• اضبطِ المدةَ الزمنية لورشة الفريق الإبداعي على حسب درجة تعقيد السؤال؛ بالنسبة إلى الأسئلة الشديدة البساطة تكفي ٢٠ دقيقة إلى ساعتين، وبالنسبة إلى الأسئلة المتوسطة التعقيد ساعتان إلى أربع ساعات، وللأسئلة الشديدة التعقيد ست إلى ثماني ساعات. تجنَّبْ توليد مادة أقل أو أكثر من اللازم.

مقابلات الأفكار ومقابلات الخبراء

كيفية الاستفادة من أفكار عدد كبير من الأشخاص.

* * *

تخدم كلُّ تقنياتِ عمليةِ الإنتاج الصناعي للأفكار غرضًا محددًا. في الفصل الخاص بالفريق الإبداعي تدبَّرْنا المسألة عن كثبٍ من خلال عددٍ من المنظورات المختلفة، وفي الفصل الخاص باستكشاف الاتجاهات واستكشاف الإنترنت، سننظر إلى قطاعات صناعية أخرى وإلى بلدان أخرى بهدف الخروج بأفكار جديدة، أما مقابلات الأفكار ومقابلات الخبراء فستقودنا إلى توليد الأفكار من خلال الحوار مع الآخرين.

إن الحوار مع الآخَرين مهم؛ لأن الناس يمتلكون أفكارًا على الدوام، لكنْ من النادر أن يتدرَّب أحد على عرض أفكاره على الآخَرين. وهنا في أوروبا الغربية، نجد الخوف من مشاركة الأفكار مستشريًا، فلو كان لدى أحدهم فكرةٌ جيدة، ففي المعتاد يُبقِيها لنفسه، فنحن نفكِّر على النحو التالي: «لو أنها فكرة جيدة بحق، فمن المؤكد أن أحدًا كان سينفِّذها منذ وقت طويل.» أو نخاف من أن نُواجَه بتعبيرات قاتلة أو حتى نتعرَّض للسخرية مَمَّن حولنا.

لكن ليست الأفكار وحدها هي التي يندر عرضها على الغير، فالأمر ينطبق بالمثل على الشكاوى، واقتراحات التحسين، والآراء؛ أيْ كل «الأفكار النائمة» أو الأفكار الواعدة، فنحن نشعر بالضيق الشديد من الخدمة السيئة، لكننا لا نبوح بهذا الضيق عادةً إلَّا لأصدقائنا وأقرب معارفنا، أو قد نشعر بغضب عارم يدفعنا إلى عدم قضاء دقيقة أخرى إضافية على خطٍّ هاتفي ساخن. لكنْ في المعتاد لا يملك الشخص الذي سبَّبَ لنا الضيقَ الشديد أيَّ فكرة عمَّا فعله، ونادرًا ما يتلقَّى اقتراحات ملموسة بشأن ما يمكنه فعله بشكل أفضل مستقبلًا.

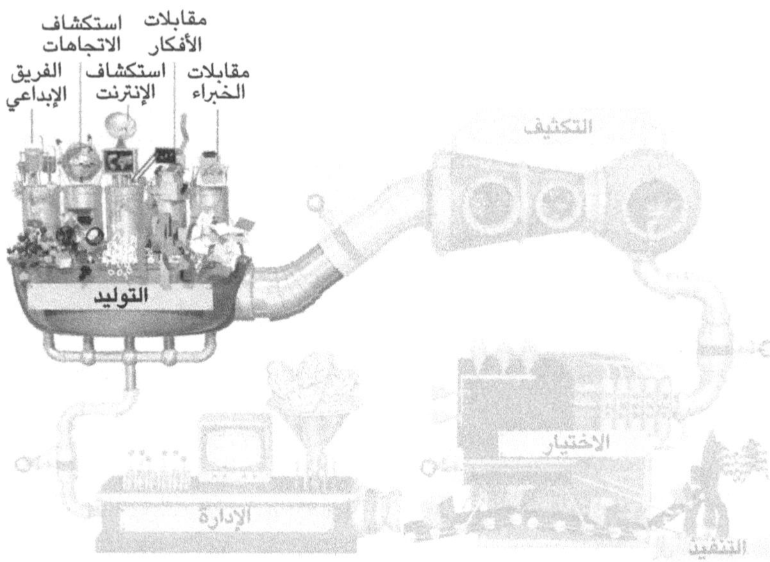

في مرحلتَيْ «مقابلات الأفكار» و«مقابلات الخبراء» يمكنك إثراء بوتقة أفكارك برؤًى واحتياجات وتقييمات مهمة، وتقدِّم مجموعاتُ الاستطلاع التي تتألَّف من ٣ من كبار الخبراء إلى ١٠٠٠ من المستهدَفين من الأفكار (ونعني بهم المستخدِمين المحتمَلين للفكرة) البيانات المطلوبة.

إذًا يوجد هنا — وبالتأكيد ليس هنا في أوروبا فقط — أشخاص عديدون يحملون أفكارًا جيدة في عقولهم، لكنهم لا يعرضونها على الآخرين. تتيح مقابلات الأفكار إمكانيةَ التعرُّف على مثل هذه الأفكار، ودمجها في مشروع الأفكار الخاص بك. علاوةً على ذلك، يتوافق سؤال «المستهدَفين من الفكرة» — أيِ المستخدِمين المستقبليين للفكرة — تمامًا مع نهج إنتاج الأفكار صناعيًّا؛ فأنت تجمع الكثير من الآراء في فترة قصيرة من الوقت للوصول إلى نتيجة على نحوٍ أسرع، كما أن سؤالَ الناس عن أفكارهم وأمنياتهم أكثرُ فعاليةً بكثير من العمل في غيابِ مثل هذه المعلومات. علاوةً على ذلك، تتوافق مقابلات الأفكار مع مبدأ «أقدِمْ على المشاركة»؛ فكلَّما تعاملتُ مع الأفكار بصورة أكثر انفتاحًا، حصلتُ على معلومات

أكثر، والعكس أيضًا صحيح؛ فكلما احتفظتُ لنفسي بالأفكار، قلَّ مقدار الآراء المُوثوق بها، التي أحصل عليها من المستخدِمين المحتمَلين الآخَرين بشأن هذه الأفكار.

تَحْدُث بحوث السوق عادةً في مرحلة متأخرة من أي مشروع ابتكاري؛ ففي مثل هذه الحالة يمكنك فقط أن تتوقَّع استجابةً من السوق مفادها: «حسنًا» أو «ليس ممكنًا»، لكنْ لن تحصل على أي مساهَمة ملموسة تثري بها الفكرة. على العكس من ذلك، لو أنك عرضتَ على «المُستهدَفين من الفكرة» فكرةً أساسية مبدئية فحسب، فحينها يمكنك تضمين مردودهم القيِّم في الفكرة.

(١) استطلاع آراء الناس

يجب دائمًا الحكم على الأفكار بواسطة الشخص المستهدَف، الذي سيُواجَه لاحقًا في وقتٍ ما بهذه الفكرة. واعتمادًا على الفكرة المَعنِيَّة، من الواضح أن ثمة مجموعات شديدة التنوُّع من الأشخاص يمكن سؤالهم. في حالتنا كانت هذه المجموعات تتألَّف من أطفال صغار، وأطفال وشباب، وموظفي شركات (من أدنى المستويات وحتى الإدارة العليا)، ومُسِنين، وشخصيات مهمة، ومستثمرين، ومديرين شخصيين، ومديري جودة، ومهندسين وآخَرين غيرهم، اعتمادًا على المنطقة التي نبحث فيها عن الفكرة المنشودة. الأمر المثير للاهتمام هو أن شركات عديدة تخشى عمل هذا؛ إذ يبدو دائمًا أنها فقدت الاهتمام بالتواصل مع أولئك الأشخاص الذين سيستخدمون أفكارها في وقت لاحق. إلَّا أن السؤال مرارًا وتكرارًا جزء مهم من عملية تطوير الأفكار: هل نسير في الاتجاه الصحيح بفكرتنا؟ هل سيرغب أي شخص في شرائها أو استخدامها أو تطبيقها لاحقًا؟ أيُّ التصحيحات ضروريةٌ؟ هل الفكرة ممتعة؟ ما الذي تريده حقًّا؟ ما الذي يمكننا فعله بشكل أفضل؟ يمتلك الأطفال الفضولَ الكافي الذي يدفعهم لطرح الأسئلة، فَلْنتخذهم نموذجًا يُحتذَى به ونُوجِّه الأسئلةَ بكل صراحة.

يوجد دائمًا مكونان رئيسيان عند إجراء المقابلات؛ فمن ناحية، هناك تقييم لما هو موجود بالفعل، بما في ذلك الأفكار الموجودة حاليًّا، ومن ناحية أخرى هناك السؤال المتعلِّق بالأفكار الإضافية المنشودة؛ ولهذا السبب من الممكن عقد مقابلات الأفكار في مراحل متعددة من المشروع. ففي مرحلة توليد الأفكار (انظر المخطط الخاص بماكينة الأفكار في بداية الفصل)، تتمثَّل المهمة الأساسية في التعرُّف على احتياجات المجموعة المستهدَفة، والتي يمكن استخدامها بعد ذلك كأساس لتطوير الأفكار داخل الفريق الإبداعي مثلًا. في مرحلة

التكثيف، من الممكن استخدام المقابلات من أجل التحقُّق من فعالية الأفكار الخام التي جرى تطويرها، وقبل مرحلة التنفيذ من المهم للغاية إخضاع الفكرة المفضَّلة — التي جرى اختيارها في مرحلةِ اختيار الأفكار — للتدقيق.

واعتمادًا على المشروع، قد يكون لمثل هذه المقابلات غرضٌ نوعيٌّ، وليس من الضروري أن تكون تمثيلية في هذه الحالة. وفي الحالات الأخرى، ستكون هناك حاجة إلى إجراء مسح كمي استنادًا إلى العيِّنات التمثيلية. في حالات عديدة للغاية يكون النهج النوعي ملائمًا بشكل مثالي، وفي مشروعك الخاص لإنتاج الأفكار ستكون في موضع يُمكِّنك من تنفيذ مقابلات الأفكار بنفسك، مع عددٍ يتراوح بين ٢٠ و٥٠ شخصًا. وإذا أجريتَ استطلاعًا تمثيليًّا، فحينها ستحتاج على الأرجح إلى مساعدةِ طرفٍ ثالث، وبإمكانك استخدام الإجراء التالي في كلتا الحالتين.

(٢) اختيار مجموعة المقابلة

أول ما تحتاج إلى فعله هو أن تحدِّد بوضوح مجموعةَ الأشخاص الذين ترغب في مقابلتهم. مَن لديه إجابة عن أسئلتك؟ مَن الذي يجب ألَّا يُنسى؟ حدِّدْ مجموعة الاستقصاء (في الأبحاث السوقية يُستخدَم أيضًا مصطلح «عينة»)، حتى لو كنتَ تريد فقط أن تستطلع آراء ٢٠ شخصًا. من المهم أن تضم المجموعة المُستطلعة آراؤها خليطًا متنوعًا من الأفراد؛ إذ ينبغي أن تحرص على تحقيق أقصى قدر من التنوع في مجموعتك المستهدَفة، وعلى سبيل المثال: لو كنتَ بحاجة إلى مقابلةِ مراهقين بين الثالثة عشرة والتاسعة عشرة من العمر في هامبورج والمنطقة المحيطة بها، فحينها عليك أن تهدف إلى تحقيق القدر الأكبر من التنوع داخل هذه الفئة العمرية، وأن تحرص أيضًا على أن يكون لديك خليطٌ ديموغرافي جيد (بمعنى ألَّا يكون المراهقون جميعًا من المدرسة عينها، ولكنْ أن يكون بعضهم من أجزاء المدينة الداخلية والبعض من الضواحي، وأن يكون بعضهم من منطقة ثرية قريبة، والبعض الآخَر مراهقين منخرطين في التدريب المهني ولا يرتادون المدرسة). ويبيِّن مثالٌ واجهناه في سويسرا مدى أهمية هذا الأمر.

كنا نريد اختبار فكرة تذكرة الشباب التي طوَّرناها من أجل السكك الحديدية السويسرية، إس بي بي، مباشَرةً على المجموعة المستهدَفة؛ كي نحصل على ردود أفعال الشباب. قابَلْنا ١٠٠ شاب وفتاة من كل أنحاء سويسرا، بما في ذلك منطقة إمنتال، وهي منطقة نائية زراعية بالأساس، وبالفعل قابلنا خمسةَ شباب من هذه المنطقة. كان أحد

الأسئلة يقول: «كيف سيكون شعورك لو أمكنك الحصول على خصم لحضور المهرجان المقام في الهواء الطلق بفضل هذه البطاقة؟» لم يكن لدى أيٍّ من هؤلاء الشباب الخمسة — الذين تتراوح أعمارهم بين ١٣ و١٨ عامًا، وقد سُئِل كلٌّ منهم على حدة — أيُّ فكرة عن مصطلح «الهواء الطلق». ولو لم نحرص على أن تكون لدينا عيِّنة تمثيلية، لَمَا كنا سنعلم حينها أنه، حتى في سويسرا، ليس كل الشباب على معرفةٍ بموضوعٍ من المفترض أنه يمثِّل أهميةً كبيرة للشباب.

(٣) مقابلات الخبراء

ليست مقابلة المستهدَفين من الفكرة هي السبيل الوحيد للحصول على مكونات مثيرة للاهتمام لفكرتك؛ إذ يمكن أن يكون من المثمر للغاية أيضًا أن تسأل الخبراء. لكنْ مَن هم الخبراء المناسبون؟ يجيب أشخاص عديدون فورًا على هذا السؤال بقولهم: «إنهم متخصِّصون مؤهَّلون جيدًا يعرفون الكثير عن موضوع معين.» من الممكن تضمين مثل هؤلاء الخبراء بالفعل، لكنْ ليس هؤلاء وحدهم! فما يُؤسَف له أنه في أحيان كثيرة يَجري إقصاء الخبراء الحقيقيين؛ الأشخاص الذين بمقدورهم المُساهَمة بشيء مهم في الموضوع. في مشروعنا الخاص بالسكك الحديدية السويسرية، الذي وُلِد من رَحِمه المُنتَج المسمَّى «تراك ٧»، اقترحنا على العميل تضمينَ قاطعي التذاكر العاملين على القطارات في عملية توليد الأفكار، بحيث نقابل نحو ٢٠ شخصًا منهم كي نحصل على آرائهم بشأن الأفكار التي طوَّرناها بالفعل؛ اندهَش قاطعو التذاكر لمعرفةِ أن أحدًا يطلب سماعَ آرائهم، وقال لنا أحدهم إنها المرة الأولى خلال عشرين عامًا من العمل التي يُطلَب فيها رأيه. وقد قادنا هؤلاء الخبراء إلى الفكرة الخاصة باستخدام مُنتَج الشباب الذي كانت إس بي بي تبحث عنه في نطاق السفر ليلًا بعد الساعة السابعة مساءً؛ لأن قاطعي التذاكر كانوا قد أخبرونا بالمشكلات العديدة التي مرُّوا بها في المساء: المشكلات الأمنية، وتخريب الممتلكات، وبُغْض النساء للسفر وحدهن ليلًا. وقد قدَّم المُنتَج النهائي حلًّا مناسبًا للجميع: للشباب الذين صار بمقدورهم السفر مجانًا بعد السابعة مساءً، ولإس بي بي التي أمكنها حل المشكلات الأمنية؛ لأن القطارات لم تَعُد خاويةً بعد السابعة مساءً. وقد كان «الخبراء» الذين قابلناهم مُمتنِّين للغاية؛ لأنهم استطاعوا إطلاعَنا على احتياجاتهم، وتأسَّس بالفعل تدفُّق مهم للمعلومات. لهذا السبب فكِّرْ جيدًا في الأشخاص الذين ترغب حقًّا في مقابلتهم حين تكون بصدد الحديث مع الخبراء!

ثَمَّة فئات مثيرة للاهتمام بشدة من الخبراء نحب دومًا تضمينها:

(١) المهووسون: وهم أشخاص منشغلون للغاية بموضوع معين، ليس بالضرورة من الجانب المهني، ويعرفون فعليًّا كلَّ كبيرة وصغيرة عنه. في كثير من الأحيان يكون لهؤلاء الأشخاص صفحاتهم الخاصة على الويب (مثلًا: www.nokiasucks.com). للمهووسين منظورٌ متفرِّد حيال موضوع بعينه، ويمكنهم توفير معلومات قيِّمة عنه. ومع ذلك، عليك عادةً أن تتحقَّق من صحة مصادرهم وآرائهم.

(٢) الخبراء المتقاعدون: كثير من الأشخاص الذين عاشوا يؤدُّون وظيفةً معينة خلال حياتهم المهنية كلها، سيظلون على اهتمامهم بها بعد تقاعدهم ما دامَتْ تمسُّ موضوعَ خبرتهم الشخصية، كما سيسعدون بأن أحدهم يستمع لهم أخيرًا. في شبكتنا، لدينا العديد من الخبراء الأكبر سنًّا الذين يجدون متعةً كبيرة في مشروعاتنا، كما أنهم متحرِّرون من أي التزامات قد تربطهم بصاحبِ عملٍ محدد، وبإمكان هؤلاء تقديم آرائهم الخبيرة في مشروعاتنا بكل حرية.

(٣) الباحثون في الجامعات، وفي كليات التعليم العالي، وفي الشركات والمؤسسات الخاصة: لا يوجد موضوع في العالَم لم يسبق لأحدٍ التفكير فيه من قبلُ، وكلُّ شخص يُعِد رسالةَ دكتوراه انشغل بموضوع رسالته طوال فترة زمنية طويلة، ويعرف عنه أكثر ممَّن سواه. هذه الرسائل متاحة للجميع، ويسهل في المعتاد العثور على مؤلِّفيها باستخدامِ سُبُل البحث الحديثة، وهم يسعدون بتلقِّي الاستفسارات من الشركات ومن مصانع الأفكار. أيضًا يستمتع عادةً العاملون في مجال الأبحاث بالعمل على مهمةٍ تقع خارج نطاق مجالهم البحثي على سبيل التغيير.

في مشروع نفَّذناه لصالح أحد عملائنا، كان علينا أن نطوِّر فكرةَ كتيب دعائي عن موضوع التغذية، من أجل مجموعة مستهدَفة تتراوح أعمار أفرادها بين ٢٠ و٣٠ عامًا، وقد أَحَبَّ العميل الأفكارَ بشدة؛ لدرجة أنه طلب منَّا كذلك تولِّي عملية التنفيذ. جهَّزنا فريقًا تحريريًّا يتألَّف من صحفيين شباب كان يُفترَض بهم أن يحوِّلوا الأفكار إلى كلمات. كان أحد الموضوعات هو «الطعام في الفضاء»، وتولَّتْ بيانكا — طالبة المدرسة ذات الثمانية عشر ربيعًا — إعدادَ الموضوع، فتدبَّرت أفضل السُّبل التي تمكِّنها من العثور على المعلومات الضرورية. أوضحنا لها أنه سيكون من الأفضل لها أن تتحدَّث إلى أحد الخبراء، حبذا لو كان رائدَ فضاء. «بالطبع، لنسأل كلود نيكولير!» هكذا اتفق الجميع على أن رائد الفضاء السويسري هذا، الذي شارَكَ في بعثات فضائية عديدة لصالح وكالة ناسا، كان الشخص

المناسب؛ وعلى الفور اتصلت به بيانكا وكان السيد نيكولير سعيدًا؛ لأن شخصًا كان مهتمًّا بمعرفةِ ما كان يتناوله من طعامٍ وهو في الفضاء (والأهم من ذلك كيف كان يتناوله). إن إشراك الخبراء أمرٌ رائع لكلا الطرفين.

(٤) ثَمَّة مجموعة أخرى من الخبراء يُطلَق عليهم لقب «المستخدِمون المُفْرِطون»، وهم أشخاص يستخدمون خدمةً أو منتَجًا بعينه بشكل متكرر للغاية. في مشروعٍ أجريناه لصالح شركة برازيلية لتصنيع الطائرات، مثلًا، كنا نطوِّر لها أفكارًا على غرار الكيفية التي يمكن أن تبدو عليها الطائرات التجارية بعد عشر سنوات من الآن، سألْنا ٢٥٠ شخصًا ممَّن يُكثِرون السفر بالطائرات عن احتياجاتهم ورغباتهم، وقد اندهشنا من كمِّ الأفكار المثيرة للاهتمام، التي تحدَّث بها هؤلاء الخبراء والتي لم نكن لنحلم بها. من الأفكار المتكررة مثلًا أن المسافرين الكثيري السفر هؤلاء كانوا يفضِّلون الرحلات الهادئة الباعثة على الاسترخاء، على الرحلات المليئة بالمعلومات والتسلية والطعام، كذلك كانوا يفضِّلون أن تكون لديهم القدرة على عقد مؤتمر خلال رحلات الطيران القصيرة. هذه الأفكار الصادرة عن الخبراء تستحق وزنها ذهبًا في أي مشروع.

(٤) إعداد مضمون الاستطلاع

بمجرد أن تستقر على مَن تريد إجراء المقابلة معهم، عليك البدء في بناء مضمون الاستطلاع. ولعمل هذا، فكِّرْ في الأهداف التي تسعى إليها من خلال الاستطلاع. إن مضمون الاستطلاع يمنحك أساس الاستبيان الذي ستطوِّره بعد ذلك. من حيث المبدأ، لا يختلف مضمون الاستطلاع عن كونه صورة أخرى لعملية التعريف بالمشروع (انظرْ فصل «بيان المعلومات والبدء»)، وهو مَعْنِيٌّ بتبسيط الموضوعات الواردة في بيان المعلومات إلى صورة يمكن التعامل معها في الاستطلاع.

لنفترض أن مهمة مشروعك هي تطوير أفكار جديدة لخدمة المسافرين من رجال الأعمال في أوروبا. في مضمون الاستطلاع ستحدِّد النقاط التالية:

- متى ينبغي إجراء الاستطلاع: يمكنك وضع الاستطلاع إما قبل تطوير الأفكار المبدئية داخل الفريق الإبداعي (انظر الفصل المتعلِّق بهذا الأمر)، وإما بعد مرحلة الفريق الإبداعي. الفارقُ هنا هو أنك في الحالة الأولى تضع المبادئ الأساسية في الاستطلاع، والتي يمكنك استخدامها داخل الفريق الإبداعي، أما في الحالة الثانية

فستكون متاحةً لك إمكانيةُ مواجَهةِ الأشخاص الذين تُجرِي عليهم الاستطلاع بالأفكار المبدئية؛ ومن ثَمَّ فإن اختيار التوقيت يعتمد بقوةٍ على ما تريد تحقيقه من خلال الاستطلاع.

- هدف الاستطلاع: ما النتيجة التي تريد أن تراها تتحقق من وراء الاستطلاع؟ في مثالنا الخاص بتطوير خدمات المسافرين من رجال الأعمال في أوروبا، مثلًا، نريد أن نتعرَّف على احتياجات هذه المجموعة المستهدَفة، والأهمُّ من ذلك أن نتعرَّف على ما يُثِير ضيقهم بشأن السفر في الوقت الحالي. الهدف هنا هو إجراءُ دراسةٍ نوعية (وليست تمثيلية) على احتياجات ومنغِّصات المسافرين من رجال الأعمال لدى أهم الشركات في سويسرا.
- حجم الاستطلاع: حدِّدِ الأسئلة التي سيُجاب عنها في الاستطلاع، والافتراضات التي لديك حول هذه الأسئلة. دائمًا ما تُصاغ الافتراضات عند بناءِ استبيانٍ بهدف تقديم التوجيه حول الاتجاه الذي ينبغي أن تسير فيه الأسئلة. مثال على ذلك: أودُّ أن أعرف من الاستطلاع أيَّ العناصر يجدها المسافرون من رجال الأعمال بغيضةً عند السفر. ستضع افتراضات معينة، مثل: «زمن الانتظار في المطارات»، «الأمتعة»، «الفنادق التي تفتقر للَّمسة الشخصية»، «الطعام غير الصحي»، «البُعْد عن الأهل والأصحاب»، «التعجُّل» ... إلخ. وكي تضع هذه الافتراضات يمكنك التحدث إلى مُمثِّلٍ للمجموعة التي يستهدفها الاستطلاع. اكتبْ مخطَّطًا للمقابلة يبيِّن الكيفية التي سيُصَمَّم بها الاستبيان.
- عرِّفْ تحديدًا الأشخاصَ الذين تودُّ مقابلتهم؛ أيِ التركيب التفصيلي لِعيِّنتك. حجم وتركيب العيِّنة يعتمدان بشدة على أهداف الاستطلاع.

(٥) صيغة الاستبيان

عند بناء استبيانك بهدف التحقُّق من أفكار مجموعة معينة من الناس، ستحتاج إلى وضع صيغة معيارية، مؤلَّفة من العناوين التالية: المعرفة، والتطبيق، والرأي، والخبرة، والأشياء المسلية. وهذه الصيغة ستُعِينك على بناء الاستبيان من أجل مقابلات الأفكار بسرعة ويُسْر، وهو ما يضمن تحقيقَ نتائج ذات صلة بموضوعك.

تذكَّر: الإنتاج الصناعي للأفكار يقوم أساسًا على الفعالية؛ فليس عليك أن تُعِيد اختراع العجلة في كل استطلاع، ولكنْ بوسعك الاعتماد على هذه الصيغة، ثم زِدْ عليها أية أسئلة

إضافية عند الضرورة. وهذه الصيغة (انظر الجدول ١) مناسبة لتقييم الأفكار أو المنتجات الموجودة بالفعل، وكذلك لتوليد أفكار جديدة.

جدول ١: صيغة الاستبيان.

العنوان	مستوى التقييم	مستوى الفكرة الجديدة
المعرفة	ما الذي أعرفه عن الجبن المطبوخ؟	ما الذي أريد أن أعرفه؟ ما الذي يثير اهتمامي؟
التطبيق	كيف أصنع الجبن المطبوخ بنفسي؟	كيف سأفضِّل أن أصنع الجبن المطبوخ؟
الرأي	ما رأيي في الجبن المطبوخ؟ ما رأيي في الفكرة التي عُرِضت عليَّ؟	ما الذي يمكن أن يجعلني أغيِّر رأيي؟ هل من شأن الفكرة التي عُرِضت عليَّ أن تغيِّر رأيي؟
الخبرة	ما خبراتي السابقة مع الجبن المطبوخ؟	ما الخبرات التي سأود أن تجمعني بالجبن المطبوخ مستقبلًا؟
الأشياء المسلية	الأمور الممتعة، الغرائب، الأمور غير المعتادة المتعلِّقة بالجبن المطبوخ.	الأمور الممتعة، الغرائب، الأمور غير المعتادة المتعلِّقة بالجبن المطبوخ.

(٦) الأسلوب الصحيح للأسئلة

يمكنك استخدام أنواع مختلفة من الأسئلة في أي استبيان، ونحن نستخدم الأسئلة المفتوحة، وأسئلة التدريج، وأسئلة الاختيار من متعدد، والأسئلة المُجاب عنها بـ «نعم» أو «لا» أو «لا أدري».

- «الأسئلة المفتوحة»: في هذا النوع من الأسئلة يستطيع الأشخاص الذين نُجرِي المقابلةَ معهم الإجابةَ كما يحلو لهم. وهذا النوع من الأسئلة مناسب تحديدًا لطلب الأفكار «النائمة» داخل عقل الشخص؛ إذ إنها توفِّر له منظورًا أوسع. ومع ذلك عليك أن تعيَ أن تقييم هذه الإجابات عملية مُجهِدة بشدة؛ لأنه من الصعب تصنيفها في فئات محددة؛ ولهذا استخدِمْ هذا النوع من الأسئلة على نحوٍ متحفِّظ.

ومن أمثلة الأسئلة المفتوحة: «لو أمكنك تحسين جانبٍ ما في هذه الفكرة، فماذا سيكون؟» «ما الذي تريده من الشركة س؟»

- «الأسئلة المشتملة على مقياس مدرَّج»: متى احتاج الشخص الذي تُجرِي معه المقابلة إلى تقييم شيءٍ ما أو فكرةٍ ما مثلًا، أو احتاج إلى التعبير عن درجة تفضيله لشيءٍ ما؛ فحينها تُستخدَم الأسئلة المشتملة على مقياس مدرَّج، ويُعَد المقياس المدرَّج من ١ إلى ١٠ الأكثر نفعًا. ومن الممكن أن يتألَّف نظام التدريج من مجموعةِ وجوه سمايلي (للأطفال على سبيل المثال)، أو من عباراتٍ مثل: «ينطبق هذا تمامًا عليَّ»، «ينطبق هذا جزئيًّا عليَّ»، «ينطبق هذا بدرجة أقل عليَّ»، «لا ينطبق هذا عليَّ». وهذا الشكل من الأسئلة يسمح بوجود تقييمات دقيقة للغاية؛ لأن كلَّ إجابة يمكن تحويلها إلى رقم.
- «أسئلة الاختيار من متعدد»: في هذا النوع من الأسئلة يختار الشخصُ موضوعُ المقابلة خيارًا واحدًا — أو أكثرَ — من قائمةٍ ما، وهذه الصورة من الأسئلة تُستخدَم حين يكون من الممكن عرض قائمة بالاحتمالات على الشخص، مثلًا: «أي أنواع المياه المعدنية تفضِّل أن تشربه؟» ثم تعرض عليه كل أنواع المياه المعدنية المُتاحة في السوق. لا تنسَ أن تضيف سطرًا زائدًا لأي نوع نسيتَ أن تُدرِجه؛ وبذا يستطيع الشخص إضافة نوعه المفضَّل. تخدم أسئلة الاختيار من متعدد الشخصَ موضوع المقابلة، والشخصَ القائم على تقييم الاستجابات، والعميلَ على حدٍّ سواء؛ لأنها تجعل عملية الاستجابة والتقييم والتفسير وتقديم النتائج أيسرَ بكثير.
- «الأسئلة المُجاب عنها بنعم أو لا أو لا أدري»: بعض الأسئلة يمكن الإجابة عنه إجابة بسيطة بـ «نعم» أو «لا» أو «لا أدري»، مثل السؤال: «هل تعرف الشركة س ص؟» وهذه الأسئلة مُصمَّمة بغرض استيضاح الحقائق الملموسة، ومع ذلك لا ينبغي أن يشتمل أي استبيان على أكثر من سؤالين أو ثلاثة من هذه النوعية.

(٧) اختبار الاستبيان والمضمون، واختيار القائمين على إجراء المقابلات

ينبغي بالتأكيد أن تختبر الاستبيان بشكل مُسبق على ما لا يقل عن خمسة أشخاص؛ كي تعرف ما إذا كانت الأسئلة تمنح الأجوبة المنشودة، وما إذا كانت بسيطة وواضحة أم لا. في حالة مجموعات الأشخاص الكبيرة، القاعدةُ المتَّبعة تقضي بأنه ينبغي تجربة الاستبيان

على نسبة ٥ بالمائة من العدد الإجمالي قبل إخضاعه للتعديل للمرة الأخيرة. إن إطلاع شخصٍ ما على أفكارك واحتياجاتك عمليةٌ شخصية شديدةُ الخصوصية، فلا أحد يودُّ أن يعتقد أن العالم كله يستمع إليه؛ ولهذا السبب تكون المقابلات الشخصية المقامة في أماكنَ باعثةٍ على البهجة والراحة، كمقهًى مثلًا، هي الأنسب في هذا الصدد. أيضًا من المنطقي أن يكون القائمون على المقابلات وثيقي الصلة بالمجموعة المستهدَفة، وثمة أسباب نفسية لهذا؛ فسوف أعطي أجوبة أكثر انفتاحًا وصدقًا لشخصٍ آلفُه مقارَنةً بأي شخص غريب عني. أيضًا يلعب سلوكُ القائم على إجراء المقابلة ومظهرُه دورًا شديد الأهمية من حيث الارتباط بموضوع الاستطلاع؛ ولهذا يجب توجيههم لهذه النقطة مُقدمًا؛ فالقائمون على إجراء المقابلات لا يحتاجون فقط إلى معرفة موضوع المقابلة، وإنما أيضًا ما يمكنهم توقُّعه من الطرف الآخَر؛ على سبيل المثال: لو كان الأشخاص الذين ستُجرَى المقابلةُ معهم من عملاء شركة بي إم دبليو، فحينها ليس من المفترض أن يرتدي القائم على إجراء المقابلة بنطالًا من الجينز، ويصل إلى المقابلة راكبًا سيارة فولكس فاجن عتيقة الطراز. أيضًا ينبغي أن يكون القائمون على إجراء المقابلات على معرفةٍ بالثقافة المحلية؛ أيِ العادات والسلوكيات في البلد المَعْنِي، وأن يُجْرُوا المقابلةَ على النحو الملائم. إن خَلْق جوٍّ وديٍّ مُشبَع بالثقة، يشعر فيه الشخص موضوع المقابلة بالراحة والأمان، لَهُو أمر شديد الأهمية. ويختلف الجو المنشود بحسب ما إذا كنتَ تُجرِي المقابلةَ مع مراهق في الثالثة عشرة من العمر، أم سيدة عجوز في الخامسة والسبعين.

نحن لا نطلب مطلقًا من القائمين على إجراء المقابلات أن يُجْرُوا أكثر من ١٠ مقابلات فقط (باستثناء المقابلات الهاتفية، التي لا يُلجَأ إليها إلَّا في حالات الضرورة القصوى). فبوصفي أحد القائمين على إجراء مقابلات، يمكنني التحدُّث مع عشرة أشخاص وأنا محتفِظة باهتمامي، ومن دون الالتزام بروتين قاسٍ، ولا أكون مضطرة للتظاهر بالاهتمام بينما أنا لست كذلك. ينبغي أيضًا ألَّا تقتصر المقابلةُ على عملية إكمال الاستبيان فحسب، وإنما تكون على صورةِ حوارٍ بين شخصين، يقرأ فيه القائم على إجراء المقابلة ما بين السطور، ويدوِّن ملاحظاته بشأن أية معلومات إضافية. علاوةً على ذلك، من المهذَّب الانتباهُ لأسئلةِ الطرف الآخَر للمقابلة ومَنْحه الرد — بعد استشارة العميل لو كان هذا ضروريًّا — في أسرع وقت ممكن.

أيضًا من المُحبَّذ توجيه الشكر للشخص موضوع المقابلة ومنحه هدية بسيطة. فكِّرْ في عمليةِ أخذٍ وعطاءٍ ملائمة. إلى أي مدًى تُعَد المعلومات التي تحصل عليها من المقابلة

قيِّمة؟ في حالة مقابلات الخبراء، مثلًا، يمكن أن تتمثَّل أتعابُ المقابلة في قنينةِ شراب فاخرة (اعتمادًا على نوع الخبير). وفي حالة أطراف المقابلة الآخرين، يمكن أن تكون الهدية الملائمة شيئًا مرتبطًا بموضوع المقابلة وله قيمة معينة. إن الأغراض التجارية الخالصة، كالأقلام التي تحمل شعار العميل، تُعدُّ غير ملائمة وتبدو جافة. إننا دائمًا نناقش مع عملائنا إنْ كانوا يريدون تقديمَ الهدية من عدمه، أو إنْ كان من المفترض القيام بترتيب ملائم. سيَسْعد الشخص موضوع المقابلة دومًا بهذه اللفتات الصغيرة، وسيترك العميل انطباعًا طيبًا.

(٨) تقييم الاستطلاعات

نُدْخِل نتائج الاستطلاعات في قاعدة بيانات برين ستور، التي تقدِّم كل الاستجابات، وتتصل بالبيانات المأخوذة من بقية عمليات توليد الأفكار الأخرى. وفي حالة العيِّنة الأصغر حجمًا، يمكنك أيضًا إجراء التقييم باستخدام جدول إكسيل. المُهم في الأمر أن تربط كلَّ استجابة بالشخص الذي صدرت عنه؛ كي تصير قادرًا على أن تقارن إحصائيًّا بين البيانات المثيرة للاهتمام، مثل: الاختلاف بين المجموعات العمرية أو النوع أو غيرهما من البيانات المهمة. وعلى الرغم من أننا مهتمُّون، بطبيعة الحال، بالحقائق والأرقام في مقابلات الأفكار، وهي بالفعل لها مغزًى مهم، فإننا في الغالب حريصون على معرفة الاستجابات الفردية ومهتمُّون بها. وهذه الاستجابات يمكن أن تُخرِج أحد المشروعات عن مساره تمامًا؛ لأنَّ بمقدورها أنْ تجذب الانتباه إلى مشكلةٍ ما، أو تقدِّم حُجَّة مقنعة لفكرةٍ ما، أو تأتي بأفكار جديدة تمامًا إلى المشروع؛ ولذلك السبب يُجرَى أولًا مسحٌ نوعي بواسطة فريق المشروع، يمكنه اكتشاف أيٍّ من هذه الاستجابات الفردية الاستثنائية.

بعد ذلك يُجرَى التقييم الإحصائي باستخدام قِيَم وسيطة، ووفق استقطابية الاستجابات (تعرَّفْ أكثر على هذا الموضوع في فصل «اختيار الأفكار»).

(٩) إبلاغ المعلومات

تَحْدُث عملية تقييم مقابلات الأفكار على مستويات متعددة:

(١) تقديم واضح جذَّاب للحقائق والأرقام وفق المفتاح الديموغرافي لمجموعة الاستطلاع: ما الذي قاله الشباب، وما الذي قاله كبار السن؟ هل يختلف رأي النساء عن رأي الرجال؟ ماذا عن الأشخاص الذين يعيشون في المدن، وأولئك الذين يعيشون في المناطق الريفية؟

ثَمَّة أشخاص مَعْنِيون بتحليل الأرقام في كل شركة، يكون تمثيل مثل هذه الأرقام من وجهة نظرهم ذا أهمية كبيرة، ويكتشفون على الفور الأفكارَ والمبتكرات الموجودة بين ثناياها. وبالمناسبة، يمكن أن تكون عملية التقييم جذَّابة ولطيفة، فليس من الضروري أن تُجرَى بأسلوب جاف. لماذا لا تُستخدَم الصور كي تبيِّن محتوى الاستجابات إلى جانب الجداول والرسوم البيانية؟

(٢) نتائج منطقية موجزة مفهومة مستقاة من المقابلات: ما هي العبارات المحورية المأخوذة من الاستطلاع؟ لهذا الأمر أهميةٌ خاصة لأولئك الذين لا يجيدون التعامل مع الأرقام، والذين يفضِّلون قراءةَ حقائق قصيرة مُحكمة.

(٣) توصية مبنية على النتائج: وهذه التوصية يمكن أن تكون مدعومة مباشَرةً بالأرقام والعبارات المحورية، لكنْ يمكن أيضًا أن تَحيد عنها، فلو كان الأشخاص موضوع المقابلات جميعهم متَّفِقين على أن فكرةً بعينها رائعة، بينما قدَّمَ شخصٌ واحد حُجَّةً منطقية قاتلة ضدها؛ فحينها يمكن لهذه الحجة المنطقية أن تطيح بالفكرة من أساسها؛ ومن ثَمَّ ينبغي أن تكون التوصية مَبْنِية على أساس راسخ.

مفاهيم جوهرية: «المقابلات»

- الناس لديهم أفكار، كلُّ ما عليك فعله هو أن تطلب منهم الإفصاح عنها.
- تحاوَرْ مع الأشخاص الذين سيتأثرون لاحقًا بالفكرة، وقُمْ باختيار عيِّنة مختلطة من هذه المجموعة من الأشخاص.
- تحاوَرْ مع الخبراء بشأن الموضوع المَعْنِي، وتذكَّرْ أن الخبراء ليس من الضروري أن يكونوا أناسًا مؤهلين تأهيلًا عاليًا، وأن المهووسين والمتقاعدين والباحثين والمستخدِمين المُفْرِطين يمكن أن يكونوا مناسبين أيضًا.
- احرصْ على توضيح أهداف الاستطلاع واكتبْ سيناريو للمقابلة.
- قُمْ بتجهيز استبيان. قد تكون الصيغةُ المكوَّنةُ من العناصر التالية: «المعرفة، التطبيق، الرأي، الخبرة، الأشياء المسلية» مفيدةً لك.
- اختَرِ الأشخاص موضوع المقابلة، وتذكَّرْ أن الناس يفضِّلون تقديم المعلومات للأشخاص الذين يشبهونهم؛ فلو كنتَ ترغب في محاورة شبابٍ صغار السن، فاجعلِ القائمين على إجراء المقابلة من الشباب، ولو كنتَ ترغب في محاورة مسنين، فاجعلْ أشخاصًا أكبر سنًّا يتولَّوْن عقدَ المقابلة.

- عرِّفِ القائمين على إجراء المقابلات بمُهمَّتهم بكل حرص، وامنحهم إرشادات سلوكية. احرصْ على ألَّا يكتفوا بقراءة الأسئلة، ولكنْ أن يخلقوا حوارًا ودودًا في مناخ مريح.
- اشكرِ الأشخاص موضوع المقابلة وامنحهم هدية بسيطة. دوِّنِ الأسئلةَ التي طرحها الأشخاص موضوع المقابلة، واحرصْ على أن يحصلوا على الإجابات سريعًا؛ فهذا يساعد على بناء صورة العميل.
- عليك بتقييم النتائج نوعيًّا (من حيث الأشخاص والعبارات محل الاهتمام)، وكذلك إحصائيًّا بالأرقام. حلِّلِ النتائج باستخدام العوامل الديموغرافية (مثل: المدينة/الريف، الرجال/النساء، الشباب/المسنين) واعرض التأثيرات الديموغرافية في مخططاتك البيانية.
- جهِّزْ تقييمًا مزوَّدًا بالأرقام، والعبارات المحورية، وقدِّمْ توصيةً بشأن الخطوة التالية.

استكشاف الاتجاهات واستكشاف الإنترنت

إلقاء نظرة خارج نطاق شركتك من شأنه أن يُوسِّع آفاقك.

* * *

تخيَّلْ أنك رئيس شركة تعمل في تصنيع مستحضرات التجميل والأغذية. شهِدَ هذا المزيج نموًّا على مدار التاريخ، ويسير كِلا خطَّي الإنتاج بالتوازي من دون تلاقٍ بأي طريقة مؤثِّرة، ومع ذلك تكتشف من الدراسات البحثية الدولية المُجرَاة على المستهلكين أن مستهلكي اليوم يتوقَّعون — من بين أمور أخرى — وجود منتجات تقع في المنطقة الفاصلة بين مستحضرات التجميل والأغذية. وبالفعل يعمل عدد من الشركات بقوة على تصنيع مثل هذه المنتجات، المتاحة جزئيًّا في الأسواق، على غرار الزبادي الذي يحتوي على قِطَع من الصبار. من منظورك، بوصفك الرئيس التنفيذي لهذه الشركة، تجد أن الفرصة قد سنحت أخيرًا كي تستفيد من تضافُر نطاقَيِ العمل هذين؛ ومن ثَمَّ تطلب من أحد مصانع الأفكار البحثَ عن اقتراحات لمنتجات تقع في المنطقة الفاصلة بين مستحضرات التجميل والأغذية.

تَمثَّل المُكوِّن الأول في مصنع الأفكار في الفريق الإبداعي المُؤلَّف من أشخاص من داخل المؤسسة ومن خارجها. إن البذور الأولى المتميزة الجريئة المُذهلة للأفكار، وقِطَع الأحجية الخاصة بالمنتجات الجديدة الواقعة في المنطقة الفاصلة بين مستحضرات التجميل والأغذية؛ ظهرت للنور هناك، وكأنها بوتقة تَمُوج بالأفكار.

المُكوِّن الثاني هو المقابلات؛ إذ يُجرَى استطلاعُ احتياجاتِ ورغباتِ ومقترحاتِ وأفكارِ مجموعةٍ عريضة من المستهلكين وتحليلُها، ومن خلالهما تتكوَّن الصُّور الخاصة بكل شيء يُمكن أن يَتصوَّر الناس أنه يقع على الحدود بين مستحضرات التجميل والأغذية.

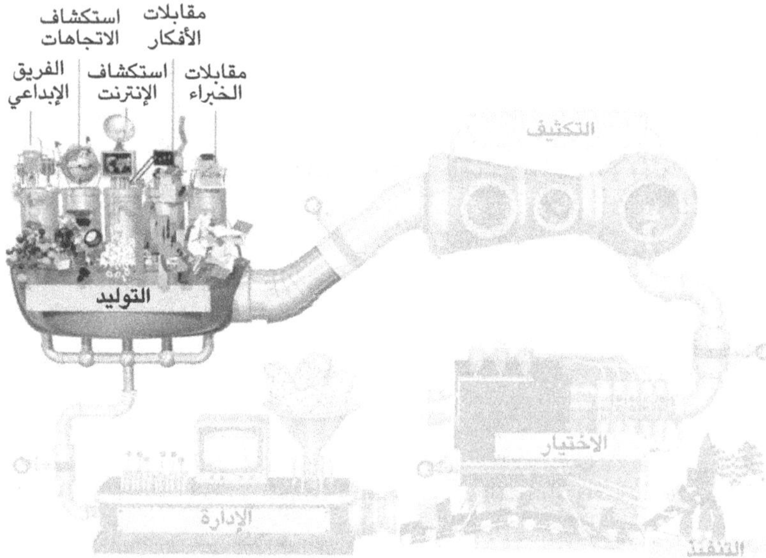

استكشاف الاتجاهات واستكشاف الإنترنت أسلوبان مُستخدَمان في مرحلة توليد الأفكار. يقدِّم استكشاف الاتجاهات أفكارًا مدهشة مأخوذة من مناطق وقطاعات صناعية متعددة، بينما يجلب استكشاف الإنترنت مُدخَلاتٍ مهمةً من الشبكة العنكبوتية الدولية في فترة زمنية قصيرة.

كِلا هذين المكوِّنين مهم، لكنْ ثمة شيء ناقص: أمثلة، أفكار غريبة، الجانب الدولي. ومن شأن عمليتَي استكشاف الاتجاهات واستكشاف الإنترنت تغطيةُ هذا النطاق؛ إذ توسِّعان المنظور وتضيفان أفكارًا غير معتادة لبوتقة الأفكار، وفي أحيان كثيرة يؤدي مُدخَل بسيط يُكتشَف عبر عمليتَي استكشاف الاتجاهات واستكشاف الأفكار إلى إنشاء فكرة جديدة بالكامل، تتوافق بشكل مثالي مع الاحتياجات الواردة في الاستطلاع، ومع الأفكار التي طوَّرها الفريق الإبداعي. لكن أحيانًا تُقدِّم هاتان العمليتان نظرةً مختلفة للمشكلة، تفتح الطريق أمام منظور جديد لم يسبق لأحدٍ أنْ حلم به. أيضًا تفتح عملية استكشاف الاتجاهات أعينَ كثيرٍ من العملاء، الذين يطوِّرون مبتكرات جديدة على نحوٍ

تراكمي فحسب، مثل مدير منتجات إحدى ماركات طعام القطط، الذي يشعر أنه حقَّق إنجازًا عظيمًا عندما يستطيع إطلاق نكهة السَّلَمُون البري الجديدة بدلًا من السَّلَمُون المعتاد. تتقصَّى عملية استكشاف الاتجاهات أكثرَ الأفكار استعصاءً على التصديق في طعام الحيوانات الأليفة في شتى بقاع العالم، بدايةً من مشروبات الطاقة المُخصَّصة للحيوانات الأليفة في كوريا، ومرورًا بمعجون الأسنان المخصَّص للكلاب في الولايات المتحدة، ووصولًا إلى أنوف الخنازير المُجفَّفة الآتية من الدول الاسكندنافية.

وهكذا يجد الرئيس التنفيذي لشركة مستحضرات التجميل/الأغذية فجأةً عددًا لا يُحصَى من المنتجات من مجموعة كبيرة متنوعة من الدول، وهو ما يبيِّن له النطاقات المُمكنة الموجودة بين الصحة الجمالية والبدنية، مثل: لبنِ جوز الهند الذي يُعدُّ مشروبًا ويُستخدَم أيضًا لأغراض العناية الشخصية في آسيا، والأغذيةِ الآتية من اليابان التي تحتوي على قِطَع الصبار، والفيتاميناتِ الموجودة في الولايات المتحدة، والتي تحتوي على مكوِّنات خاصة لتجديد البشرة، وغير ذلك الكثير. الأمر المميز في هذا الصدد ليس الأمثلة الخاصة بهذه المنتجات، وإنما البرهنة على الوجود الفعلي لمثل هذه المنتجات الواقعة على الخط الفاصل بين الصناعتين. وليس من الخبل أن نرغب في إنتاج شيءٍ كهذا.

(١) أوجُه استكشاف الاتجاهات العديدة المختلفة

قد يسبِّب مصطلح «استكشاف الاتجاهات» بعض الحيرة؛ فالغرض الأساسي لهذه العملية ليس اكتشاف الاتجاهات الطويلة الأمد في مراحلها المبكرة، وإنما الاستفادة من الاتجاهات والحركات الحالية. إن المغزى هو رسم صورة للواقع والمزاج الحاليين، صورة يمكن استخدامها في توجيه مشروع الأفكار. ومن الممكن توضيح هذه النقطة عن طريق بعض الأمثلة:

كانت شركة نيكرمان، المتخصصة في بيع الأدوات المنزلية، تحتفل بعيد تأسيسها الخمسين، وسألَتْ برين ستور عن المنتجات المثيرة للاهتمام وغير المعتادة وغير المعروفة، التي يمكن عرضها في متاجر الشركة في ذلك العام الذي تحتفل فيه بتأسيسها. أرسلَتْ برين ستور مستكشِفي الاتجاهات إلى عدة مدن، منها لوس أنجلوس وطوكيو ومكسيكو سيتي وسيدني. علاوةً على ذلك، أُجرِيت عملية استكشاف الاتجاهات بهدف العثور على منتجات غير معتادة على شبكة الإنترنت؛ وقد وجدنا تشكيلةً لا تُصدَّق من الأشياء، مثل: عُلَب ملابس داخلية تحتوي على ٢٦٥ لباسًا داخليًّا للاستعمال مرة واحدة، وكرةٍ يمكنك

الدخول فيها والتدحرج هابطًا أحد المنحدرات، ومَرْتبةٍ قابلة للنفخ مزوَّدة بثلاجة للجعة، ورشاشٍ لزيت الزيتون (وقد وجد طريقه إلى الكثير من المطابخ في وقتنا الحالي)، وإجمالًا عثرنا على أكثر من ٣٠٠ منتج مقترح، كلٌّ منها أكثر غرابةً من الآخر. أُضِيفت الأفكار بعد ذلك إلى المنتَجات المقترحة الآتية من الفريق الإبداعي؛ وهو ما أنتج قائمةً تضم أكثر من ٤٠٠ اقتراح يجري تطويرها.

أرادت شركة نوفارتس تطويرَ فكرة غذاء ليِّن وظيفي فعَّال؛ أيْ غذاء يعود بفائدة إضافية على الجسد (من الأمثلة الحالية المعروفة مشروباتُ زبادي البروبيوتيك، التي تُعزِّز قدرة الجسم على مقاومة الأمراض). وبالإضافة إلى عمل الفريق الإبداعي واستطلاع آراء ٢٥٠ مستهلِكًا، شرعنا في البحث عن منتجات لها وظائف فعَّالة في مناطق عديدة من العالم، وقد وجدنا أغلبَ المنتجات في آسيا، منها مثلًا دقيقٌ مصنوع من عظام الأسماك في اليابان يُفترَض أنه مفيد للغاية لنمو العظام، ومشروبٌ في كوريا يُدعى مشروب «الثقة» (شراب مُخمَّر مثير للاشمئزاز) يشربه الكوريون حين يريدون أن يظهروا أكثر ثقةً بأنفسهم (لا أدرى البتة إنْ كان الأمر يُفلِح بالفعل). وقد قدَّم لنا مشروبُ الثقة هذا فكرةَ أن الغذاء الفعَّال ليس من الضروري أن تكون له وظيفة جسدية، وأنَّ الفاعلية يمكن أن تكون نفسية؛ وقد تمثَّلت نتيجة البحث في تطوير فكرةِ منتَجٍ للإفطار له فعالية ثلاثية تجعل المستهلك يشعر بالجمال والسعادة واليقظة.

كانت شركة مارس (ماستر فودز) تبحث عن أفكار لمنتجات جديدة للحيوانات الأليفة. ما الذي يمكنك تقديمه للقطط والكلاب بخلاف ما هو متاح في الأسواق بالفعل؟ في الواقع، عميلةٌ لدينا هي التي جعلتنا نفكِّر في هذا السؤال؛ إذ أرادَتْ عملَ تقويمٍ للأسابيع الأربعة التي تسبق عيد الميلاد من أجل كلبها، وسألتنا عن شكله المحتمل. وعن طريق استكشاف الاتجاهات في هولندا والمملكة المتحدة والولايات المتحدة واليابان، وجدنا — من بين أشياء أخرى — نعالًا مُخصَّصة للكلاب ومنتجات للعناية بالفم للكلاب، وخطَّ مستحضرات تجميل للحيوانات الأليفة، وأصباغَ شعرٍ للقطط والكلاب، وبالطبع سيجارًا للكلاب (مصنوعًا من بسكويت الكلاب).

وفي حالة الشركة المُشغِّلة لعربات الأطعمة بالسكك الحديدية، استخدمنا عملية استكشاف الاتجاهات للبحث عن أمثلةٍ لخدمة تقديم الطعام المتنقِّلة، لكنَّا لم نكتشف أيَّ شيء مذهل حقًّا في أي مكان بالعالم، وهذا في حدِّ ذاته يمكن أن يكون مُبشِّرًا؛ فلا يوجد شيء جذاب في خدمات تقديم الطعام المتنقلة. والسؤال الآن هو: هل هذا سبب يدعونا لعدم

فعل أي شيء لصالح عميلنا الحالي، أم أنه سبب يدفعنا لإظهار بعض الشجاعة وتقديم اقتراحات مدهشة؟ الجواب هو الرأي الثاني بالطبع، وقد تمثَّلت المشكلة فيما يلي: عندما حان وقت الجد، لم تكن لدى عميلنا الشجاعة ولا الموارد التي تُمكِّنه من تنفيذ الفكرة، وهذا هو حال العديد من مُقدِّمي خدمات الطعام المتنقلة الآخَرين أيضًا.

طلبَتْ منا إحدى شركاتِ تصنيعِ طعام الأطفال تطويرَ منتجات جديدة لطعام الأطفال، وأدَّت عمليةُ استكشاف الاتجاهات في المملكة المتحدة والولايات المتحدة وفرنسا إلى عدد من المنتجات المفاجئة، منها مثلًا: أطعمةٌ للأطفال تؤكل باليد (كالنقانق الصغيرة الموضوعة في برطمان، والتي يستطيع الأطفال إخراجها بأنفسهم من البرطمان وتناوُلها)، وعشراتُ النكهات من ماء الشرب (مثل «الماء المُنكَّه بالفراولة»)، وتركيباتٌ عجيبة للغاية من حبوب الإفطار أو البسكويت. وقد أدَّت عملية استكشاف الاتجاهات إلى العديد من المنتجات التي يمكنك شراؤها من سويسرا اليوم.

(٢) استكشاف الاتجاهات كمكافأة

إن عملية استكشاف الاتجاهات نشاط مرغوب فيه بشدة داخل شبكتنا ومع موظفينا. والأشخاص الخارجيون الذين نستعين بهم في هذه المهمة، هم أشخاص «مُطَّلِعون على أكثر من ثقافة واحدة»؛ فهم يعرفون بشأن ثقافة عملائنا، وثقافة الدول التي تجري لها عملية استكشاف الاتجاهات، وهم يلاحظون الأشياء الغريبة وغير المتوقَّعة أسرع كثيرًا من أولئك الذين يعيشون بالكامل داخل ثقافة دولة واحدة. فلو أنك قلتَ لشخص ياباني يعيش داخل اليابان: «اعثرْ على أكثر ٥٠ طريقة مثيرة للانتباه من طرق تغليف المنتجات داخل متاجر طوكيو.» فحينها لن يعثر على شيء ذي فائدة؛ لأنه معتادٌ على كل شيء. أما في زيورخ، فسيلاحظ الشخص الياباني أشياءَ عديدةً لا يلاحظها أيُّ شخص سويسري.

من المهم أن يتحلَّى مستكشفو الاتجاهات باليقظة، وأن يُبْقوا أعينَهم مفتوحة، وأن يكونوا قادرين على العمل بسرعة وفاعلية. ويعني العدد الضخم من الانطباعات والإلهاءات — الذي تتَّسم به عملية استكشاف الاتجاهات — إمكانيةَ أن يفقدَ الشخص تركيزه على الهدف سريعًا.

يمكنك بالتأكيد استخدام عملية استكشاف الاتجاهات داخل فريقك كمحفز للموظفين الذين تريد أن تكافئهم على عملهم الجيد. نحن أيضًا نمنح فريقنا الأساسي فرصة الخروج وممارسة عملية استكشاف الاتجاهات على فترات دورية؛ فمن ناحية، يمنحهم هذا القدرةَ

على الترحيب بالتنوع، ومن ناحيةٍ أخرى يمكِّنهم من الضبط الجيد لجودة عملية استكشاف الاتجاهات؛ حيث يُسمَح لأعضاء الفريق المُتحمِّسين بالخروج في جولات مثيرة لاستكشاف الاتجاهات بين الحين والآخَر، وتضمن أنت الحصول على نتائج طيبة (لكن هذا مرهون بأن تمنحهم تعليمات دقيقة، وإطارًا زمنيًّا واضحًا).

إن استكشاف الاتجاهات أشبه برحلة إلى الجنة في نظري، فمثلًا: يمكنني أن أشتري كل شيء يمكن أن تكون له صلة بمشروع العميل، وأرسِله إلى برين ستور في صناديق ضخمة، وكلَّما كنتُ بصدد مشروعٍ لاستكشاف الاتجاهات، حاولتُ عادةً تغطيةَ دولة واحدة بنفسي. إن عملية استكشاف الاتجاهات لا تمدنا فقط بالأفكار ذات الصلة بمشروع العميل، بل تمنحنا كذلك تحفيزًا أساسيًّا، ومنظورًا جديدًا، وتُطلِعنا على مناهج حديثة لأداء عملنا. وفي برين ستور، نُقِيم دائمًا معرضًا صغيرًا لأغرب المنتجات التي نعثر عليها في كل أنحاء العالم، وأفضلُ الأشياء في نظري هي أباجورة من دبي على شكل قصر الأمير، وزبادي مُخصَّص للكلاب، ورشاش أكسجين برائحة البرتقال، وصابون له رائحةُ ومَلْمسُ الشوكولاتة، ومصيدة فئران تُدْعى «لوسيفر»، وسلَّة من جنوب أفريقيا مصنوعة من أسلاك الهاتف، ومترجِم لِلُغة الكلاب، ونسخة من مفتاح لوحة مفاتيح حاسوبية مكتوبة عليه كلمة «الذعر». ربما تسأل نفسك عن الغرض من كل هذه الأشياء، والجواب بسيط: لا شيء. وعلى الرغم من أن هذا الجواب ليس صحيحًا تمامًا، فإن هذه الأشياء توقظ الرغبةَ في النظر إلى الأشياء بطريقة مختلفة، وهذا بالضبط هو المنظور الذي تحتاجه في مشروعاتِ توليد الأفكار الخاصةِ بك.

(٣) تعليمات جيدة، نتائج جيدة

كلُّ ما سبَقَ أنْ أوضحتُه في الفصل المُعَنْون بـ «بيان المعلومات والبدء»، ينطبق على التعليمات الخاصة باستكشاف الاتجاهات. إن جودة الأسئلة لها تأثيرٌ مباشِر على جودة النتائج، وأنت بحاجةٍ إلى أن تُحدِّد بدقةٍ ما على مستكشفي الاتجاهات البحث عنه كي تحصل على النتائج التي تنشدها. من أمثلة التعليمات غير الدقيقة: «ابحثْ عن أغراض مثيرة للاهتمام تستطيع شركة نيكرمان بيعها في قائمتها.» على النقيض من ذلك، من أمثلة التعليمات الشديدة الدقة ما يلي:

- «مهمتك هي العثور، في غضون ٢٤ ساعة، على أكبر عدد ممكن من المنتجات والأمثلة والصور الفوتوغرافية الخاصة بأغراض غير معتادة ومفاجئة، ترى أنها

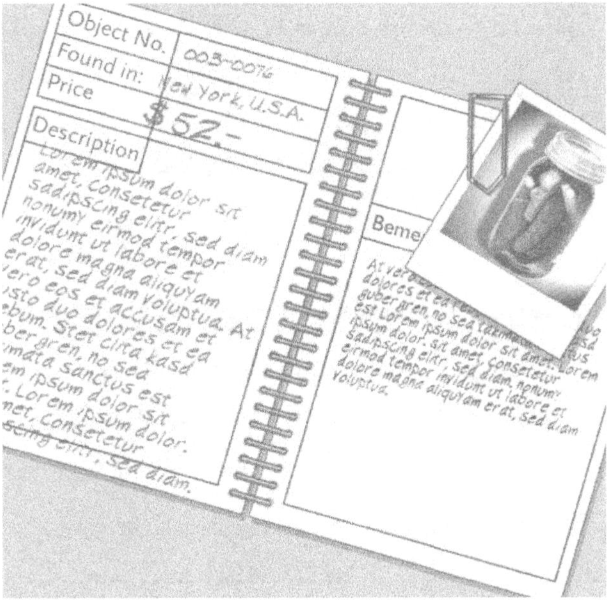

كل تفاصيل الغرض المَعْنِي مدوَّنة في دفترك: رقم الغرض، ماهيته، مكان عثورك عليه، تفاصيل/شرح له، السعر.

غير موجودة حاليًّا في ألمانيا. من فضلك زُرِ المواقع التالية: ثلاثة متاجر عامة، ومتجرَيْ لعب أطفال، ومتجرَيْن للأدوات المكتبية، ومتجرَيْ معدات، ومتجرَيْن لبيع الكتب، وثمانية متاجر أخرى تلفت نظرك. يمكنك شراء منتجات بقيمة إجمالية قدرها ٥٠٠ دولار أمريكي. من فضلك اشترِ دومًا اثنين من كلِّ مُنتَج ودوِّنْ تفاصيل المنتج في دفتر، وميِّزِ المنتجات بملصقات مرقمة يُكتَب عليها رقم المُنتَج الوارد في دفترك.»

- لو رأيت أنَّ بعض المنتجات يمكن شرحها عن طريق صورة فوتوغرافية أو رسم، فحينها التقِطْ صورة أو ارسم رسمًا، ودوِّنْ ملحوظة بالتفاصيل في دفترك. انقلِ الصور الرقمية إلى كمبيوترك المحمول، وقُمْ بترقيم الصور بحسب دفترك.

يجب توجيه التعليمات بدقة كي لا تضيع أية بيانات. بطبيعة الحال سيكون الاتصال هاتفيًّا بمستكشفي الاتجاهات متاحًا لو كانت هناك أية استفسارات، لكنْ عادةً ما يكون الوقت بين تلقِّي نتائج مستكشفي الاتجاهات وبين تقييم النتائج التي يتم الحصول عليها قصيرًا للغاية. ومن الممكن أن يجمع أحد مستكشفي الاتجاهات ما يصل إلى ١٠٠ غرض مختلف، ويرسل مئات من الملاحظات والتفاصيل، وهذه كلها يجب تقييمها.

(٤) أساليب استكشاف الاتجاهات

كما هو الحال مع الفريق الإبداعي، يمكن استخدام أساليبَ عديدةٍ في استكشاف الاتجاهات من أجل الحصول على المعلومات المنشودة، ويمكن استخدام هذه الأساليب كل على حدة أو استخدامها معًا، اعتمادًا على أهداف عملية استكشاف الاتجاهات. ونحن نستخدم الأساليب التالية: الشراء، والحديث، والمجلات، والصور، والوصف:

- «الشراء»: تُشترَى الأغراض من مواقع متعددة، وهذا يمكِن أن يقود إلى أفكار جيدة للمشروع. وتتضمن هذه المواقعُ المتاجرَ الكبرى، والبازارات، والمتاجر العائلية، وأسواق المنتجات الرخيصة أو المستعملة، والمتاجر الموجودة في محطات السكك الحديدية، وغيرها من الأماكن التي تُعرَض فيها المنتجات والخدمات للبيع.
- «الحديث»: يتحدَّث مستكشف الاتجاهات إلى الناس في البلد المراد استكشاف الاتجاهات داخلَه عن الأفكار؛ حيث يُمنَح استبيانًا يستخدمه لاحقًا في طرح الأسئلة على أناسٍ عديدين في حوارات عفوية. ليس الحديث المقصود هنا في حقيقته كالأحاديث التي تُدار في المقابلات الرسمية، وإنما حوار شخصي يمكن فيه تكوين أفكارٍ جديدة من البلد المَعْنِي.
- «المجلات»: كثيرًا ما تُنقَل الأفكار عبر المجلات والصحف وغيرهما من وسائل النشر؛ كالإعلانات السينمائية أو التليفزيونية، أو غيرها من الوسائط. وهنا يبحث مستكشف الاتجاهات بين ثنايا أكبرِ عددٍ ممكن من المطبوعات، ويحدِّد الأشياء المناسِبة التي يجدها ويُعلِّق عليها.
- «الصور»: في هذه العملية يلتقط مستكشِف الاتجاهات صورًا للأفكار والمنتجات الجيدة، وهذا ملائم تحديدًا حين لا يكون من الممكن شراء الفكرة أو وصفها

بكلمات بسيطة. من أمثلة ذلك: المنتجات والخدمات غير المعتادة (في الهند مثلًا نجد منظِّف الأذن الذي يذهب من منزل إلى آخَر كي يقدِّم خدمات النظافة الشخصية، وفي الولايات المتحدة نجد بعض تصميمات المطاعم الغريبة للغاية)، أو الأفكار التي تُغْنِي فيها الصورة عن ألْف كلمة.

- «الوصف»: السلوكيات والأنظمة والعلاقات المتبادلة التي لا يمكن تصويرها أو نقلها ماديًّا، يجري نقلها بهذا الأسلوب (على سبيل المثال: «أسعار خاصة لدخول السينما يوم الإثنين»، أو «٥٠ بالمائة خصم للنساء اللاتي يسِرْنَ في باريس وَهُنَّ يُمسِكن زجاجةَ مياه معدنية ماركة إفيان»).

(٥) التنقيب عن الأفكار

إن تقييم عملية استكشاف الاتجاهات أمر ممتع للغاية، ويتضمن الكثير من العمل كذلك. تحتاج كل الأغراض والملاحظات، التي تصل إلى مكتبنا عن طريق خدمة فيدكس للشحن، إلى تفريغها وفرزها. كانت لدينا عمليات استكشافِ اتجاهاتٍ احتجنا فيها إلى استئجار غرفة إضافية كي نضع فيها المواد الناتجة، وفي مثل هذه الحالات يكون من الملائم للغاية الاستعانة بقاعة ألعاب رياضية؛ إذ ستكون لديك مساحة كبيرة هناك.

وبمجرد تفريغ كل المواد، تُنظَّم الأغراض في مجموعات بحسب الموضوع، بحيث تُوضَع الأشياء المرتبطة بموضوعٍ واحدٍ معًا. وأخيرًا يجري تصوير الأغراض وإدخال التوصيفات والمُدخَلات الملائمة في قاعدة البيانات. الآن يمكن طباعة تقريرٍ من قاعدة البيانات هذه يعرض كلَّ الأغراض ومجموعات الموضوعات، أما الأغراض أو الأفكار التي تتوافق مع فكرة حالية في مرحلة مختلفة للمشروع (الفريق الإبداعي، مقابلات الأفكار)، فيجري تخصيصها لهذه الفكرة على الفور.

تُخزَّن الأغراض في صناديق حتى وقت استخدامها في إحدى مراحل المشروع التالية، وفي نهاية المشروع تُصنَّف وتُوضَع في صناديق مزوَّدة بأوصاف، لكن احذرْ من الاحتفاظ بالأشياء لفترة أطول من اللازم، فقد وقعنا في هذا الخطأ ذات مرة، وندمنا أشد الندم حين جاء وقتُ جلسة التنظيف. وبالطبع يمكنك إجراءُ مزاد على سبيل التسلية في نهاية مرحلة استكشاف الاتجاهات، أو إقامةُ معرض لموظفيك.

(٦) استكشاف الإنترنت

كما هو الحال في استكشاف الاتجاهات، فإن هدف عملية استكشاف الإنترنت هو إثراء بوتقة الأفكار الخاصة بك بأفكارٍ وأمثلةٍ من خارج البلاد. نعرف جميعنا إلى أي مدًى يمكن العثور على أفكار مفيدة على الشبكة العنكبوتية الدولية، ومع هذا لا يزال الأمر مبهرًا. وفي وقتنا الحالي، تكشف شركات عديدة بحُرِّية عن معلومات متعلِّقة بها على الإنترنت أكثر من أي قناة أخرى (تقارير سنوية، مؤتمرات صحفية ... إلخ)، وهناك آلاف الصفحات عن كل موضوع على الإنترنت.

إلَّا أن الإنترنت أشبه بمنجم الذهب؛ فالأشخاص المدرَّبون وحدهم هم القادرون على استخراج المعدن النفيس من باطن الأرض، بينما لن يعثر الآخَرون إلَّا على التراب؛ ولهذا السبب من المهم إجراءُ عمليةِ استكشاف الإنترنت على يد أشخاصٍ يعرفون ما يفعلون، أشخاصٍ خبراء في البحث عن المعلومات. فليس من الكافي أن تعرف الكود الخاص بواحد أو أكثر من محركات البحث؛ فالموهبةُ والتدريب والأدوات الصحيحة كلها أمور ضرورية للعثور على المعلومات القيِّمة من بين مصادر المعلومات المحتمَلة الهائلة العدد. ولو كنتَ تودُّ إجراءَ عملية استكشاف الإنترنت، فحينها أوصيك بأن تعهد بها إلى مقدِّمِ خدمةٍ خارجي محترف. في برين ستور، نستفيد كثيرًا من شبكتنا الدولية، ومن المتعاقِدين الخارجيين الذين زاد عددهم مع تطوُّر الإنترنت، وبعضهم يستخدم كلَّ الحِيَل المطلوبة من أجل الحصول على المعلومات المنشودة على الإنترنت. اعتمادًا على الموضوع، ربما تكون بحاجةٍ إلى مزيج من المهارات، على سبيل المثال: أن تستعين بمتصفِّح بارع للإنترنت تلقَّى تدريبًا على التصميم الرسومي للبحث عن أمثلةٍ للمواقع الملائمة من الناحية الرسومية، إذا كان المشروع مَعْنِيًّا بالعثور على نماذج جيدة لتصميمٍ رسوميٍّ لفكرةٍ ما. أو يمكن الاستعانة بمتصفِّح بارع للإنترنت، له معرفة بعلم النفس، للبحث عن مواقع الإنترنت التي يُخاطَب فيها الزائرون بطريقة بارعة من الناحية النفسية.

أفضل الطرق لتنظيم عملية استكشاف الإنترنت تكون عن طريق اللغة؛ فاللغة الإنجليزية إجبارية، وبعد ذلك ينبغي اتخاذ القرار بناءً على الجوانب اللغوية التي تسهم في الموضوع المنشود، بعد ذلك ينبغي فحص هذه المواقع على يد أشخاص يعرفون اللغة المَعْنِية، باستخدام أجهزة كمبيوتر ملائمة (هل يستطيع جهاز الكمبيوتر الخاص بك إنشاءَ نصوصٍ باللغة العربية مثلًا؟) وبالطبع ستحتاج إلى أشخاصٍ قادرين على ترجمةِ وشرحِ المواقع التي يُعثَر عليها.

أيضًا يُعدُّ تجهيزُ بيانٍ معلومات واضحٍ من مهامِّ الإعداد الفائقة الأهمية في مرحلة استكشاف الإنترنت. امنحْ مستكشفي الإنترنت بعضَ المعلومات الأساسية عن المشروع بالكامل، ثم حدِّدْ لهم أهدافَ مرحلة استكشاف الإنترنت: ما الذي تريد البحث عنه؟ أي نوعٍ من المعلومات تهتم به؟ (قدِّمْ بعض الأمثلة لو أمكَن) وما الذي لا تبحث عنه؟ (سيكون من المفيد هنا تقديم أمثلة أيضًا) حدِّدْ إطارًا زمنيًّا واضحًا لعملية البحث، وأَوقِفْها في نهايته.

من المهم أن يُقدِّم مستكشفو الإنترنت المعلومات التالية:

- لقطة شاشة (صورة رقمية) لصفحة الإنترنت التي عُثِر عليها.
- رابط URL (عنوان) لصفحة الإنترنت التي عُثِر عليها.
- تفاصيل عن المعلومات ذات الصلة الموجودة على الصفحة (مثلًا: «شكل متفرِّد من عملية الشراء عبر الإنترنت بفضل هيكل خاص لقاعدة البيانات»).

(٧) تقييم عملية استكشاف الإنترنت

تُوضَع جميع الصفحات التي عُثِر عليها في ملف واحد مصحوبةً بوصف تفصيلي لها، ويقوم مدير الأفكار بوضع ملخص لأهم النتائج، ويجعله متاحًا لفريق الأفكار من أجل مرحلة تكثيف الأفكار، إلى جانب الملفات التي تحتوي على النتائج. النتائجُ المثيرة للاهتمام أو الإحالاتُ الواضحة للأفكار الموجودة تُحال مباشَرةً إلى قاعدة البيانات الخاصة بالفكرة المَعْنية؛ على سبيل المثال: في مشروعٍ لتوليد الأفكار معنيٍّ بتطوير الأشكال الممكِنة لرعاية الأطفال من جانب أصحاب العمل، طَفَتْ على السطح فكرةُ تناوُلِ الأطفال والآباء طعامَ الغداء معًا، وعثر مستكشفو الإنترنت على عدد من الأمثلة لشركات تُقدِّم ذلك تحديدًا؛ ومَن ثمَّ يتم ربطُ عناوينِ هذه الشركات وتوصيفاتٍ موجزة لما يتم تقديمه بالفكرة الأصلية، وعملُ إحالة مرجعية إلى الصفحات ذات الصلة في ملف استكشاف الإنترنت؛ فهذا من شأنه أن يجعل عملية الاستعراض والولوج أيسرَ بكثير.

ومع ذلك، أنت لا تبحث فقط عن تلك النوعية من الإحالات المرجعية، فمن الممكن العثور على أفكار جديدة مستقلة في عمليتَي استكشاف الإنترنت واستكشاف الاتجاهات. كِلا الأمرين مهم: فمن ناحيةٍ، بوسع عمليتَي استكشاف الإنترنت واستكشاف الاتجاهات إثراءُ الأفكار الموجودة أو دعمها أو وَأْدها؛ ومن ناحيةٍ أخرى، يمكن لهما أيضًا الإتيان

بأفكارٍ غير ملحوظة أو جديدة. وفي أيٍّ من الحالتين، تضمن هاتان العمليتان تدبُّرَ المُدخَلات الغريبة، وتلك الموجودة في دول أخرى.

ثمة عدد من الأسباب وراء تنفيذ عملية استكشاف الاتجاهات. ومن الأمثلة القليلة للمشروعات التي من المنطقي إجراء عملية استكشاف الاتجاهات لها (واستكشاف الإنترنت على الدوام أيضًا) ما يلي:

- تطوير منتج جديد: يمكن البحث عن أمثلة ونماذج لكل مكونات المنتج الجديد، من حيث التغليف أو المحتوى أو التسويق. توفر عمليةُ استكشاف الاتجاهات عيِّناتٍ مثيرةً للاهتمام من منتجات موجودة في جميع أنحاء العالم، ويمكن استخدامها في مرحلة تكثيف الأفكار.
- العثور على مناطق عمل جديدة: المنتجاتُ غير المعتادة والشركاتُ وأفكارُ الخدمات الجديدة كلُّها متاحةٌ في جميع أنحاء العالم، وكل ما تحتاجه هو العثور عليها فحسب. بمقدور عمليتَي استكشاف الاتجاهات واستكشاف الإنترنت تكملةُ منظورك المحلي، وبالإمكان تطوير أفكار غير متوقَّعة.
- حل مشكلة هيكلية: لو كان الموضوع عن تحسين العمليات أو الهياكل القائمة أو تعديلها، فحينها يمكن لعملية استكشاف الإنترنت تحديدًا أن تقدِّم معلومات إضافية قيِّمة، فالشركاتُ تحب أن تعرض عملياتها وإجراءاتها المبتكرة على الإنترنت، وأن تستشهد بأمثلة. ومن الممكن العثور على دراساتٍ أكاديمية وأوراقٍ ونماذجَ بحثيةٍ تخص الموضوع المطلوب بسهولة، ويمكن تضمينها بعد ذلك في عملية توليد الأفكار. من أمثلة هذه الموضوعات: تعيينُ الموظفين، ونماذجُ التوظيف الجديدة، ورضا العملاء والموظفين، وعلمُ النفس الصناعي، والتدريبُ والتطوير الداخليان، والترتيباتُ اللوجستية، وغير ذلك الكثير.

عليك أن تضع في حسبانك خمسة أيام على الأقل لكل دولة، من أجل تجهيز عملية استكشاف الاتجاهات بها وتنفيذها وتقييمها (وهذا لا يتضمَّن البحث عن مستكشفي الاتجاهات). يستغرق التجهيز يومًا واحدًا، وعمليةُ الاستكشاف نفسها يومًا أو يومين، ويستغرق إرسال المواد عبر خدمة دي إتش إل أو فيدكس للتوصيل ٢٤ ساعة، وتستغرق عمليةُ التقييم يومًا واحدًا. ضَعْ في الحسبان نصفَ يوم إضافيًّا لكل دولة تضيفها وسيعمل بها مستكشفو الاتجاهات أنفسهم.

تعلَّمْنا من واقع الخبرة أنه من المُجدِي تجهيزُ خطٍّ هاتفي ساخن، يعمل طوال ٢٤ ساعة لمستكشفي الاتجاهات في حالةِ طرأ لديهم أيُّ سؤال. حين نعمل مع مستكشفي اتجاهات من الشباب الصغار السن في برين ستور، والذين يحتاجون أحيانًا النصحَ بشأن الأمور العملية (كسرقة جوازات السفر، أو إنفاق المال، أو غيرهما من الضروريات)؛ نتولَّى توفيرَ هذا التواصُل دونَ شكٍّ. لكنْ أحيانًا تكون لدى المستكشفين أسئلة مهمة حول المحتوى، قد تؤدي إلى نتائجَ رديئةٍ للغاية لو لم تتم الإجابة عنها سريعًا، وإذا ظننتَ أنك بحاجةٍ إلى تخصيصِ نحو ٥ آلاف يورو لكل دولة من أجل عملية استكشاف الاتجاهات، فحينها لن يكون ذلك منطقيًّا.

مفاهيم جوهرية: «استكشاف الاتجاهات واستكشاف الإنترنت»

• استكشاف الاتجاهات واستكشاف الإنترنت عمليتان ملائمتان، تسمحان بتدفُّق الأفكار الغريبة وتلك الآتية من دول أخرى إلى مشروعك، أو العثور على نماذج موجودة في دول أخرى.

• توفر عملية استكشاف الاتجاهات عيِّنات من المنتجات أو مقالات المجلات أو الصور، أو التوصيفات الخاصة بثقافة معينة تدور حول موضوع المشروع. أما عملية استكشاف الإنترنت، فتبحث عن الأمثلة أو النماذج أو العبارات المثيرة للاهتمام على الإنترنت.

• أنت بحاجةٍ إلى مُتخصِّصين في كلا المجالين: في استكشاف الاتجاهات، أنسبُ الأشخاص هم أولئك المُلمِّين جيدًا بثقافتك وثقافة الدولة المستكشفة، والقادرين على اكتشاف الأفكار المدهشة. أما في استكشاف الإنترنت فأنت بحاجةٍ إلى أشخاص مهووسين بالإنترنت يمتلكون معرفةً مثالية بأساليب البحث ويتبعون التعليمات، ومُتمكِّنين من لغةِ الدولة التي ستُجرِي عليها عمليةَ استكشاف الإنترنت.

• كلما كانت تعليماتك أكثر دقةً، حصلتَ على نتائج أكثر إثارةً للاهتمام. امنحْ مستكشفي الاتجاهات ومستكشفي الإنترنت تعليماتٍ خاليةً من أي سوءِ فهم، وتوجيهاتٍ واضحةً بشأن كيفية أرشفةِ وتنظيمِ المواد التي يجمعونها.

• بعد أن تتلقَّى المواد من كل مستكشفي الاتجاهات، نظِّمْها بحسب الموضوع وقُمْ بتوثيقها بتفصيل شديد. حدِّدِ الأفكار الواضحة التي تتوافق مع الأفكار التي جرى تطويرها من قبلُ، واربطْها بها على نحو مباشِر. جهِّزِ المواد المتبقية بطريقةٍ تسمح لك باستخدامها في مرحلةِ فريق البحث.

مدينة الأفكار وفريق البحث

التحوُّل من الكمِّ إلى الكيف.

* * *

كان مستشفًى كبير يبحث معنا عن أفكار حول الحصول على المتقدِّمين للوظائف المناسبين للعمل في قطاع الرعاية الصحية بشكل أيسر وأسرع. وفي منتصف الورشة، وبعد المرور بمرحلة توليد أفكار شديدة السرعة، قال عميلنا — وكان مدير شئون العاملين — في ذعر: «ولكن كيف سنجد الفكرة المناسبة من كل هذه الأفكار التي ولَّدناها؟ الأمر أشبه بالبحث عن إبرة في كومة من القش!»

لقد قابلنا هذا النوعَ من عدم الارتياح في مناسبات عديدة؛ فالعديدُ من عملائنا يخشون قليلًا كميةَ الأفكار الكبيرة التي نخرج بها من مرحلة توليد الأفكار. فبعد استخدام أدوات الفريق الإبداعي واستكشاف الاتجاهات واستكشاف الإنترنت، وكذلك مقابلات الأفكار ومقابلات الخبراء، يمكن أن يصل العدد إلى ١٠ آلاف فكرةٍ خام، يجب اختزالها إلى عدد قليل من الأفكار الجيدة في مرحلة التكثيف التالية. والناس عمومًا ليسوا معتادين على ذلك؛ إذ إن أغلب الناس يجدون أن التعامُلَ مع كمية قليلة من المعلومات بشكل وافٍ أكثرُ منطقيةً من التعامل السريع مع كمية كبيرة من المعلومات.

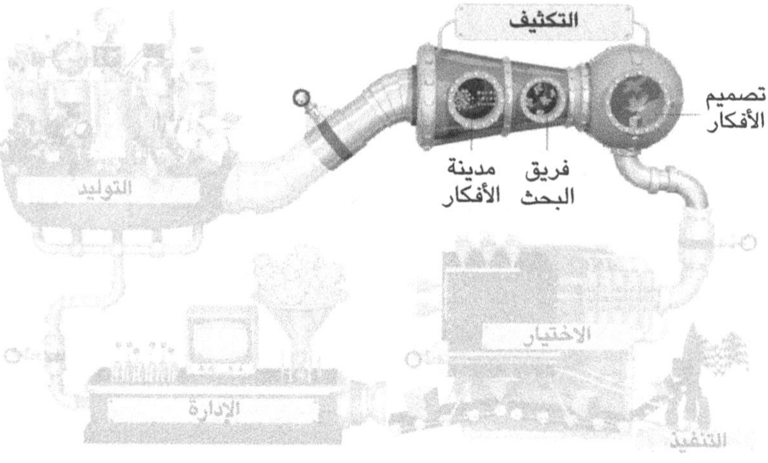

مدينة الأفكار وفريق البحث هما خطوتان في مرحلة تكثيف الأفكار. الأفكار المكتملة تتألَّف من قِطَع الأحجية التي جمعتَها خلال مرحلة توليد الأفكار.

هذا التفكير الغريزي صحيح، فعقولنا ليست قادرة في الواقع على معالجة كميات ضخمة من البيانات بشكل مفيد، لكنْ لا أحد يطلب من شخص واحد أن يتدبَّر ١٠ آلاف فكرة غير مكتملة وحده؛ فهناك فريق مناسب، وإجراءات ودعم فني ملائمان لهذا الغرض. وفي هذا الموضع يتحقَّق نهج إنتاج الأفكار صناعيًّا على أوضح ما يكون؛ إذ يجري تكثيفُ الأفكار منهجيًّا باستخدام عملية مُحكمة. ستحدث عمليات التعامل المتعمق مع عدد قليل من الأفكار والتحليل الحريص، والتدبر والمناقشة كذلك، لكن ليس الآن!

في برين ستور، وبعد خبراتنا الأولية بمشروعات توليد الأفكار، سرعان ما توصَّلْنا إلى هذه النتيجة: أن من الأيسر والآمن والأنجح والأكثر فعاليةً أن نتيح كمية ضخمة من الأفكار الملهمة لفريق مناسب يتَّسم بالتنوع، وذلك مقارَنةً بجعل مجموعة قليلة من المُتخصِّصين ذوي الأجور العالية يعكفون على دراسة عدد محدود من المناهج المدروسة جيدًا، بعد أن نخبرهم أن عليهم «العثور على فكرة!» لأن هناك خطرًا يتمثَّل في عجزهم عن تطوير أي فكرة قابلة للاستخدام في غضون الوقت القصير المتاح.

إن كمية البيانات الضخمة تُعدُّ بمنزلة «مَعين عقلي» يستطيع الفريق أن يبحث داخله عن تلك الأفكار الأكثر ملاءَمةً للمشروع. ليست المهمة المطلوبة الآن هي «التحلي بالإبداع!» وإنما «فَرْز كل الأفكار الملهمة المتاحة؛ كل بذور الأفكار التي يمكن أن تخدم المشروع، ودمجها معًا على نحو مناسب»؛ ومن ثَمَّ فنحن مهتمون بالاختيار المناسب، وليس الفعل الإبداعي.

ذلك المعين العقلي مفيد أيضًا؛ لأن الأفكار الملهمة وشظايا الأفكار تأتي من عدد كبير من الأشخاص المختلفين داخل المجتمع الخَلَّاق؛ أشخاص لهم اهتمامات وخبرات متباينة، ويأتون من مناطق ومجموعات عمرية مختلفة. وبعد اجتياز مرحلة توليد أفكار جيدة، يمكننا افتراض أن لدينا بالفعل مزيجًا مثيرًا للاهتمام، نقطةَ بدء أكثر رحابةً مما هو ممكن في المعتاد في أي شركة أو قسم.

والفِرَق التي تتَّسم بالتنوع ليست مفيدة فقط في مرحلة توليد الأفكار؛ بل هي ذات نفع كبير في مرحلة تكثيف الأفكار أيضًا. إن كل شخص يتناول هذه البوتقة الضخمة المحتدمة من الأفكار بطريقة مختلفة، وكل شخص ينظر إليها من منظوره الخاص؛ فمُتخصِّصو التسويق يتناولونها من منظور تسويقي، والشبابُ يبحثون عن الأفكار الصادمة المدهشة، والزبائنُ يبحثون عن الأشياء المفيدة، وهكذا. علاوةً على ذلك، كل شخص له نقاط القوة الخاصة به، وكل شخص يفضِّل العمل بأساليب مختلفة؛ فهناك مَن يفضِّلون التنبيهَ البصري، ويفضِّل آخَرون التنبيهَ السمعي، بينما يحتاج آخَرون إلى مناقشة الفكرة مُسبقًا كي يحصلوا على نتائج طيبة. والسؤال هو: كيف نمكِّن المشاركين من استخدام بوتقة الأفكار هذه، ذلك «المعين العقلي»، على نحو مفيد؟ في المرحلة الأولى لتكثيف الأفكار، نستخدم عددًا قليلًا من الأساليب والإجراءات البسيطة المنطقية، وهي: مدينة الأفكار، والفحص الأول وفحص المعايير، ومصباح الحمم وفريق البحث.

(١) مدينة الأفكار

نطلق على المكان الافتراضي الذي ننفِّذ فيه المرحلة الأولى من عملية التكثيف اسمَ «مدينة الأفكار». وكل الأفكار الملهمة الناتجة عن مرحلة توليد الأفكار يمكن تمحيصها على يد جميع أعضاء الفريق في هذه المدينة؛ ولهذا الغرض قمنا بإدخال كل الأفكار المولَّدة في قاعدة بياناتنا في اللحظة التي تُطوَّر بها، ونظَّمناها وفق مجموعة متنوعة من الكلمات المفتاحية حيثما كان ذلك ضروريًّا. جُهِّزت النتائج الآتية من الأبحاث السوقية، وعملية

استكشاف الاتجاهات أو مقابلات الخبراء، وأُتِيحت باستخدام الرسوم البيانية أو الملصقات أو العروض التصويرية على سبيل المثال. والآن يملك الجميع القدرةَ على الاطِّلاع على هذه الرُّؤَى في مدينة الأفكار، باستخدام قنوات عدة، وهي:

- «السينما»: تتحرَّك كل الأفكار الملهمة ببطء وهدوء، وبترتيب عشوائي، على شاشة كبيرة، بحيث يستطيع المشاهدون رؤيتَها كلها، واختيارَ تلك التي تثير اهتمامهم.
- «المتحف»: كل الأفكار الملهمة الثلاثية الأبعاد والصور والملصقات، وكل ما لا يمكن تضمينه في قاعدة البيانات، يمكن عرضها في المتحف؛ حيث يستطيع المُشاهِد الانتقال من مكانٍ إلى الذي يليه ليستلهم الأفكار من هذه الأشياء (الأشياء مُلصق عليها تسميات وأوصاف بالفعل).
- «المَشْرَب»: أولئك الأشخاص الذين يفضِّلون تناوُلَ البيانات مباشَرةً (أنا مثلًا من هذا النوع)، يمكنهم الجلوس إلى أجهزة الكمبيوتر المحمولة المتصلة بشبكتنا، والبحث عن مُدخَلات من قاعدة البيانات الموجودة هناك بهدف دمجها مع الأفكار الجديدة.
- «الحديقة»: يجد المشاركون أنفسَهم في جوٍّ مماثِل لجوِّ الحدائق في واحدٍ من المواقع الأخرى، وبإمكان الأشخاص الذين يحبون مناقشة الأفكار الجلوس في الحديقة مع كتاب الأفكار (نسخة مطبوعة من قاعدة البيانات) ومناقشة الأفكار الجديدة.
- «المغطس»: تُوضَع بطاقات صغيرة مكتوب على كلٍّ منها فكرة ملهمة معينة، مأخوذة من قاعدة البيانات في مغطس كبير. هذا أمر ملائم للغاية لأولئك الذين يحبون التنقيب وانتقاء الأفكار وتطويرها بمحض الصدفة.

إن الهدف من مدينة الأفكار هو تقليص بوتقة الأفكار القائمة — التي تمتلئ بنحو ٣ آلاف فكرة ملهمة لكل مشروع في المتوسط — إلى نحو ٥ بالمائة من حجمها؛ أيْ ما بين ١٥٠ و٢٠٠ فكرة في المتوسط. وبالإضافة إلى الإمكانيات المتعددة لرؤية مادة الأفكار، نوفِّر للمشاركين طرقًا متعددة وخبراء متعددين (في هذه المرحلة لا يزال المشاركون خليطًا من داخل المؤسسة وخارجها).

نعرض الصيغة الدقيقة للسؤال الذي طوَّرناه في مرحلة بيان المعلومات مع العميل على سبيل المثال؛ فعلى الرغم من أن هذا السؤال ظهر فقط بشكلٍ عابرٍ أو ضمني بين

ثنايا الأسئلة المُجهَّزة لورشة العمل خلال مرحلة توليد الأفكار، فإنه الآن محور الاهتمام. في بداية مرحلة مدينة الأفكار، يوضِّح منسِّق الجلسة أن الهدف الآن هو خلق أفكار من شظايا الأفكار التي جاء بها الفريق الإبداعي وغيره من الأدوات، والتي تُجيب على السؤال المطروح في بيان المعلومات؛ ومن ثَمَّ فإن كل مشارك يتلقَّى بطاقةً تحمل الصيغة الدقيقة لسؤال العميل، ليكون بمنزلة البُوصلة التي يسترشد بها الشخص خلال زيارته مدينة الأفكار.

في هذه المرحلة نوفِّر للمشاركين ثلاثة أشخاص يؤدُّون مهامَّ خاصة: مسئول الكتابة، ومسئول المزج، ومسئول الرسوم التوضيحية. مسئولُ الكتابة يتولَّى مهمةَ جمعِ الأفكار التي كتبها المشاركون بخط اليد على ورق مقاس A4، ثم إدخالها إلى قاعدة البيانات، إذا لم يرغب المشاركون في عمل ذلك بأنفسهم. أما مسئول المزج فيهتم بالمشاركين الذين وجدوا مكوِّنين مثيرين للاهتمام لفكرةٍ ما، ويَودُّون الآن أن يمزجوهما معًا لكنهم غير واثقين من كيفية عمل ذلك، فيناقش هذا الشخص معهم الاتجاهات المختلفة التي يمكن أن تأخذهم فيها عملية المزج، ويُدخِل الأفكار إلى قاعدة البيانات. أما مسئول الرسوم التوضيحية، فيرسم لوحاتٍ وقتما رأى المشاركون أنه سيكون من الأيسر فهْمُ الأفكار وهي مصحوبة برسوم توضيحية، فيُجرِي مسْحَ الرسوم التوضيحية وإضافتها إلى قاعدة البيانات.

وخلافًا لما يحدث في مرحلة الفريق الإبداعي، حيث نهتم بالسرعة والكم، يكون تركيز مدينة الأفكار منصبًّا على الجودة والعمل الأكثر تأنِّيًا؛ فبينما كان الشباب المتحمِّسون يدفعون المديرين في المرحلة السابقة إلى أعلى مستويات الأداء، يعمل المشاركون الآن في هدوء معًا، ويتناقشون ويتبادلون الأفكار ويدوِّنونها. عادةً ما نرى تحالُفات جديدة تحدث في هذه المرحلة؛ إذ يكون أولئك القادمون من داخل الشركة وخارجها قد تعرَّف بعضهم إلى بعض قليلًا، ورأى بعضهم بعضًا بأعين جديدة عند اللقاء في هذه المرحلة. فجأةً يصير الشاب خبيرًا بالنسبة إلى المدير، بينما يصير المدير شريكَ مناقَشةٍ مثيرًا للاهتمام في نظر الشاب، بعد أن كان يجده في السابق شخصًا مُملًّا. ومع هذا، فنحن لا نفرض أيَّ حوارات فرضًا؛ فإذا أراد أحدهم العملَ بمفرده على اصطياد الأفكار، فحينها لن يجد ما يمنعه من عمل ذلك، ونحن في برين ستور نسعى إلى اصطياد الأفكار الواعدة التي نرصدها بأعيننا المُدرَّبة، ثم نُدخِلها إلى نظامنا بأنفسنا.

يمكنني أنْ أُقدِّمَ لك فكرة عن هذه المرحلة من العملية باستخدام مثال توضيحي: كان هدف مشروعنا مع عميلنا، شركة رولكس، هو توصيل ثلاث قِيَم إدارية حدَّدها مجلس الإدارة للفريق الإداري، وأن نفعل هذا بطريقة محبَّبة مدهشة في مُلتقًى مدته ٤٥ دقيقة. لم يكن المطلوب توصيل القِيَم الثلاث على المستوى الذهني فحسب، بل كان يجب غرسها عميقًا داخل الفريق الإداري. كانت القِيَم الثلاث هي: «أنْ تكون نموذجًا يُحتذَى به»، و«أن تسلك سلوكَ رائدِ الأعمال»، و«أنْ تحترم البشر والأشياء». وفي مرحلة الفريق الإبداعي تدبَّرنا صياغةَ الأسئلة من ٢٤ منظورًا مختلفًا، منها:

- كيف يمكنك الاحتفاظ بانتباه مجموعة من الأشخاص على مدار ٤٥ دقيقة؟
- لو كنتَ مدير سيرك، فماذا سيكون الحدث المثير القادم؟
- ما الذي يمكن أن تمنحه لشخصٍ بحيث يتذكَّرك لوقت طويل؟
- ما الذي يفعله والداك مع أطفالهما كي يمنعاهم من الشِّجَار؟
- ما الذي يمكن تعلُّمه في موضوع «أن تكون نموذجًا يُحتذَى به»؟ وكيف يُوصِّل المعلم مادةَ الموضوع؟

بعد ثلاث ساعات من العمل، كان لدينا أكثر من ٣ آلاف بذرة أفكار في بوتقة الأفكار، ومنها على سبيل المثال العبارات التالية: «تنظيف الأسنان»، «ثلاث قيم – ثلاثة ألوان»، «تقاذف الكرات»، «غسيل المخ»، «تصميم المنحوتات»، «ركوب دراجة ثنائية»، «تصميم ملصق إعلاني»، «الغناء معًا»، «إجراء أحد الطقوس معًا»، وغير ذلك الكثير بالطبع.

في مدينة الأفكار يجد المشارك نفسَه بصدد عبارات مثل: «الغناء معًا» أو «غسيل المخ»؛ فيجد كلتا العبارتين مثيرتين للاهتمام ويمزج بينهما، إما بمفرده وإما بمساعدة «مسئول المزج»، بحيث تكون الفكرة الجديدة: «يؤلِّف الفريق أغنيةً حول موضوعِ القِيَم الثلاث، ويسجِّلها بشكل احترافي في استوديو تسجيلات». يجري تشغيل الأغنية مرارًا وتكرارًا، ويُعطَى كل الموظفين (وليس الفريق الإداري وحده) قرصًا مدمجًا سُجِّلت عليه الأغنية. يُدخِل المشارك الفكرةَ إلى قاعدة البيانات بنفسه، أو يعطيها إلى «مسئول الكتابة» الذي يُدخِلها نيابةً عنه (هذه الخدمة سيقدِّرها تحديدًا المشاركون الكبار السن الذين يجدون بعضَ الصعوبات في سرعة الكتابة).

ربما يرى شخصٌ آخَر فكرتي «تقاذف الكرات» و«تخصيص لون مختلف لكل قيمة»، وهذا يتطوَّر إلى فكرةٍ مفادها: «كلُّ قيمة من القيم الثلاث يُخصَّص لها لون مختلف، وكلُّ

يساعد مسئول الكتابة، ومسئول المزج، ومسئول الرسوم التوضيحية؛ المشاركين في مدينة الأفكار في مزج الأفكار وتوضيحها بالرسوم وصياغتها.

موظف يُمنَح ثلاث كرات وتدريبًا أساسيًّا على تقاذف الكرات. والآن يمكنه التعامُل مع القيم الثلاث كلَّ يوم.»

ليست أدوار مسئول الكتابة، ومسئول المزج، ومسئول الرسوم التوضيحية ضروريةً للنجاح في مدينة الأفكار، بل الأهم بكثيرٍ هو أن تنظر إلى الأفكار من زوايا مختلفة مع فريقك، وأن تخلق أفكارًا جديدة ملموسة منها. يمكنك أن تضمن هذا بأن تُقدَّم كلُّ الأفكار الملهمة الآتية من الفريق الإبداعي بشكل واضح وبصور مختلفة.

تمتد جلسة مدينة الأفكار ما بين ١٥ دقيقة وأربع ساعات، اعتمادًا على كمية الأفكار الملهمة المبدئية التي جرى توليدها. لو كان الفريق يتألَّف من خليط متنوِّع من الأشخاص،

فحينها سيَجري تطويرُ ما بين ٤٠ و٥٠٠ فكرة بحيث تكون جاهزةً للمرحلة التالية الخاصة بتكثيف الأفكار؛ وهي فحص الأفكار. وكما يمكنك أن ترى في مثال شركة رولكس، فإن الأفكار صارت مَصُوغة الآن في صورة ملموسة، لكنها لا تزال غير مصقولة بعدُ، وستصير الفكرة ملموسةً أكثر وأكثر في الخطوات القليلة التالية.

(٢) الفحص الأول وفحص المعايير

الشيء المذهل في ماكينة الأفكار هو أنه حتى هذه اللحظة لم نضطرَّ إلى التفكير في أمورٍ مثل الجدوى أو التعبيرات القاتلة أو الترتيب الهرمي، أو غير ذلك من الأمور غير الضرورية، وهذه ميزة عظيمة! لكنَّ هذا لا يعني أننا كنا نعمل على نحوٍ فوضويٍّ ومن دون أهداف محددة؛ لقد ركَّزنا على سؤال العميل، واستكشفناه من جوانب عديدة، ثم رتَّبنا المواد التي جمعناها وأَعَدْنا مزْجَها، وخلقنا البذورَ الأولية للأفكار، وهي الآن جاهزةٌ للمرور عبر فلتر الأفكار الكبير. الآن أيضًا هو الوقت المناسب لتوديع الفِرَق الكبيرة العدد، هناك حاجة إلى فريق جديد كي يختار الأفكار، لكنْ يجب أيضًا أن يمثِّل هذا الفريق وجهاتِ نظرٍ مختلفة. وهذا الفريق يتضمن:

- خبراءَ المعايير؛ أيِ الأشخاص القادرين على تقييم الأفكار التي تمَّ التوصُّل إليها في ضوء معايير المشروع، التي تحدَّدت في مرحلة البدء. إنهم خبراء مرموقون في المجال الملائم، وينبغي استشارة شخصين على الأقل لكلِّ معيار (عادةً يكون هناك معيارٌ واحد أساسي ومعياران إضافيان)، وهؤلاء الخبراء يمكن أن يكونوا من داخل الشركة أو خارجها.
- الأشخاصَ القادرين على القيام بعملية التفكير الجانبي، والذين يكون رأيهم الأساسي أن «كل شيءٍ ممكن». وفي المعتاد يكون هؤلاء أشخاصًا عملوا لسنواتٍ عدة في إدارة المشروعات والفعاليات، أو في العمل المفاهيمي، أو يديرون شركاتهم الخاصة؛ أشخاصًا عليهم أن يبتكروا شيئًا جديدًا كلَّ يوم.
- خبراءَ الأفكار المُلِمِّين بعملية الإنتاج الصناعي للأفكار، ويمكنهم تصنيف الأفكار وتخصيصها وفق منظورهم.

إن الهدفَ من عملية الفحص الأول هو تقييمُ بذور الأفكار التي تأتي من مدينة الأفكار بهدفِ تحديدِ إنْ كان:

- من الممكن إبقاؤها في بوتقة الأفكار.
- من الواجب تنحيتها جانبًا.
- ينبغي تغييرها.

لا تزال هناك مساحةٌ لاقتراحات جديدة تمامًا في هذه المرحلة، كما أننا لا نستبعد أيَّ شيء تمامًا، بل نقوم بعملية جردٍ لآراء الخبراء الداخليين والخارجيين. إن تطبيق «برين بيز» (تطبيق قاعدة البيانات الخاص بنا) يقوم بالحسابات من أجلنا، لكنْ بوسعك بالطبع القيام بها بنفسك بأنْ تطلب من المشاركين أن يمنحوا نقاطًا لكل فكرة، أو يمكنك العمل على أداةٍ بسيطة لإدارة البيانات، مثل جداول برنامج إكسل.

مرحلةُ الفحص الأول مرحلةٌ حيوية وتتَّسِم بالعاطفية كذلك. يمكن أن تَظهر التعبيراتُ القاتلة هنا، وهي مسموح بها، ومن الممكن أن ينسف أحدهم بعضَ الأفكار من جذورها، بأن يقول إنها «هُراءٌ تام»، أو «لقد فعلنا هذا من قبل». ومع ذلك من الممكن أن يجد شخصٌ آخَر داخلَ الفريق هذا «الهُراء التام» مثيرًا للاهتمام بشدة، ويرى فيه أمورًا كثيرة يمكن تطويرها (توجد مساحة للتعليق على هذا في «الفحص الأول»). إذًا نحن لا نزال بصددِ فريقٍ متعدد التخصصات يتَّسِم بتنوعٍ ثريٍّ، يمنح الأفكارَ الخارجية الاستقطابية فرصةً مثلما يمنح الفرصةَ للأفكار العادية التي يمكن لأيِّ شخصٍ أن يخرج بها.

من أمثلة هذه الأفكار الخارجية الناجحة منتَجٌ قمنا بتطويره من أجل شركة نوفارتس؛ تمثَّلت المهمة في تطوير «غذاء ليِّن وظيفي فعَّال»؛ أيْ مادة غذائية يمكنها تأدية وظيفة أخرى إلى جانب سماتها الغذائية التي سيستفيد منها المستهلك. تبدو الفكرة مجرَّدة، لكنها كانت مثيرةً للاهتمام كثيرًا داخل المشروع، وبالفعل خرجنا بعدد كبير متنوِّع من الاقتراحات؛ من هذه الاقتراحات مثلًا فكرةُ حانة الخضروات، التي لها تأثير إيجابي على الهضم، وهناك أيضًا حلوى عسل الزنجبيل المزوَّدة بالجوارانا، التي يمكنك تناوُلها بعد الانتهاء من وجبتك بحيث تزيل رائحة الطعام من الفم وتُبقِيك متنبهًا. كانت الفكرة الخارجية الاستقطابية التي ظلَّت باقيةً في بوتقة الأفكار — على الرغم من أنه لم يُعجَب بها الجميع — تخصُّ مشروبَ إفطارٍ له ثلاث وظائف؛ إذ يُعِينك على الاستيقاظ، ويُشعِرك بالسعادة والجمال.

بدت هذه الفكرة سخيفةً وشديدةَ الخطورة من الوهلة الأولى، وكان من الممكن أن نزيلها من بوتقة الأفكار، بأن نَصِفها بأحد التعبيرات القاتلة، لكنَّ مدير الأفكار داخل المشروع دافَعَ عن المنتج بحماس، وواصَلَ تقديمَ الأدلة على أن الوقت قد حان لمنتجٍ كهذا. كانت فكرة الشعور باليقظة من الصباح الباكر، والشعور بالصحة والجمال والرضا، قد ظهرت — في حقيقة الأمر — على السطح عدةَ مرات خلال مرحلتَي الفريق الإبداعي ومقابلات الأفكار التي جرت مع ٢٥٠ مستهلكًا؛ وفي النهاية أظهرَتْ فكرةُ «الجمال واليقظة والسعادة» نفسَها، ثم طُرِحت في الأسواق على صورة مُنتَج «أوكليا»؛ مشروب الإفطار ذي التركيبة الثلاثية التأثير.

إن أهميةَ مثلِ هذه الأفكار الاستقطابية يُمكن أن تُرى بوضوح عند تطوير الأسماء. لم أَحضُر عمليات اختيار أسماء مثل كوداك أو هاجن داز، وكلاهما من العلامات التجارية الدولية القوية، لكنْ ما كان هذان الاسمان ليحظيا بأي فرصةٍ للاختيار ديمقراطيًّا داخلَ أيٍّ من مشروعات توليد الأفكار الكلاسيكية الشائعة في شركات اليوم. أغلبُ ظني أن هذين الاسمين جرى طرحهما من جانب شخصيات قوية، وأثبتا نفسيهما فحسب. في برين ستور تمتلك الأفكار الاستقطابية فرصةً طيبة للبقاء حتى مرحلة الاختيار النهائي. وهذه الأفكار مهمة؛ فهي تثير اهتمام الناس وتجعلهم يتحدَّثون عنها.

علاوة على ذلك، إن شعورك بالتشكُّك في جدوى فكرةٍ ما، أو حتى رأيك أنها فكرة غبية من النظرة الأولى؛ لا يبدي شيئًا عن جودتها. ويدهشني على الدوام كيف يقتنع عملاؤنا بأفكارٍ بعد فترة من رفضهم لها في البداية، وثَمَّة مثال آخر لعملية التسمية، نذكره هنا لأن هذا من أشد المواضع التي تحتدم فيها العواطف؛ فقد تعاونَتْ كلية الاتصالات والتسويق السويسرية، إس إيه دبليو آي، مع كليات أخرى للتعليم العالي، حول موضوعات الاتصالات والتسويق والعمل التجاري، وكانت ثمرة هذا التعاون حُزَمًا تعليمية مركزية، وقد احتاجت هذه المنصة التعليمية أن تحمل اسمًا؛ واقترحت برين ستور، من بين تسميات أخرى، الاسمَ إد وين، وتُكتَب Edwin أو ed.win، المشتق من التعبير education and win بمعنى التعليم والفوز. كان الاسم جديدًا، ومثيرًا للانتباه، وشخصيًّا. حظي هذا الاسم بتقييم سلبي للغاية من جانب العميل في البداية، بل إن أحدهم كتب على استمارة التقييم: «إد وين؟ لماذا لا نسميه جون؟!» بدا وكأن الاسم إد وين قد خرج من السباق تمامًا، لكنْ ليس هذا ما حدث حقًّا؛ فخلال مرحلة العرض التقديمي واصَلَ هذا الاسم الظهور، وفي نهاية الاجتماع كان معظم الحاضرين قد غيَّروا رأيهم وساندوا الاسم إد وين. وبينما كان

الحاضرون يغادرون حجرةَ الاجتماعات كانت النكات قد بدأت بالفعل، «لا تنسوا الاتصال بإدوين.» أو «سأذهب إلى المدرسة مع إدوين.» إن الاسم الجيد يُعَد مادة جيدة للحوارات، وبالفعل صار الاسم مادة للحوار هنا. بطبيعة الحال يتطلَّب تقديم مقترح صادم بهذه الدرجة بعضَ الشجاعة، لكنْ لو كنا مقتنعين بأننا سنقدِّم به خدمة إلى عملائنا، فحينها لن يكون من الصعب أن نعثر على هذه الشجاعة.

ولهذا تحتفظ قاعدة بيانات «برين بيز» عمدًا بهذه الأفكار الخارجية الاستقطابية داخل النظام، حتى بعد تعرُّضها للرفض المبدئي؛ فالفكرةُ لا تختفي بصورة كلية بعد هذه المرحلة إلَّا إذا اتفق الجميع على إخراجها من بوتقة الأفكار، ولو رغب شخص واحد فقط في إبقائها داخل البوتقة، فحينها ستظل باقية، لكنها لن تحظى إلَّا بنقاطٍ قليلة بالطبع.

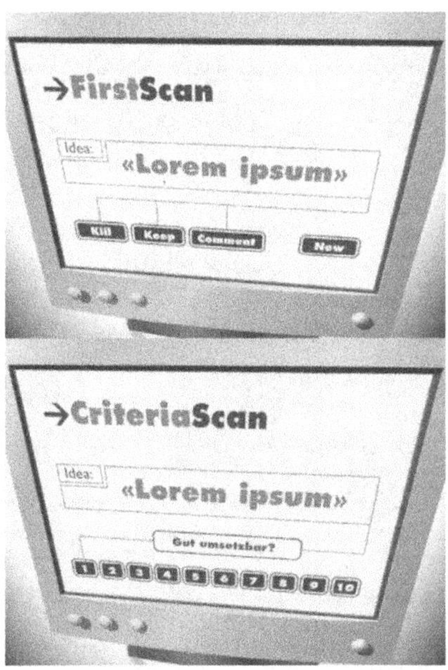

تجري فلترة الأفكار عاطفيًّا في مرحلة الفحص الأول، ثمَّ اختبار توافُقها منهجيًّا مع بيان المعلومات في عملية فحص المعايير.

تجري عملية فحص المعايير بعد الفحص الأول مباشَرةً؛ فعملية الفلترة هذه تفحص كل الأفكار في ضوء المعايير التي أُرسيت في بداية المشروع، وهي معيار واحد أساسي ومعياران ثانويان كما تذكر؛ ولهذا يعمل المشاركون الآن على فلترة كل الأفكار أولًا في ضوء توافُقها مع المعيار الرئيسي، ثم في ضوء توافُقها مع المعيارين الثانويين. يجب تقييم مقدار اتفاق الأفكار مع المعايير بدرجات من واحدة إلى عشر، وهذه الإحصائية تَعْرض نظرة شاملة لكل الأفكار بطريقتين:

(١) نظرة شاملة للأفكار بحسب وضعها في قائمة الترتيب: كَمْ نقطة حصلتْ عليها كل فكرة؟

(٢) نظرة شاملة لاستقطابية الأفكار كل على حدة: إلى أيٍّ مدًى تحيد التقييمات المتعددة للمشاركين عن المتوسط؟

هاتان النظرتان الشاملتان تمثِّلان عمليةَ جردٍ منهجية لما سبق من عمل، فكل الطاقة التي بُذِلت في هذه الأفكار تُعرَض الآن في جدولين اثنين، وهما أساس استمرارية العمل في مرحلة فريق البحث.

(٣) فريق البحث، الجزء الأول: مصباح الحمم

أتعرف ما هي مصابيح الحمم؟ إنها تلك المصابيح الأسطوانية ذات التصميم المستقبلي، التي يوجد بها سائل ملوَّن تطفو داخله كراتٌ ذات ألوان فاقعة، والتي تنفصل عن غيرها من الكرات، ثم تعاوِد الالتحام بها. إن تأثير الدفء يؤدي إلى حدوثِ أمرٍ مذهل في هذه المصابيح؛ إذ ترتفع الفقاقيع وتنخفض، وتتَّحد مع غيرها من الفقاقيع ثم تنفصل عنها. وهذا هو ما يحدث تحديدًا في الخطوة التالية في ماكينة الأفكار مع الأفكار التي لا تزال موجودة؛ ولهذا السبب نطلق على هذه العملية اسم مصباح الحمم.

تجري هذه العملية بمشاركة الأشخاص عينهم الذين شاركوا في عمليتَي الفحص الأول وفحص المعايير. يتولَّى وسيط ذو خبرة قيادةَ هذه العملية، ويُمنَح كلُّ مشارك ورقةً مطبوعة مدوَّن عليها الترتيبات والتوصيفات الخاصة بالأفكار، وفي البداية يمكنه أن يشغل نفسه بها بشكلٍ منفرد. بعد ذلك تُناقَش كل فكرة باختصار، وتُقدَّم الحجج المؤيدة والمعارضة لها.

يُقدِّم الخُبراء رأيهم، ويسأل المختصُّون في برين ستور أسئلة مهمة، مثل: كيف يمكن عمل هذا؟ هل جُرِّب هذا من قبل؟ مَن يعرف المزيد عن هذا؟ ما الذي يمكن أن يتسبَّب في فشلنا؟ ثم يجري تخزين كل المعلومات. تُنقَّح الفكرة تدريجيًّا عبر النقاشات الجديدة والحُجَج والتعديلات المتواصلة، ثم ينتج وصفٌ تفصيلي للفكرة.

في هذه المرحلة يجري عادةً مزج أفكارٍ كانت منفصلة فيما سبق. أيضًا من المثير للاهتمام أن الأفكار التي تبدو عبثيةً أو عجيبة من الوهلة الأولى، تواصِلُ الظهور على السطح خلال عملية مصباح الحمم. نُطلق على هذه الأفكار اسم «مثيرات المتاعب»؛ فهي أفكارٌ غير مريحة لا يمكنك طرحها عن ذهنك بسهولة، وهذه الأفكار تراود في المعتاد كلَّ المشاركين. في البداية تجد هذه الأفكار غبية، وبعد ذلك تجدها مثيرةً للاهتمام بشكل مفاجئ، وفي النهاية ربما تجدها خاطئةً تمامًا مرة أخرى. أذكر فكرةً بعينها من تلك النوعية، لا نزال نضحك منها إلى اليوم ولا نستطيع طرحها عن أذهاننا، على الرغم من أنه لم ينفِّذها أحد بعد: فكرة لعبة تُلعَب داخل القطارات، حيث يتعيَّن «التصويب» على الأهداف المُتحركة في الريف باستخدام الهواتف المحمولة، فلو أنني ضغطت على الزر المناسب في هاتفي المحمول في الوقت المناسب؛ أيْ حين يكون الهاتف في وضعية اللعب، فحينها تُوضَع «الجوائز» في رصيدي باللعبة، والفائز هو الشخص الذي يحصل على أكبر عدد من «الجوائز»، ويمكن لعب هذه اللعبة بشكلٍ منفردٍ أو في مجموعات. ظلَّت هذه الفكرة تطفو على السطح خلال جلسة مصباح الحمم الخاصة بإحدى شبكات الهواتف المحمولة، وجد العميل أن هذه الفكرة سيئة للغاية في البداية؛ ومن ثَمَّ قال: «لا.» ثم أعطى الفرصةَ لأحد الخبراء كي يقنعه بأن هذه الفكرة ستحقِّق نجاحًا باهرًا، وفجأةً أصبح الكل راغبًا في الحديث عن هذه الفكرة. من ناحية أخرى، كان مدير الأفكار متشكِّكًا، وقال إن الفكرة ليست ملائمةً كلعبة شعبية، ولن تحقِّق الربح كذلك. تحدَّثنا عن لعبة الجوائز مرارًا وتكرارًا خلال جلسة مصباح الحمم، وعلى الرغم من أنها لم تُنفَّذ في النهاية، فقد ربحَتْ مكانًا في قائمة الأفكار التي سيجري عرضها، حتى إنْ كان هذا على سبيل رفع الروح المعنوية.

إن جلسة مصباح الحمم تحتاج إلى إدارتها بحرص، ويجب ألَّا تتسبَّب مشاعرُ المشاركين وميولهم في تشتيت منسق الجلسة عن المهمة الفعلية المنشودة؛ وهي العثور على الأفكار الجيدة التي تتوافق مع أهداف العميل ومعاييره. إن هدف جلسة مصباح الحمم هو العثور على ما بين ١٠ و٢٠ فكرة كهذه، وهذه الجلسة تمتد ما بين ساعة وست ساعات اعتمادًا على مدى تعقيد المشروع.

(٤) فريق البحث، الجزء الثاني

الآن، يضع فريق من برين ستور، يتضمَّن مجموعة مختارة من الخبراء، اللمسات الأخيرة على الأفكار. تُدرَس كل فكرةٍ دراسةً تفصيلية، وتُدرَج كل الأسئلة التي تحتاج إلى إجابة في قائمة: مَن يمكنه تنفيذها؟ كيف نجعلها ممكنة؟ كيف تعمل تحديدًا؟ ما المشكلات التي قد تظهر؟ كيف يمكن تحسين هذه الفكرة أكثر وأكثر؟ وغير ذلك من الأسئلة المشابهة. واعتمادًا على نوعية المشروع، يمتد هذا العمل بين بضع ساعات وعدة أيام. إن الهدف هنا هو استبعاد الأفكار التي لا تتوافق مع بيان العميل، أو يتعذر تنفيذها، أو يتطلَّب تنفيذها قدرًا هائلًا من الجهد، أو تلك الأفكار التي استخدمها المنافسون بالفعل. يُمنَح العميل توجيهًا مبدئيًّا حول تنفيذ الأفكار المقبولة.

تمثِّل دراسات الجدوى والاختبارات والمناقشة مع الخبراء والبحث عن الجهات المحتملة القادرة على تنفيذ الفكرة؛ جزءًا من هذه المرحلة. وكونُ هذا التوضيح ذا طبيعة عامة أم تفصيلية يعتمد على مقدار الوقت والميزانية المتاحين للفكرة. وفي نهاية مرحلة الفريق البحثي يجري وصف كل فكرة على ورقة عادية مقاس A4. وتنطبق القاعدة الأساسية ذاتها أيضًا على مرحلة الفريق البحثي لو أردنا لها النجاح؛ فمن الأهمية بمكان أن يتألف الفريق من الخليط الصحيح من الأفراد. يحتاج الفريق الإبداعي أن يوفِّر لأفضل أفراده المعرفةَ المتخصِّصة المركزة، لكن من دون أن يؤدي ذلك إلى وجود فريقٍ من النجوم المنفردين؛ فالخبراءُ والمتخصِّصون يحتاجون إلى العمل معًا كفريقٍ مع وضع أفكارهم وصورتهم الخاصة في مرتبة ثانوية.

ينبغي أن يكون الخبراء القادمون من طرف العميل حاضرين على الدوام. واعتمادًا على المشروع فإننا إما نضم مالك المشروع (العميل الذي طلب الفكرة) إلى فريق البحث، وإما نُباشِر العمل من دونه. هذا قرارٌ صعب ومهم؛ ففريق البحث يمكن أن يضم خليطًا غير متجانس، وقد لا تسير الأمور في هذه المرحلة بنفس السلاسة التي تجري بها في بقية مراحل إنتاج الفكرة؛ فهناك مناقشات محتدمة، واختلافات في الرأي، علاوةً على العديد والعديد من الأسئلة. ليس بمقدور كل العملاء التأقلمُ مع هذه التفاعلات الديناميكية، والمشاركةُ في الوقت ذاته في المناقشات مع الاحتفاظ بالتفاؤل والأمل في التوصُّل إلى نتائج طيبة في النهاية. ثَمَّة عملاء آخَرون معتادون على مثل هذه المناقشات ويتوافقون جيدًا مع الفريق، وهو ما يرجع أيضًا إلى نظرتهم الخبيرة. ومن المهم ألَّا نمتلك فقط الفريق الصحيح والمُنسِّق الصحيح، بل أن نحافظ على الإيقاع السليم وسط ذلك الكمِّ الكبير من المقاطعات؛

فهذا يقلِّل لحظات الجمود التي يبدو فيها أن الأفكار قد دُمِّرت فجأة، وكَمْ من فكرة بزغت كالعنقاء من وسط الرماد بعد أن استعادت حياتها من جديد.

الخطوة الأخيرة في مرحلة فريق البحث هي إعداد بيانٍ من أجل مُصمِّم الفكرة. أي نمطٍ وأي رسومٍ تصويرية ينبغي استخدامها مع هذه الأفكار بغرض مقارنتها بعضها ببعض؟ كيف ينبغي توضيح الفكرة للعميل؟ وهكذا يجري الانتقال بسلاسة بين مرحلة فِرَق البحث والخطوة التالية: تصميم الأفكار.

مفاهيم جوهرية: «مدينة الأفكار وفريق البحث»

الخطوات التالية ضرورية من أجل تطوير أفكار جيدة من بين عدد كبير من الأفكار المبدئية المُلهمة:

- جهِّزِ المعلومات بطريقةٍ تُمكِّن الأطرافَ الخارجية من دراستها وتحليلها.
- ادرسْ وحلِّلِ الأفكار المُلهمة المنبثقة من مرحلة توليد الأفكار في ضوء بيان الأفكار. استخدِمْ فريقًا من داخل الشركة وخارجها، ويُفضَّل أن يكونوا نفس الأفراد الذين شاركوا في الفريق الإبداعي، تحريًا للكفاءة. امنحِ المشاركين إمكانيةَ النظر إلى الأفكار المبدئية المُلهمة من منظورات متعددة، وإمكانيةَ استخدام أدوات متعددة ومناقشتها كذلك. من المفترض أن يتوصَّل كلُّ مشاركٍ إلى ما لا يقل عن ١٥ اقتراحًا خاصًّا به.
- اعملْ على تقييم وفلترة المقترحات المتبقية في جولتين: (أ) عملية فلترة عاطفية تقرِّر فيها بشكل تلقائي إنْ كانت الفكرة ستظل في السباق أم لا. (ب) عملية فلترة بحسب المعايير، يجري تقييم الأفكار فيها في ضوء المعيار الرئيسي والمعايير الثانوية من مرحلةِ بيان الأفكار. احرصْ على أن تظل الأفكار التي لا تَحْظَى بقبول الجميع داخلَ السباق.
- جميع الأفكار المتبقية بعد مرحلة الفلترة هذه يجب مناقشتها وتقييمها تفصيليًّا، تحت قيادة مُنسِّق خبير، يمكنه تبنِّي وتلخيص المواقف المتعددة والارتقاء بالأفكار إلى المستوى التالي. احرصْ على أن تكون هناك فترات راحة كافية.
- ناقِشْ وابحثِ الجدوى الأساسية لكل الأفكار. صِفِ الأفكار بصورة واضحة مُفصَّلة (فيما لا يتجاوز صفحة عادية مقاس A4). جهِّز البيان الخاص بمرحلة تصميم الأفكار (كيف سيتم عرض هذه الأفكار وتوصيلها على المستوى البصري وكذلك من حيث المحتوى؟ انظرِ الفصل التالي).
- الفريق له أهمية حاسمة في نجاح مرحلة فريق البحث: فكِّرْ أي نطاقات الخبرة وأي الخبراء سيفيدونك في مرحلة فريق البحث، ولا توجِّهِ الدعوة إلَّا للخبراء الذين هم مستعدون للعمل داخل فريق، وانظرْ إنْ كان ينبغي تضمين العميل (مالك المشروع) داخل مرحلة فريق البحث أم لا.

• من المهم أن تَجري مرحلة فريق البحث في مكان هادئ خالٍ من المقاطعات قدر الإمكان. إنْ لم يكن لديك مصنعًا للأفكار، فمن المواقع المناسبة مثلًا قاعاتُ الاجتماعات بالفنادق، والسفن (احجز قاعة اجتماعات منفصلة)، والأكواخ الجبلية (التي تتمتَّع بتغطية هاتفية)، وقاعات المدارس، والمطاعم (احجز قاعة منفصلة)، أو أي قاعة أخرى لا تجد نفسك فيها مُطارَدًا من جانب عملك اليومي.

تصميم الأفكار

كيف يمكن مقارنة الأفكار، وتيسير فهمها، وجعلها طويلة البقاء؟

* * *

لا شك أنك قد شاركتَ بالفعل في اجتماعاتٍ لا حصر لها تَمَّ خلالها عرض أفكار ومناقشتها. لنفترض أن السؤال هذه المرة هو: كيف ينبغي أن تقدِّم شركتُك نفسَها في المعرض التجاري القادم؟ يُدعَى لعقد اجتماع يُناقَش فيه عدد من الاقتراحات. لدى مدير التسويق وموظفة تحت التدريب من قسم المبيعات بعضُ الأفكار التي يودُّ كلٌّ منهما عرضها؛ يعرض مدير التسويق فكرته بمنتهى الثقة، ويقدِّم عرضًا تقديميًّا عملت عليه سكرتيرته لعدة أيام؛ فينبهر الحضور بالأرقام والحقائق، ورسوم الجرافيك والصور الجميلة، ويأتي وبحوزته ملخص مطبوع يقوم بتوزيع نسخةٍ منه في ملف جذَّاب على كلِّ مشارك. لا تملك الموظفة تحت التدريب من قسم المبيعات نفس الخبرة الكبيرة في تقديم العروض، وتعرض أفكارها شفاهةً بالقراءة على استحياءٍ من مُفكِّرة مكتوبة بخط اليد، وتظهر فاقدةً للثقة ولا تصوغ أفكارَها بوضوح كبير.

أية فكرة سوف تَحْظَى بالقدر الأكبر من الاهتمام؟ فكرة مدير التسويق بكل تأكيد؛ وذلك لعدد من الأسباب: أقدميته وموقعه في الشركة يمنحانه ثِقلًا، وهو المرسل الأكثر مصداقيةً، كما أن عرضه مُشوِّق ومُصمَّم بشكل جيد، وصيغته مقنعة. أما بالنسبة إلى المحتوى، فلديه خبرة أكبر بالعبارات، والحقائق، والمعلومات الأكثر صلةً بالشركة. ربما تقدِّم الموظفة تحت التدريب أفكارًا أفضل عند النظر إليها بشكل موضوعي، ولكنها ستخفق كمُرسِل؛ لأن صيغة عرضها غير مهنية، والمحتويات غير ذات صلة — لأنها قد لا تكون مركزة على احتياجات الشركة.

تصميم الأفكار هو الخطوة الأخيرة في مرحلة تكثيف الأفكار. في هذه المرحلة، تُوضَع الأفكار في صورةٍ تجعلها قابلةً للمقارنة، وسهلةَ الفهم، وباقية.

لذلك يُعتَبَر المُرسل والصيغة والمحتويات عواملَ مهمة لتقييم فكرةٍ ما، وإذا أردتَ أن تعرف أيٌّ من الأفكار العديدة المتبقية بعد مرحلة التكثيف من مشروع لتوليد الأفكار أفضل أو أسوأ، فستحتاج أولًا إلى وضعها في صيغة مُوحَّدة من حيث الشكل والمحتوى. ولا يمكن مقارنة الأفكار حتى ذلك الحين، ولا تصبح سهلة الفهم وباقية حتى ذلك الحين أيضًا، والبقاء وقابلية الفهم عاملان حاسمان لقيمة الناتج النهائي لمشروعٍ لتوليدِ الأفكار. حين أرى الأفكار التي وضعناها وتصورناها قبل سنوات عديدة، لا أكف أبدًا عن الاندهاش من أنني لا أزال أستوعب الفكرة فورًا دون شرح إضافي وأنا خارج سياق الموقف. حتى الأشخاصُ الذين لم تكن لهم صلة بتطوير ووضع الفكرة قادرون على شرحها للآخرين؛ بفضل «تصميم الأفكار».

وُضِعت فكرتي المفضلة — التي أحبُّ أن أخبر العملاء المُحتملين عنها — دون أي تدخُّل من جانبي، ولم أدرس الوثائقَ التفصيلية عن الفكرة، ولكنها فقط تُعرَض بشكل ذكي للغاية، حتى إن الجميع يفهمونها على الفور. كان الهدف من هذا المشروع هو وضع أفكار لموظفي قِطَع التذاكر بوسائل النقل العامة في زيورخ، للقيام بشيءٍ ما حيال الأشخاص

الذين يستقلون المواصلات دون دفع ثمن التذكرة. تُعرَض الأفكار بواسطة الرسوم المتحركة الوميضية القصيرة الأخاذة، التي تستمر جميعًا حوالي ثلاث ثوانٍ، وتبيِّن الفكرةَ دون كلمات. فترى ماكينةَ تذاكر، على سبيل المثال، تصدر تذكرةَ حافلة، ثم تُقلَب التذكرة وعلى ظهر التذكرة أرى عبارة: «اجمعْ عشر تذاكر، واحصلْ على زجاجة كوكاكولا مجانًا.»

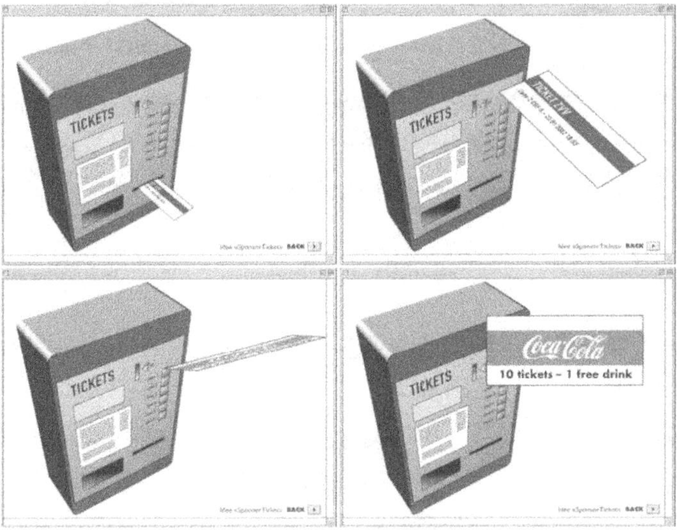

عرضت فكرة «اشترِ ١٠ تذاكر واحصل على زجاجة كوكاكولا مجانًا» باستخدام رسوم متحركة وميضية بسيطة، ولكنها فَعَّالة.

وعلى الفور تتضح الفكرة وأستطيع تصنيفها ومقارنتها بأفكار أخرى؛ لأنها جميعًا موضَّحة بنفس الشكل. تحب الشركات أيضًا عرض مثل هذه الأفكار داخليًّا؛ لأن شكل العرض في غاية الجاذبية والبساطة، وفوق كل ذلك يمكن تمرير الأفكار بهذا الشكل دون أي فقدان للمعلومات، وخلاف ذلك قد يحدث أن تصبح الأفكار غير مألوفة بمرور الوقت؛ نتيجةً لشرحها باستمرار للآخرين، كما في لعبة «الهمسات الصينية»، التي يهمس فيها شخص بشيء للشخص الذي يليه في الدائرة وهكذا، ومع وصول الجملة إلى الشخص الأخير، تستحيل معرفة فحوى الجملة الأصلية.

بمجرد أن تصبح فكرةٌ ما قابلةً للمقارنة ومفهومة وباقية، يتنحَّى المُرسل إلى الخلفية، خاصةً حين تُعرَض مقترحات أشخاص عديدين في شكل مُوحَّد؛ وهذا بالضبط هدف «تصميم الأفكار» داخل عملية الإنتاج الصناعي للأفكار. حتى إذا كنتَ لا ترغب في إنتاج أفكارك صناعيًّا، ينبغي أن تلتزم بحقيقة أن الأفكار المختلفة تكون أسهل في فهمها، وتكتسب بنية محددة إذا عُرِضت بنفس الشكل، وقام شخص محايد بعرض الأفكار كافة. إذا قمتَ بعد ذلك بإجراء عمليةِ اختيارٍ منظَّمةٍ (انظر فصل «اختيار الأفكار»)، تكون فرصة إيجاد الفكرة المفضلة أعلى كثيرًا (بمعنى الفكرة الأكثر إثارةً، والأكثر قبولًا على نطاق واسع في نفس الوقت) على نحو أسهل وأسرع؛ ومن ثَمَّ يمكنك أن تبدأ على نحوٍ أسرع في تنفيذ فكرتك، وسوف يمنحك هذا ميزة تنافُسية مقارَنةً بمنافسيك الذين شرعوا في التفكير بشأن أفكارهم في نفس الوقت، وربما في موضوعات مشابهة لموضوعاتك.

(١) في لمح البصر

تعمل صناعة الإعلان على أساس مبدأ أن الملصق الدعائي أو الإعلان الذي لا يُفهَم في غضونِ ثانيةٍ واحدةٍ لا ينجح. ويسري نفس المبدأ على الأفكار؛ فإذا لم يكن بالإمكان استيعاب الفكرة في غضون بضع ثوانٍ، فإنها لا تنجح؛ ولهذا السبب لا بدَّ أن يلخِّص التصوُّر الفكرةَ ببساطة لدرجةٍ تجعل جوهر الفكرة يُفهَم في الحال.

ليس للتفاصيل المُربكة مكانٌ في عرض الفكرة؛ لأنها تصرف الانتباه عن جوهر الفكرة. على سبيل المثال: عندما استخدمنا لونَ خلفية مختلفًا لكل فكرة في العرض التقديمي لأفكارِ منتجٍ جديد من السلامي قبل عدة سنوات، قال العميل: «لا تعجبني الفكرة ذات اللون الوردي على الإطلاق.» لم يكن لِلَّون الوردي في الفكرة أية أهمية على الإطلاق، فلم يكن سوى تفصيلةٍ مُشتِّتة لا ضرورةَ لها، صرفت انتباهَ العميل عن الفكرة نفسها. إن العرض التقديمي الجيد لفكرةٍ ما أقربُ قليلًا إلى رسم كاريكاتيري، أو تمثيل مبالَغ فيه للفكرة دون السخرية من الفكرة.

يُعَد التصور الجيد أيضًا معيارًا لجودة الفكرة، فإذا لم تَخْطر لك صيغة ملائمة للتصور، أو لم تَخْطر لك صورة تخيُّلية لفكرتك، فغالبًا ما تكون الفكرة بالغة التعقيد، وتحتاج إلى إعادة صياغة. على الجانب الآخَر، إذا خطرَتْ لك صور عديدة للفكرة، ووجدتَ صعوبةً في حسم أمرك وتحديد الأنسب منها لتوضيح الفكرة، فإن احتمالات نجاح هذه

الفكرة عالية، حتى الأفكار التي تبدو للوهلة الأولى صعبة أو مستحيلة على التصور، تستحق التصميم بشكل صحيح.

ثمة مثال جيد لهذا هو الأسماء: تتَّسم الأسماء بصعوبة خاصة في تصوُّرها؛ فلا يمكن إعطاء الأسماء تصميمًا نهائيًّا؛ لأنها حينئذٍ لا تكون قابلة للمقارنة. ولكن إذا عرضت الأسماء ببساطة في «صيغتها الأولية» ككلمات، فإن العنصر العاطفي يَغيب بشكلٍ جلي، وهذا ضروري لكون الأسماء أفكارًا عاطفية على نحو خاص. ويمكن الاستعانة هنا بحيلة بسيطة: يتم عرض «تصميم الأفكار» للاسم الجديد الذي اختارَتْه جمعية كبيرة من فنيِّي الكهرباء الصغار، على سبيل المثال، على العملاء في المركبات التي يستخدمونها؛ ومن ثَمَّ يمكنهم أن يتخيلوا في الحال تأثيرَ الاسم على زبائنهم عند استخدامه، حتى إنْ لم يظهر في التصميم المستقبلي النهائي. ويُعَدُّ عرض الاسم في شكل صفحة إنترنت، أو إعلان، أو في شكلٍ سماعي — مثل عامل الهاتف الذي يردُّ على مكالمةٍ مستخدِمًا اسم الشركة الجديد — من وسائل العرض المناسبة لعرض اسمٍ ما.

(٢) التصور المحكوم

التصور هو خادم الفكرة؛ وينبغي أن يكون له تأثير داعم ومحكوم وغير مهيمن. وهذا أيضًا هو سبب حاجة القائمين على تصوُّر الأفكار إلى وضع قيمةٍ أكبر على العرض الواضح للفكرة، أكثر من حصولهم على «شهرة» أوسع. إن الهدف من تصوُّر الفكرة ليس الفوز بجائزةِ أفضلِ تصميم، وإنما تقديمُ أوضحِ تصميمٍ ممكن، فليس لتقديم الذات موضعٌ كبير هنا باعتباره تصرُّفًا ينمُّ عن الغرور والتكبر. و«مصمِّم الأفكار» الجيد يستوعب الفكرة التي سيضع تصورًا لها في غضون ثوانٍ معدودة، ويمكنه الوصول لبيان المعلومات الخاص بالتصميم على النحو المطلوب منه. وفي موقف مثالي، يمكنه أن يعمل بعدد من أساليب التصور، وفوق كل ذلك يتميَّز بالسرعة.

نطلب من «مصمِّمي الأفكار» العاملين لدى برين ستور أن تكون لديهم القدرةُ على تصوُّر أية فكرة في غضون ساعة إلى ثلاث ساعات، على حسب درجةِ تعقيدِ أسلوب التصوُّر المعتمد. كما نُصِرُّ على السرعة؛ لأن العملية الإجمالية للإنتاج الصناعي للأفكار لا يمكن أن تستغرق الكثير من الوقت؛ فعملاؤنا يحتاجون إلى استلام فكرتهم في إطار زمني محدد بوضوح. بالطبع يَنْصبُّ تركيز العملية على وضع الفكرة ذاتها وليس على التصور، ولكنْ لا بدَّ أن يكون التصور جيدًا مثل الفكرة نفسها.

يمكن عرض الاسم على نحوٍ فَعَّال للغاية على شيء مألوف للمتلقي، فيمكن لحافلة أو جريدة يومية، على سبيل المثال، أن تَعرض اسمًا على نحوٍ أفضل بكثيرٍ من أي وسيلةِ عرضٍ مرئي أخرى.

(٣) بيان معلومات التصور

مثلما تعتمد جودةُ فكرةٍ ما على جودةِ بيان المعلومات (انظرْ فصل «بيان المعلومات والبدء»)، تعتمد جودةُ تصميم الأفكار بقوة على وضوحِ بيان المعلومات الخاص بالتصوُّر، وأيضًا على جودة الأفكار ومهارات المصمم بالطبع. لا بُدَّ أن يشمل بيانُ المعلومات العوالمَ المصوَّرة المرغوب فيها والأسلوبَ المطلوب للتصور. كيف ينبغي عرض الأفكار؟ أيُّ أسلوب سيكون صحيحًا؟ لا تتسرَّعْ في اتخاذ هذا القرار؛ فالقرار يعتمد بالأساس على العميل: ما الأسلوب الأكثر ملاءَمةً للعميل؟ أهي شركة رجعية محافِظة أم تقدُّمية؟ هل ستُنفَّذ الفكرة بسرعة نسبيًّا (الأمر الذي يجعل تقديمَ عرضٍ واقعي أمرًا ضروريًّا)، أم أنك تُعنى في المقام الأول بالدراسات أو الرُّؤى (ما يسمح بتمثيل موجَّه)؟ هل هي أفكارٌ معقدة والرسوماتُ التوضيحية هي الأنسب لعرضها، أم أفكارٌ تحتاج إلى مزيج من عرض الصور الفوتوغرافية الواقعية والصور التوضيحية لأنها متضمنة في موقف واقعي معين؟ هناك عدد كبير من

أساليب الوصول إلى جوهر فكرةٍ ما بصريًّا، وحين تتخيَّر أسلوبًا، فمن الأفضل أن تتبع مبدأ «أقل قدرٍ ممكن، بحسب الضرورة».

(٤) الأقل أفضل

في بداية نشاطاتنا كمنتجين للأفكار، كنا على قناعةٍ بأن أفكارنا ينبغي أن تُعرَض في صورة مفاهيم معقدة، والأهم أن تكون مُسهبة؛ لذا كنا نقدِّم لعملائنا ملفات ضخمة مكتظة باستنتاجات، ومفاهيم استراتيجية، ومئات الرسوم التوضيحية، ودائمًا ما يكون ذلك قبل العرض الفعلي للأفكار؛ لاعتقادنا أن عملاءنا يَوَدُّون أن يشغلوا أنفسهم بالمادة الخلفية وبمفاهيمنا قبل تقديم عرضنا، وللأسف لم يكن الأمر كذلك، وكان عملاؤنا يشعرون بالضجر من هذه المجلدات الضخمة، حتى إنهم غالبًا ما يفقدون الاهتمام بمحتوى المادة، وبالفكرة في حدِّ ذاتها. وكانت النتيجة أن العديد من الأفكار التي نحن على قناعةٍ اليومَ بأنها كانت جيدة حقًّا وكان ينبغي تنفيذها، لم تُباشَر.

واليومَ نفعل العكس تمامًا؛ فنقدِّم أفكارنا الأساسية لعملائنا في عرض قصير ومركَّز ومفهوم للعميل. ويستغرق العرض الخاص بكل فكرة دقيقةً واحدة على أقصى تقدير، ويتم تصوُّر كل فكرة بطريقة ذات معنًى، ويُستخدَم نفس أسلوب التصوُّر لكل الأفكار.

وقد أثبتَتْ هذه الاستراتيجية أنها المطلوبة بالضبط، فعملاؤنا يركِّزون الآن على الأفكار وعلى المحتوى، وليس على الشكل أو المُرسل؛ ونتيجةً لذلك زاد معدل رضا عملائنا، ومعدل تنفيذ الأفكار بشكل كبير؛ ببساطة لأنه قد صار من الممكن أيضًا الآن عرض الأفكار بمزيدٍ من الاقتناع الداخلي.

(٥) مصمِّم الأفكار

ليس أي مُصمِّم قديم يمكن أن يصبح «مصممَ أفكار»؛ فإلى جانب المصمِّمين المتميزين الكثيرين، يوجد أيضًا مصمِّمو الجرافيك الذين يرغبون في التعبير عن أنفسهم؛ أيْ يرغبون في إظهار مهاراتهم أو تخيُّلاتهم التصميمية في كل صورة. أما مُصمِّمو الأفكار الجيدون، على الجانب الآخر، فيرون أنفسَهم مصوِّرين واقعيين مهمتُهم شرحُ الأفكار، والكثيرُ منهم بين فريق مصمِّمي أفكار برين ستور. وهم محترفون حقيقيون في مجال تخصُّصهم، سواء أكان التصميم الصناعي، أم الرسوم التوضيحية، أم الكاريكاتير، أم إعداد النماذج،

أم الرسوم المتحركة الوميضية على سبيل المثال. والبارعون منهم بحق يجمعون بين العديد من الأساليب، ويستطيعون التأقلم سريعًا مع العديد من المواقف، ويُنَحُّون تفضيلاتهم أو طموحاتهم الفنية جانبًا.

يمكننا أيضًا الاستعانة بمثل هؤلاء المصورين لمرافقة عملية توليد الأفكار، وهم يحبون المشاركة في العمل من آنٍ لآخَر، ويشاركون كلما اقتضت الضرورة؛ فيقومون بتوثيق عملية توليد الأفكار بكاميراتهم الرقمية، أو يرسمون مخططات تمهيدية للأفكار الأولية للمشاركين، أو يساعدوننا في بيان المعلومات وتدريب مصمِّمي الأفكار الآخرين على سبيل المثال. ويتميزون جميعًا بالسرعة والإنتاجية؛ ومن ثَمَّ فهم شركاء مثاليون في عملية الإنتاج الصناعي للأفكار.

ومصمِّمو الأفكار أعضاء أيضًا في مجتمعنا الخلَّاق، شأنهم شأن المشاركين في عملية توليد الأفكار؛ ومن ثَمَّ فهم ببساطة جزءٌ لا يتجزأ من العملية نفسها، لا أكثر ولا أقل. أما مصمِّمو الملابس ومصمِّمو الجرافيك الذين اعتادوا أن تكون لهم الحرية الكاملة في القيام بأي شيء عند التصميم، فيحتاجون في البداية إلى الاعتياد على أسلوبنا في العمل؛ فهم يحتاجون إلى معرفةِ أنهم يقدِّمون خدمةً للوصول إلى نتيجة إجمالية، وأنهم ليسوا مسئولين عن النتيجة. والأمرُ بطبيعة الحال يكون معكوسًا؛ فعادةً ما يكون متوقَّعًا من المصممين خصوصًا أن يكون لهم مستوًى مرتفع من المساهَمة في المحتوى؛ ربما لأنَّ الجميع يعرف أنهم يساهمون بالكثير في المحتوى.

ليس جميع المصمِّمين يستطيعون التصدِّي لهذا التحدي على نحوٍ جيد، ولعلَّ من الأمثلة المبالَغ فيها لذلك مكتبًا صغيرًا لتصميمات الجرافيك تعاونًّا معه لوضع تصوُّرٍ لفكرةٍ تخص حملةَ فوطٍ صحية تستهدف الفتيات. كانت عملية توليد الأفكار مكتملة، وكانت لدينا رؤية واضحة تمامًا لتصميم فكرتنا، عبارة عن إعلان صغير في إحدى المجلات الشبابية؛ فقمنا بإطلاع مكتب تصميمات الجرافيك الذي استمتع كثيرًا بالمهمة، وصار الإعلان رائعًا بعد إجراء تعديلين أو ثلاثة، وعرضناه على العميل الذي أعجبه كثيرًا. من الصعب أن تحدِّد بالضبط ما أعجب العميل: أهي الفكرة؟ أم رسوم الجرافيك؟ أم أسلوب التصور المختار؟ كان مكتب تصميمات الجرافيك يرى أن مساهمتهم قطعًا هي التي جعلت العميل متحمسًا بهذا الشكل، وعلى الفور طالَبوا بالحصول على رسومِ حقوقِ ملكيةٍ على الإعلانات التي وُضِعت. وعلى الرغم من أن الموقف كان واضحًا تمامًا، وأن مكتب تصميمات الجرافيك كان موكلًا من قِبَلنا في المشروع وليس المنشئ له، فقد أصرَّ مالِكوه على الحصول

على مبلغٍ ملائم نظيرَ حقوق التأليف. هكذا تسير الأمور في هذا المجال، وفي كثير من المواقف يكون هذا التأويل مشروعًا ومنطقيًّا أيضًا؛ لأنه يحمي المُنشِئون من الإجراءات التعسُّفية للعملاء والشركاء.

تعمل برين ستور بأسلوب مختلف؛ فالحق المطلق لاستخدام الأفكار مملوكٌ بشكل واضح للعميل، بينما تكون ملكية حقوق التأليف والنشر لكلِّ مَن يشاركون في العملية، وقد كُوفِئ هؤلاء مكافأة مناسبة نظيرَ مشاركتهم. وبصفتنا منتجين صناعيين للأفكار، نتولَّى عمليةً ما ونضع فكرة ملائمة للعميل بمشاركة مجموعة من الأشخاص من شتى الأطياف. وكلُّ مَن يشارك هو شريك وعنصر مهم في العملية، وبالتأكيد منشئ للفكرة. علاوةً على ذلك، فإن التفكير بشأن مَن ابتكر أية فكرة أمرٌ مستبعَد تمامًا في عملية التوليد الصناعي للأفكار، فيقوم مُصمِّم الأفكار بجلب خبرته ومعرفته المتخصِّصة، إلى جانب موهبة خاصة في مهمة معينة في عملية التوليد الصناعي للأفكار.

ولحسن الحظ أننا قد عقدنا اتفاقًا واضحًا مُقدَّمًا مع مكتب تصميم الجرافيك، الذي تعاملنا معه بخصوصِ مقابلِ المشروع؛ ومن ثَمَّ استطعنا حلَّ المشكلة ببساطة.

(٦) شكل التصور المناسب لكل مشكلة

لكل فكرةٍ الشكلُ المناسب لتصميم الأفكار الخاص بها، وغالبًا ما يكون الشكل الأبسط هو الشكل المناسب، ولعل أفضل الوسائل لتصوُّر الأفكار البسيطة هي الوسائل البسيطة، ولكنْ هناك دومًا استثناءات للقاعدة؛ ففي بعض المشروعات تحتاج إلى أنْ تكون في قمة الإبداعية من أجل توليد الحماس لفكرةٍ ما، وينطبق هذا على نحوٍ خاصٍّ على الأفكار التي تعلم أنها سوف تقسِّم الجمهور إلى قسمين؛ أحدهما مؤيد، والثاني معارض. وفي تلك الحالة يمكن أن يكون تصميم الأفكار مستفِزًّا ومحرِّكًا للفكر.

منذ بضع سنوات قمنا بوضع أفكار للشركة المسئولة عن عربة الطعام في خطوط السكك الحديدية السويسرية (والتي لم تَعُد موجودة في هذا الشكل)، بشأن كيفية تغيير طريقة تقديم المشروبات والأطعمة في المطعم، وتغيير ركن المشروبات الصغير. كان المدير التنفيذي شخصًا متفتحًا ومبتكرًا، بينما لم يكن فريقه بنفس الصفات، وعرفنا أننا سنضطر لتوخِّي الحذر؛ لأننا سنحتاج إلى إرضاءِ كلٍّ من توقعاتِ المدير التقدُّمي والتوجُّهِ المحافظ لفريقه؛ ولذا اعتمدنا أسلوبَ العرض العملي كأسلوبِ عرضٍ لتصور الأفكار.

كان من بين الأفكار، على سبيل المثال، فكرة «عامل القهوة»، وهو شابٌّ بَشُوش يسير عبر أرجاء القطار في الصباح، ومعه وعاء قهوة وصينية، ويقوم ببيع منتجٍ واحدٍ فقط: قهوة جيدة جدًّا. كانت الفكرة بسيطة، ولكننا كنا بحاجةٍ إلى عرضها بأسلوب عملي بارع ومبالَغ فيه قليلًا؛ فألبسنا سايمون — أحد موظفينا — زيًّا فضيَّ اللون، على صدره شارة مكتوب عليها «عامل القهوة» (على غرار زيِّ شخصيةِ سوبرمان الشهيرة)، ويربط على ظهره وعاءَ قهوة وكأنه حقيبة ظهر، بينما يربط على خصره صينية عليها أقداح كبيرة وكريمة وسكر، وأضفنا أنبوبًا إلى وعاء القهوة بحيث يستطيع سايمون أن يملأ الأقداح بسهولة وبشكل مباشِر. عند تلقِّي إشارة مني، دخل سايمون إلى غرفة العرض وقام بصبِّ قدح من القهوة الساخنة الطازجة لجميع العملاء، كلٌّ بحسب ذوقه الخاص. سُرَّ العملاء كثيرًا، والأهم أنهم استطاعوا تخيُّلَ الفكرة على نحوٍ أفضل بهذه الطريقة، عما لو كانت قد رُسِمت «فحسب». وقد أثبتت فكرة «عامل القهوة» أن من المُمكن تمامًا تقديم القهوة بسرعة وسهولة في قطار.

غير أنه لا بدَّ من استخدام العرض العملي بحذرٍ كوسيلةِ عرض؛ لأنه يخلق انطباعًا بأن الفكرة في مرحلة التنفيذ بالفعل، في حين أنه في الواقع لا يزال هناك الكثير من الأسئلة المفتوحة. غير أن هذا الأسلوب مناسب للغاية للجماهير النزَّاعة إلى الشك. وعلى سبيل المبالغة، يمكنك القول بأنك إذا عرضتَ الأفكار في بيئة معروفة، فإنك بذلك تجعلها جزءًا من الحياة اليومية للجمهور.

قمنا بوضع بعض الأفكار لأنواع جديدة من الزبادي لصالح شركة نيوترفريز لتصنيع منتجات الألبان بجنيف، والتي تقوم، من بين أشياء أخرى، بإنتاجِ وبيعِ زبادي دانون. كان من بين حوالي ١٥ مقترحًا، على سبيل المثال، «عبوة السعادة»، وهي عبارة عن عبوة مُجمَّعة مُكوَّنة من ٤ علب من الزبادي، مُعَبَّأة بأطعمة مختلفة تجلب كلٌّ منها قدرًا صغيرًا من السعادة إلى الحياة: زبادي الفراولة، زبادي بحلوى الشوكولاتة، وزبادي بحبات الجيلي الصغيرة، وزبادي بالبراوني.

قمنا بعرض جميع المنتجات في عبوات الزبادي الأصلية التي تنتجها نيوترفريز، وأخرجنا تصميمًا بسيطًا للعبوة والغطاء لكلِّ منتج، وطبعناها على ورق تصوير فوتوغرافي لخلقِ أثرٍ مقارب لعلب الزبادي «الحقيقية» قدر الإمكان. بعدها كان علينا التفكير بشأن الطريقة المُثلَى لعرض الأفكار المتنوعة للمنتج. كان لدى سفين، مُصمِّم الأفكار الخاص بنا، مقترحٌ بسيط ولكنه فعَّال؛ وهو أن نعرض الأفكار في ثلاجةِ متجر كبير مخصَّصةٍ للزبادي؛ ومن ثَمَّ شرعنا في إنشاء نسخةٍ طبق الأصل من هذه الثلاجات، بما فيها الإضاءة الملائمة.

خلال العرض التقديمي، كان عملاؤنا يتصرَّفون كمستهلكين في سوبر ماركت، وأخذوا يبحثون وسط المنتجات عن أول منتج يلفت الأنظار. سُحِبت العبوة المُجمَّعة من الثلاجة، ثم شُرِحت بواسطتنا من خلال عرض تقديمي قصير إلى أن اختفت جميع العبوات المجمعة من الثلاجة.

تكمن ميزةُ مثلِ هذا التصور في كون فكرةٍ جديدة قد غُرِست في بيئة معروفة، ويشكِّل هذا أهمية خاصة للأفكار الخيالية؛ فقد وضعنا لُمصنِّع الماكينة أفكارًا لوظائف جديدة لماكينة القهوة. وكانت لدينا في مرحلة تصميم الأفكار رغبة شديدة في تضمين الوظائف الجديدة (مثل استخدام مقبض واحد فقط لتشغيل الماكينة) في شكل جديد لماكينة القهوة، غير أن هذا كان سيصبح مربكًا؛ لأننا لم نُعْنَ هنا بإعداد تصميم جديد تمامًا لماكينات إعداد القهوة، وإنما كان مطلوبًا منا تصميم وظائف جديدة للماكينة فحسب، وكان العميل سيصبح أكثر استعدادًا لتقبُّل وظيفة مجنونة، لو أنها عُرِضت في النوعية المستخدَمة حاليًّا من ماكينات القهوة.

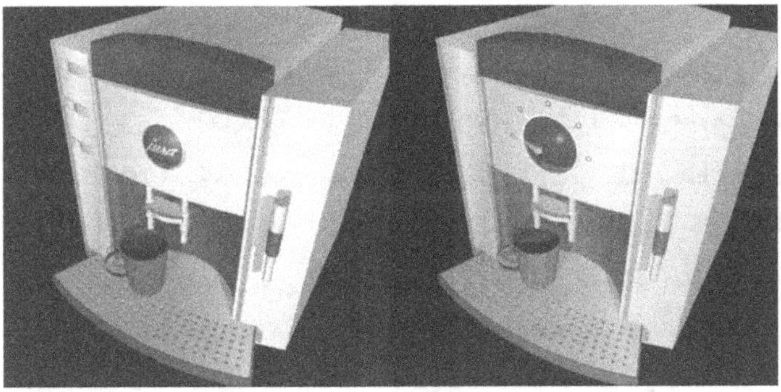

كان من الأسهل كثيرًا على عميلنا استيعاب فكرة «تشغيل ماكينة القهوة بمقبض واحد» المذهلة، لو استطاع التعرُّف على ماكينة القهوة المألوفة الخاصة به.

ثَمَّة وسيلةُ عرضٍ أخرى رائجة للغاية معنا ومع عميلنا على حدٍّ سواء؛ هي العرض بالرسوم المتحركة الوميضية. يُعتبَر الوميض أداةً مفيدة لعرض رسوم الجرافيك المتحركة، ويُستخدَم هذه الأيام في كل مكان على شبكة الإنترنت. وبالطبع يمكن أيضًا استخدامه خارج نطاق الإنترنت، فالوميض يبعث الحياةَ في الأفكار الجامدة.

من أمثلة هذا فكرةٌ كنا قد وضعناها لإحدى وكالات السفر والرحلات، أرادت معرفةَ كيف يمكن أن يكون لها وجودٌ خارج حدود وكالة السفر بطريقةٍ تلفت الأنظار، ولكن غير مُكلِّفة. كان من المقترحات المقدَّمة إنشاءُ وكالة سفر تسير على عجلات يمكن اصطحابها إلى أماكن مختلفة، وبها مساحة كافية لوحدة كمبيوتر، ومنشورات دعائية، وشاشة عرض تُظهِر آخِرَ العروض التي تقدِّمها الوكالة حاليًّا، ومادة ترويجية عامة، وعَلَم يحمل شعار وكالة السفر. خلال العرض التقديمي باستخدام الوميض، عرضنا أولًا العربةَ مُغلقةً ويقف بجوارها أحد مندوبي المبيعات بوكالة السفر، وبالضغط على الأجزاء المختلفة العديدة للعربة، أمكن فتح الأبواب وظهرت الأدوات السابق ذكرها؛ مثل الكمبيوتر، والنشرات الدعائية ... إلخ. وكانت الصورة النهائية لوكالة السفر المتحركة وهي مفتوحة بالكامل. وقدَّمْنا الأفكارَ الأخرى بنفس الشكل، وسرعان ما بدأت الحياة تدبُّ في الأفكار.

لا شك أن الوسائل المفضَّلة الأزلية في مرحلة تصميم الأفكار هي الرسوم التوضيحية والمخططات، سواء أكانت المرسومة باليد أم المدعومة بالكمبيوتر. وعادةً ما يكون التصميم الثنائي الأبعاد كافيًا لعرض فكرةٍ ما بصريًّا. والقاعدة هي: كلَّما كانت الفكرة مجردة وفنية، كان من المهم إدراج عنصر عاطفي.

وضعنا أفكارًا لتغليف وتعبئة بعض المشروبات الجديدة لصالح شركة إس آي جي كومبيبلوك — وهي شركة تقوم بتصنيع عبوات المشروبات المصنوعة من الكرتون — وعُرِضت هذه الأفكار في رسوم حاسوبية فنية جادة. بدا الأمر كله جافًّا بلا حياة، وكان الحل الذي توصَّلْنا إليه هو وضع صورة ملوَّنة لنموذج لفكرتنا بجوار الرسم الفني؛ على سبيل المثال: كان الطبق الطائر هو النموذج الذي اخترناه لفكرة صنع عبوات كرتون للمشروبات، يمكن الضغط عليها بعد أن تصبح فارغة لتصبح مسطَّحة للغاية مثل شكل الطبق الطائر. أو صورة عبوة مثلثات الجبن القابل للفَرْدِ لتمثيلِ شكلٍ جديد موفِّر للمساحة لعبوات صغيرة (لكريمة القهوة على سبيل المثال).

(٧) نصوص لأفكار جيدة

العرض البصري للفكرة ليس الشيء الوحيد المهم، ولكن أيضًا الشكل اللغوي الذي تُعرَض به، وقد أوضحنا بالفعل أنه ينبغي أن يكون هذا العرض قصيرًا وجذابًا، وينبغي أيضًا أن يكون مكتوبًا بلغةٍ تتناسب مع الفكرة؛ فإذا كنا نتحدث، على سبيل المثال، عن منتج تقني، فإن اللغة المطلوبة يجب أن تكون مباشِرةً وجادة، بينما سيكون استخدامُ أسلوبٍ أكثر

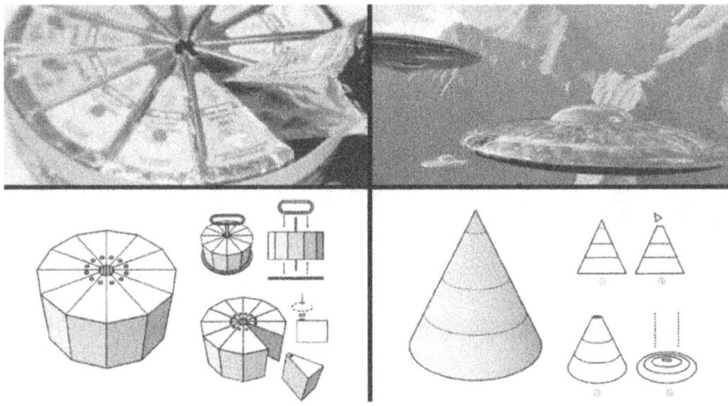

يمكن مزج الصور المعروفة مع الرسوم الفنية لتمثيل أشكالِ أيِّ منتج جديد. الوسائل المرئية مملوكة لشركة إس آي جي كومبيبلوك.

تأنقًا وتنميقًا ملائمًا لفكرةٍ توصيلِ عطر جديد. وغالبًا ما تَسْري قاعدة «الأقل أفضل» أيضًا على العرض اللغوي، فالغرض الأساسي من اللغة هو قولُ الأشياء الأساسية عن الفكرة، وتوضيحُ ما تدور حوله سريعًا.

إذا قرَّرتَ أن تقدِّم عرضًا باستخدام برنامج باوربوينت، فهناك وصفة بسيطة تضمن لك نجاح العرض:

تفتتح كل فكرة بملخص ترويجي قصير؛ فهذا يجعل الجمهور متشوقًا لمعرفة ما هو قادم.

الصفحة ١: «سؤال لافت» قصير يَمَسُّ موضوع الفكرة، ليس أكثر. تعمل هذه الصفحة على مساعدة الجمهور في فصل نفسه عن المقدمة أو الفكرة السابقة، وتجهيزه للفكرة التالية؛ فهذا يعمل على إيقاظِ حسٍّ معين من الترقُّب والفضول للعرض التالي.

الصفحة ٢: تُشرَح الفكرة هنا، ويَشْغل العرضُ البصري للفكرة الجزءَ الأكبر من الصفحة، ولديك بالأسفل ثلاثة أسطر يمكنك أن تشرح فيها الفكرةَ بإيجاز.

الصفحة ٣: يمكن هنا وضع تفاصيل إيضاحية إضافية إذا لزم الأمر، أو معلومات عن التنفيذ، أو أمور تم توضيحها من قبلُ بالفعل، أو العقبات المحتملة، أو نماذج من

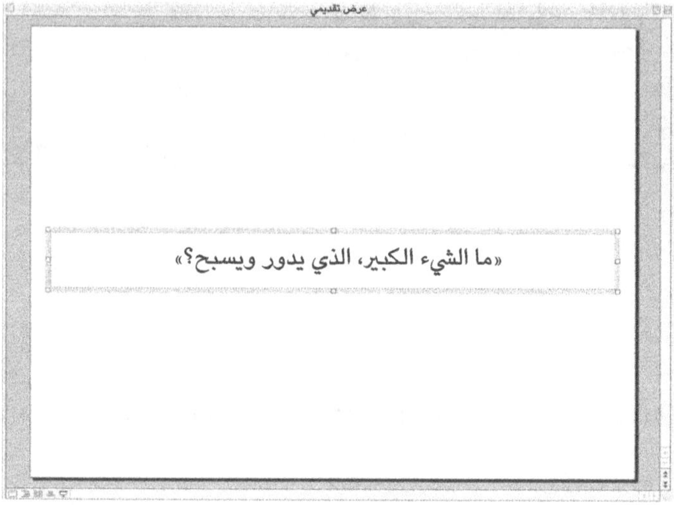

«ما الشيء الكبير، الذي يدور ويسبح؟»

قطاعات أخرى. إذا كانت المعلومات غير ضرورية أو غير متاحة، يمكنك الاستغناء عن هذه الصفحة.

هناك بضع قواعد مهمة للتعامُل مع برنامج باوربوينت:

- كلُّ ما ليس له صلة بالفكرة ليس له مكانٌ في العرض التقديمي.
- تجنَّبِ استخدامَ الخلفيات المزخرفة ذات الألوان البرَّاقة، والمبالَغةَ في الخطوط وأحجام الخط.
- حدِّدْ شريحةً رئيسية تحوي جميعَ الخطوط اللازمة، وأحجامَ الخط، وشعارَ شركتك.
- لا تستخدِمْ أيَّ عناصر بصرية إضافية أخرى خلاف تصوُّرك للفكرة.

والقواعد التي تَسْري في الصحافة تَسْري على وصف الأفكار: استخدِمْ لغة بسيطة بجمل قصيرة. تجنَّبِ الكلمات الغريبة. خاطِبِ الجمهور مباشَرةً. اشرحِ الموضوعَ بوضوح وتجنَّبِ المصطلحات الفنية الغامضة غير الواضحة.

تُشرَح الفكرة الفعلية باستخدام عرضٍ بصري ووصفٍ مختصر.

إذا وصفتَ فكرتك كمفهوم على الورق كعنصر إضافي، فسوف تكون القواعد التالية مفيدة لك:

- استخدِمْ نفس النظام المستخدَم في العرض: سؤال لافت، شرح للفكرة مدعوم بصريًّا، ومعلومات إضافية إذا لزم الأمر. وعلى نحوٍ مثاليٍّ، ينبغي أن تحتاج إلى ثلاث ورقات A4 كحدٍّ أقصى لكل فكرة.
- قسِّم النص إلى فقرات قصيرة، على أن يكون الحد الأقصى لطول كل فقرة ثلاثة أسطُر.
- استخدِمْ حجم خط مريحًا وشائعًا ورصينًا.
- استخدِمْ فهرسًا للإحالة السريعة.
- تجنَّبِ المعلوماتِ الزائدةَ عن اللزوم والعناصرَ التي لا تساعد في فهم الفكرة.

(٨) بدائل برنامج باوربوينت

يُعَد باوربوينت في الوقت الحالي الأداةَ الأكثر شيوعًا لإنتاج العروض التقديمية، وبقدر نفع هذه الأداة، إلَّا أنه من الممكن أن يكون من الخطأ تمامًا استخدامها في أفكار بعينها؛ فالعرض المُصمَّم بباوربوينت يحمل خطرَ تسريب الملل إلى الجمهور باستخدام شكلٍ للعرض اعتادوا عليه ودفَعَهم إلى النوم؛ وهذا يضع مسألةَ التقييم العادل للفكرة في خطر. من الممكن أن تكون أشكالُ العروض الأخرى الممكنة ما يلي:

- المُلصقات: يُصمَّم ملصقٌ لكلِّ فكرة يَحْوي نفس العناصر التي يحويها عرضُ الباوربوينت؛ هذا يمنحك الفرصةَ لجعل العرض البصري للفكرة أكبر كثيرًا مما لو استخدمتَ عرضًا على الكمبيوتر. قُمْ بتعليق الملصقات في الحجرة، وقم بعمل جولةٍ موجَّهة من ملصقٍ للذي يليه.
- المعرض: إذا كنتَ تتعامل مع أجسامٍ ثلاثيةِ الأبعاد، يمكنك أن تُقِيم معرضًا للأفكار؛ فيتم عرض الأجسام المستخدَمة في العرض التقديمي موزَّعةً في أنحاء الغرفة، ويقوم شخص بتقديم كلِّ جسم ووصفه. من المهم أن تُطلِع هذا الشخصَ على الكيفية التي ينبغي أن يقدِّم بها كلَّ جسم بالضبط؛ لكي يكون بالإمكان مقارَنة بعضها ببعض.
- الاستعراض أو العرض الإيضاحي: يمكن اعتبار الاستعراض أو العرض الإيضاحي وسيلةً مناسبة لتقديم الفكرة إذا كانت الفكرةُ شديدةَ التعقيد، أو كان الجمهور متطلبًا للغاية. تتطلَّب هذه الوسيلة الكثيرَ من الجهد، ويمكن تبرير استخدامها فقط إذا لم يكن من الممكن عرض الفكرة بأي وسيلة أخرى لجعلها مفهومةً للجمهور. يُعَد الاستعراض أو العرض الإيضاحي أيضًا أداةً مناسبة لتقديم الأفكار لجمهورٍ أعرض.

مفاهيم جوهرية: «تصميم الأفكار»

- التصميم الجيد للأفكار سوف يجعل أفكارك سهلةَ الفهم، وقابلةً للمقارنة، وباقية.
- صُغْ بيانَ معلومات واضحًا للعرض التقديمي لأفكارك، وابحثْ عن مُصمِّم مناسب يمكنه تحقيق هذا البيان.

• اختَرْ أبسطَ وسيلةِ عرض (يُفضَّل الرسوم التوضيحية/المخططات)، ما لم تكن درجةُ تعقيد الفكرة تتطلَّب وسيلةً أخرى.

• حيثما أمكن، أشرِكْ مصمِّمي الأفكار في عملية وضع الأفكار، كخبراء على سبيل المثال.

اختيار الأفكار

اختيار الأفكار ليس مسابقة للجمال.

* * *

لا جدال في هذا: الأفكار مسألة عاطفية للغاية، ترتبط بالمشاعر الإيجابية والسلبية. وللأسف، تنتاب كلَّ شخص مشاعرُ مختلفة تجاه كل فكرة؛ فالفكرةُ التي أجدها شخصيًّا رائعةً حقًّا قد يراها زميلي غايةً في السوء. ونظرًا لأن الانفعالات والعواطف غير قابلة للتفاوض، فسوف تَثْبت الآراءُ والمواقف سريعًا جدًّا، وهذا يجعل اختيارَ الأفكار أمرًا بالغ الصعوبة. حتى نحن كمصنع للأفكار، كان علينا أن نتعلَّم بالطريقة الصعبة قبل أن نجد طريقةً أتاحت لنا بالفعل أن نسمح بتدخُّل العواطف في تقييم الأفكار، مع الحفاظ على عملية القرار نفسها بعيدةً عن العاطفية قدر الإمكان. وعلى مدار فترة طويلة، وجدنا صعوبة شديدة في فهْمِ لماذا تحتدم المشاعر وتصل لمثل هذا الحد في العرض النهائي للأفكار، ولماذا يجد عملاؤنا صعوبةً بالغة في الاتفاق على فكرةٍ أو أكثر. ولاحظنا للتو أن الأفكار التي وُضِعت في مراحل متعددة، وقُيِّمت كأفكار جيدة ومثيرة من قِبَل عملائنا، غالبًا ما كانت تُقابَل بالرفض خلال العرض التقديمي في المستوى التالي من اتخاذ القرار؛ فالأفكارُ التي وُضِعت بشكل منهجي في عدة مراحل قد اختفت فجأةً ولم يَعُد لها أثر، على الرغم من إشراك العديد من الأشخاص من داخل الشركة في عملية اتخاذ القرار، واقتناع الجميع بإمكانية تنفيذ الفكرة. إن الأفكار ببساطة شيءٌ سريع التغيُّر؛ ففي البداية قد يفكِّر شخص قائلًا: يا للروعة! هذا رائع. وفي المرة الثانية حين يكون في حالة مزاجية مختلفة يفكِّر قائلًا: ما المفترَض أن يكون جيدًا بشأن ذلك؟!

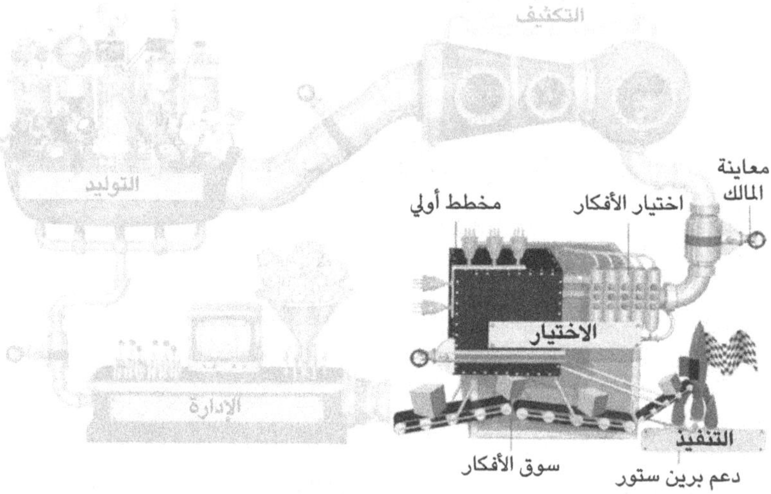

اختيار الأفكار مرحلة مهمة في عملية تطوير الأفكار، ويساعدك أنت وصُنَّاع القرار في اختيار أفضل الأفكار لتنفيذها.

كان الأمر ضاغطًا للغاية، وأنا واثق أنك أنت نفسك ستكون قد مررتَ أيضًا بشيء مماثل. والأمر كذلك بالنسبة إلى عملائنا؛ ففي مشروعٍ للبحث عن اسمٍ، أدارته إحدى عميلاتنا في مجال الهندسة الزراعية من دوننا، اقترحت العميلة اسمين على الإدارة، تغلَّبا على عقبة قضايا حماية العلامة التجارية المُسجَّلة، وكانا بالفعل اسمين جديدين لم يُستخدَما من قبلُ قطُّ في مجال الهندسة الزراعية. إلى جانب ذلك فقد استوفى الاسمان المعاييرَ التي لا بدَّ أن تستوفيها أيُّ علامة تجارية في هذه الشركة. رفض المدير كِلا الاسمين في الحال؛ أحدهما بحُجَّة أن الاسم قد ذكَّره بشيء بغيض في حياته الشخصية، والآخر بحُجَّة أن هناك نوعًا من شوكولاتة يحمل اسمًا مشابهًا للغاية. كان كلا السببين لا صلةَ له بالأمر وشخصيًّا للغاية؛ الأمر الذي يُبرز المشاعر التي دائمًا ما تتدخَّل حينما يتعلَّق الأمر بالأسماء. لماذا حَكَم المدير على الاسم بهذا النحو الشخصي؟ لماذا لم يستطع تقييمَه بأسلوب محايد وبنَّاء؟

ببساطة لأنه لم يشارك من قبلُ، ولم تكن لديه أدواتٌ لكي يكون قادرًا على إصدار حكمه بأسلوب غير عاطفي.

بعد تحليل عدد من المشروعات، ثبت لدينا أن هناك عاملين لهما تأثيرٌ إيجابي على الدعم الممنوح للأفكار في نهاية المشروع، وهما:

(١) إشراك صُنَّاع القرار في المراحل الحاسمة من المشروع؛ فصُنَّاع القرار الذين تم إشراكهم يشعرون بالمسئولية عن النتيجة، ويفهمون كيف وُضِعت الفكرة، وهم أكثر جاهزيةً لاتخاذ القرار في اختيار الأفكار.

(٢) إجراء منظم لاختيار الفكرة، فإذا تمَّ الاختيار في عملية منظمة وخالية بشكل كبير من المشاعر والانفعالات؛ فحينئذٍ يمكن فحص جميع الأفكار بتوجُّه صحي مجرد من المشاعر؛ ومن ثَم تقلُّ فرصة رفضِ فكرةٍ ما لمجرد أنها تثير مشاعرَ سلبية لدى أحد المشاركين في عملية الاختيار.

دائمًا ما كنا نزيد نسبة الإشراك، وكلَّما أمكن نحاول إدراجَ أعلى مستوًى ممكن من صنع القرار في العملية. هذا لا يعني أن عملاءنا يحتاجون إلى مصاحبتنا في العملية برمتها، وأن لديهم الكثير من العمل فيها، بل على العكس تمامًا؛ فمن خلال الانخراط في النقاط الأساسية ومراحل القرار لا يهدرون أيَّ وقت ثمين.

كان العثور على عملية اختيار منظمة ناجحة أمرًا أصعب قليلًا؛ فحينما تعرض أفكارك، عادةً ما تبدأ المشاعرُ في الغليان، ويرغب الجميع في أن تكون له سلطة ويعبِّر عن آرائه. وتتنوع التحديات التي تواجِه عمليةَ الاختيار بشكل بالغ في عددٍ من الجوانب:

- لا بدَّ من وضع الأشخاص المناسبين في الاعتبار عند اختيار الأفكار.
- يجب ألَّا تكون عملية الاختيار مثيرةً للملل أو تبدو بيروقراطية، ولكنْ لا بد في الوقت نفسه أن تتواصل بشكل منظم.
- لا بدَّ أن يلتزم الجميع بالقواعد لكي يمكن تقييم الأفكار (وهو الأمر الذي لا يكون سهلًا في جوٍّ مشحونٍ عاطفيًّا).
- لا بدَّ أن تكون نتائج التقييم متاحةً بأسرع ما يمكن، والأفضلُ على الإطلاق أن يتم ذلك خلال الاجتماع.

ونحن اليومَ نستخدم عمليةَ تقييمٍ رائعةَ التصميم، يستوعبها عملاؤنا جيدًا، ويتقبلونها، ويشيدون بها دومًا. سوف ترى بنفسك، فبمجرد أن تبدأ في مناقشة الأفكار وتقييمها على هذا النحو، سوف تكون قادرًا على تنفيذ أفكارٍ أكثر بكثير من ذي قبلُ.

(١) الإعداد: المادة

من أجل تنفيذ عملية اختيار الأفكار، ينبغي أن تكون قد أتممتَ مرحلةَ تصميم الأفكار، وهذا يعني ضرورة أن تكون أفكارُك متاحةً في شكلِ عرضٍ تقديمي، ويجب تخيُّل كل فكرة في شكلٍ ما. وكلما أمكن، يجب أن تناقش العرضَ بأكمله مع عميلك، مالك المشروع، قبل اختيار الأفكار، وتضمن أن العرض يحظى بموافقته، ويتلاءم مع لغة المشاركين في عملية اختيار الأفكار. خذ مساهمته بجديةٍ؛ فهو أكثر درايةً بفريقه من أي شخصٍ آخَر.

قُمْ بترقيم الأفكار بشكلٍ متسلسلٍ في العرض التقديمي وفي جميع المستندات والوثائق، وضَع تسميةً لكلٍّ من العرض التقديمي وجميع وثائق المشاركين مع رقم الفكرة ذات الصلة. والعدد المثالي يتراوح بين ٩ أفكار و١٥ فكرة. أما إذا زاد العدد عن ٣٠، فسيكون من الصعب تقييم كل هذه الأفكار.

كذلك سوف تحتاج إلى ما يلي لعملية اختيار الأفكار:

- استعراض عام لجميع الأفكار على ورقة أو على شريحة عرض (مرةً أخرى، لا تنسَ ترقيم الأفكار).
- نموذج تقييم لكلِّ مشارِك لكل فكرة. ويمكن للمشاركين ملء الخانات التالية لكل فكرة على نموذج التقييم:

  (١) تقييم، على مقياس من ١ إلى ١٠، لمدى إعجاب المشارك بالفكرة.
  (٢) ملاحظات عامة.
  (٣) ملاحظات على التنفيذ/القدرة على التنفيذ.

- نموذج لإعداد قائمة ترتيب. فتُسجَّل جميع الأفكار على النموذج، مع إعطائها رقمًا وربما تمثيلها بصورة.

- برنامج تقييم يمكن إدخال نتيجة التقييم وقائمة الترتيب فيه أثناء اختيار الأفكار، ويُعَد برنامج إكسيل هو الأداة المناسبة الأبسط لذلك، ويمكن للخبراء أيضًا الاستعانة بأحد حلول قواعد البيانات، مثل حل «برين بيز» الخاص بنا.
- لا بد أن يكون البرنامج قادرًا على القيام بما يلي:

(١) حساب القيمة المتوسطة للتقييمات.

(٢) حساب الانحراف المعياري (الاستقطاب) للتقييمات؛ بمعنى بيان مدى قوة انحراف الآراء في التقييمات أحدها عن الآخَر.

(٣) عرض قائمة الترتيب المُجَمعة لكل المشاركين، والتي تُعطَى فيها كلُّ فكرة مركزًا معينًا، ثم توضيحها بالقيمة العكسية (أيْ إن الفكرة ذات القيمة الأقل تكون في المركز ١).

- برنامج بث مرئي لعرض النتائج فورًا.
- أدوات كتابة لكل المشاركين.

حين تقوم بتنفيذ عملية اختيار الأفكار لأول مرة، من المهم اختبار الإجراء برمته وبرنامجك الحاسوبي جيدًا، وهو أمر لا نزال نقوم به اليومَ قبل كل عرضٍ تقديمي للتأكُّد من أن كل شيء يسير على ما يرام؛ فلا شيء أكثر إحراجًا من المشكلات الفنية أثناء عرض الأفكار، والأمر برمته به من الصعوبة ما يكفي من دون مثل هذه المفاجآت غير السارة.

بالإضافة إلى المادة المتاحة لديك، تحتاج أيضًا إلى مساعد من أجل اختيار الأفكار، يساعدك في جمع تقييمات المشاركين وإدخالها في نظام التقييم؛ فيقوم «مسئول الأفكار» بعرض الأفكار، ويعتني «مدير المشروع» بالجانب الإداري للأمور، بينما يوجد «مدير الأفكار» للإجابة على أي أسئلة (ثمة المزيد عن الأدوار في مشروع الأفكار في فصل «إدارة الأفكار»).

(٢) الإعداد: الدعوة

ليس المهم عدد الأشخاص المساهمين في عملية اختيار الأفكار، وإنما معرفة مَن هم الأشخاص المساهمون. ومع ذلك ينبغي أن تضمن وجودَ ما لا يقل عن خمسة أشخاص؛ لأن العرض الإحصائي للنتائج يكون بلا معنًى إذا كان العدد أقل. من الممكن أن تنفذ عملية

اختيار أفكار بعددِ أشخاصٍ يصل إلى ٢٠٠ شخص، ولكنك حينئذٍ تحتاج إلى العديد من المساعدين من أجل إدخال النتائج، وإلَّا فلن تستطيع إعلانَ النتائج بعد التقييم مباشَرةً، على الرغم من أن ذلك أيضًا أمر محتمل بالطبع. وتكمن ميزةُ إجراء التقييم مباشَرةً في البداية في إمكانية التوضيح للمشاركين أن تقييمهم للأفكار لا ينبغي بالضرورة أن يتفق مع تقييم المشاركين الآخرين؛ الأمر الذي يُخمِد العناصرَ العاطفية لتقييم الأفكار إلى حدٍّ كبير.

عند دعوة الأشخاص الذين تودُّ أن يكونوا حاضرين في عملية اختيار الأفكار، احرصْ على أن يكون لديك مزيجٌ مثالي من الكفاءة والمعرفة. من المهم أيضًا أن تُشرِك صُنَّاعَ القرار في العملية؛ إذ إن هؤلاء هم الأشخاص الذين سيقرِّرون في النهاية الفكرةَ التي سيتم تنفيذها. وينبغي أن يكون الأشخاص الحاضرون من داخل الشركة من مختلف مستويات التدرُّج الوظيفي إذا أمكن، ولكن صلتهم بموضوعِ عمليةِ توليد الأفكار ضعيفة. من الأمور الهادفة أيضًا أن تدعو أولئك المشاركين الذين كانوا بالفعل جزءًا من عملية توليد الأفكار (انظرْ فصل «الفريق الإبداعي») إلى عملية اختيار الأفكار. وإشراكُ الخبراء المعتمَدين في موضوع المشروع مفيدٌ أيضًا بلا شكٍّ، وعادةً ما يمكن العثور على هؤلاء داخل الشركة نفسها.

أبلِغِ المشاركين مقدمًا بما يمكن أن يتوقَّعوه في عملية اختيار الأفكار، في خطابٍ أو عبر البريد الإلكتروني، على سبيل المثال:

عزيزي السيد ستيفن

يسعدني أن أعرف أنك جاهز للمشاركة في عملية اختيار الأفكار لمشروع «منتجات الشوكولاتة الجديدة»، التي تنطلق في ١٥ فبراير ٢٠٠٤. نرجو من سيادتك الوصول في الساعة ٩:٥٠ صباحًا في قاعة «بارلاين» للمؤتمرات، لكي يمكننا البدء في تمام الساعة ١٠:٠٠ صباحًا في إجراء تقييمٍ للأفكار. علمًا بأن الاجتماع سيستمر حتى الساعة ١٢:٠٠ ظهرًا.

الهدف من عملية اختيار الأفكار هي تلقِّي تغذية راجعة واسعة من صُنَّاع القرار والموظفين، عن الأفكار الخمس عشرة لمنتجنا الجديد، وقد وُجِّهت الدعوة لسيادتك بصفتك الوظيفية كمدير تسويق.

فيما يلي جدول أعمال الاجتماع:

(١) الترحيب ومقدمة قصيرة.

(٢) مناقشة الكيفية التي وُضِعت بها الأفكار.

(٣) عرض تقديمي لكل فكرة، وإجراء تقييم لكل فكرة على نموذجِ تقييمٍ (تقييم على أساس العاطفة).

(٤) إعداد قائمةِ ترتيبٍ للأفكار (تقييم موضوعي نسبي).

(٥) عرض النتائج وقائمة الترتيب.

(٦) المناقشة/عرض المطالب.

إن الهدف الأساسي ليس الاتفاق على منتج خلال الاجتماع، وإنما التعرُّف على مزايا ومساوئ كل فكرة، والتي يمكننا بعد ذلك وضعها في الاعتبار في تحليلنا.

نتطلَّع إلى رؤيتك ونودُّ أن نُوجِّه لك جزيلَ الشكر على دعمك لنا في هذه المرحلة المهمة في تطوير منتج جديد من الشوكولاتة.

المُخلِصة

ريتا فورتفينجلر، إدارة المشروع

في اليوم المُحدَّد لإجراء عملية اختيار الأفكار، ينبغي أن تصل مبكرًا إلى قاعة الاجتماعات، وتتأكد من أن جميع الترتيبات اللوجستية على ما يرام: هل يعمل برنامج التقييم الخاص بك؟ هل جهاز البث المرئي مُوصَّل بشكل صحيح؟ هل كل المواد اللازمة متوافرة؟

(٣) إجراء عملية اختيار الأفكار: الترحيب والمقدمة

في بداية عملية اختيار الأفكار ينبغي أن تَصُوغ مقدمة بسيطة، تشرح فيها الهدف من عملية اختيار الأفكار وتوضِّح القواعد.

وينبغي توضيح النقاط التالية:

- عملية اختيار الأفكار هي عملية منظمة يُعرَض خلالها العديد من الأفكار، وتُقيَّم من وجهات نظر مختلفة بواسطة أشخاص عدة.

- عملية اختيار الأفكار ليست مسابقةً للجمال؛ فالهدف ليس اختيار الفكرة التي تنال إعجاب الجميع باعتبارها الفكرة الفائزة، وإنما اختيار الفكرة التي تملك أقصى قدر من إمكانية التنفيذ بشكل واضح.
- عملية اختيار الأفكار ليست عملية ديمقراطية؛ إنَّ رأي كل مشاركٍ له أهميتُه وقيمتُه، ولكن القرار بشأن أي فكرة ستُنفَّذ في النهاية يقع في يدِ صُنَّاع القرار.
- الأفكار الاستقطابية لها إثارة خاصة في عملية اختيار الأفكار؛ أي الأفكار التي تخلق الكثير من الخلاف، فيرى بعض المشاركين أن الفكرة جيدة للغاية، بينما يراها البعض سيئة. ومثل هذه الأفكار عادةً ما يثبت أنها مثيرة بشكل خاص في السوق؛ لأنها تخلق جدلًا وتمنح الناس شيئًا يتحدثون عنه. ليس كل شخص يرى أن مثل هذه الأفكار جيدة، ولكن أولئك الذين يجدونها جيدة لديهم حماس خاص تجاهَها. وثَمَّة قصة رائعة توضح هذه الحقيقة: في عام ١٩٦٣ قدَّمت وكالة «بي بي دي» الإعلانية شعارَ «نحن نحاول أكثر» لشركة آفيس الأمريكية. وقد وُضِع هذا الشعار لأسباب استراتيجية؛ فشركةُ آفيس هي الشركة رقم اثنين «فقط» في السوق؛ ولذا تحتاج إلى بذل جهد أكبر للحفاظ على العملاء. اختُصِرت العبارة آنذاك إلى «نحن نعمل أكثر» أو «نحن نحاول أكثر». واستطلعت الوكالة آراء العملاء بشأن الشعار، ووجدت أن حوالي ٥٠ بالمائة وجدوا أن الرسالة «نحن نحاول أكثر» عبقرية ببساطة، وأشاروا إلى أنها جعلت آفيس تبدو شركةً ذات مصداقية خاصة. أما الـ ٥٠ بالمائة الآخَرون، فوجدوا الرسالة ساذجة وسخيفة، وقالوا إنهم يُفضِّلون أن تكون لديهم شركة أفضل بالفعل، وليس شركة تحاول أن تكون أفضل فحسب. ثمة استقطاب واضح وحاد نوعًا ما؛ لذا أوصت الوكالة آفيس باستخدام شعار آخَر، وقد صار روبرت سي تاونسند — المدير التنفيذي لشركة آفيس — معروفًا في عالَم الإعلان باستجابته الهادئة لهذه النتائج وهذه التوصية؛ فقد قال: «ليس لديَّ مشكلة في امتلاك ٥٠ بالمائة من حصة السوق.» ولا يزال الشعار يُستخدَم حتى اليوم.
- من المهم من أجل نجاح المشروع أن يلتزم الجميع بالقواعد تمامًا. اطلبْ من جميع المشاركين اتِّباعَ تعليماتك بحذافيرها.
- اشرحِ الإجراء الخاص بعملية اختيار الأفكار بالضبط:

– في الجولة الأولى، تُقيَّم الأفكار من جانب المشاركين سرًّا. وفي هذه المرحلة من الوقت يجب ألَّا تُناقَش الأفكار؛ فالرأي العفوي الأصلي الخالي من أيِّ تعديلات

لكل مشارِك له أهميةٌ خاصة في هذه المرحلة. في هذه المرحلة أيضًا ليس لديك إمكانيةُ مقارَنةِ الأفكار الفردية؛ فقط قُمْ بتقييم كل فكرة بناءً على «شعورك الداخلي»؛ فلا يوجد ما يُسمَّى بثاني أول انطباع، وهنا تكمن الأهمية الكبيرة لهذه المرحلة.

– دوِّنْ ملاحظات على كل فكرة — إنْ شئتَ — إما ملاحظات عامة وإما تعليقات على أهليتها للتنفيذ.

– في الجزء الثاني من عملية اختيار الأفكار، سوف تكون قادرًا على رؤية جميع الأفكار مجددًا في عرض عام، وبناءً على هذا العرض العام سوف تضع الأفكارَ في قائمة ترتيب تضع فيها الأفكار في تسلسل واضح، يبدأ من الفكرة التي ترى أن لها الاحتمالية الأكبر (رقم ١) للتنفيذ، وصولًا إلى الفكرة التي ترى أنها الأقل احتمالًا أو ليس لها أي احتمال للتنفيذ. ولم يَعُد ضروريًّا أن يتم هذا التقييم بناءً على المشاعر بشكلٍ بحتٍ، ولكنْ وفقًا لمعايير أكثر موضوعيةً. أي فكرة يمكنك أن تتخيَّل تنفيذها، وأيها لا يمكنك؟ بالطبع سوف تُدرَج وجهات النظر الشخصية أيضًا؛ ولكنْ على عكس التقييم الأول، لم يَعُد ينبغي أن تكون محطَّ الانتباه.

- امنحِ المشاركين الفرصةَ لطرح أسئلة عن العملية، واشرح الخطوات الفردية مجدَّدًا إذا استدعت الضرورة. أنت الآن جاهز لتنفيذ عملية اختيار الأفكار.

إذا كنتَ تعتقد أن هذا الإجراء يبدو روتينيًّا مملًّا، ويذكِّرك بعض الشيء بمعلمتك في المرحلة الابتدائية؛ فأنت على الأرجح محق. ولكن الخبرة أظهرَتْ لنا، فيما يزيد على ٣٠ مشروعًا، أنه لا يمكن ترك أي شيء للصدفة في مرحلة اختيار الأفكار، وفي هذه الأيام أحافظ حتى على هدوئي، إذا كنا بصددِ تنفيذِ عمليةِ اختيار أفكارٍ موازية مع المشاركين في عدَّة مواقع، والذين يمكن أن يتمَّ الاتصال بينهم بواسطة مؤتمر هاتفي. ولكن هذا فقط لأنني أعلم أن لدي صيغة لتقييم الأفكار، تتجاوز حواجز اللغة، والعادات، والحواجز الثقافية. وقد أرسل لي مؤخرًا شخصٌ من أمريكا اللاتينية كان يشارك في عملية اختيار أفكار لاسم لأحد المنتجات الزراعية؛ رسالةً عبر البريد الإلكتروني، شكرني فيها على نجاحي في «إقناع رءوسهم الأمريكية اللاتينية الصلبة بالمشاركة في عملية تقييم منظمة». ومع ذلك، دائمًا ما يكون واضحًا لي عند مباشَرةِ هذه المرحلة مدى صعوبة تحقيق التوازن بين التقييم المنظم، والعواطف الكامنة، والتسلسلات الهرمية.

(٤) إجراء عملية اختيار الأفكار: التقييم

والآن إلى العمل. اعرضْ فكرتك أولًا لجمهور ناقدٍ إلى حدٍّ كبير. هذا يُمكن أن يثير توتُّرك حقًّا، لا سيما عندما تحصل على مردود سريع ومباشر من جميع المشاركين الموجودين في الحجرة.

اعرض الفكرة بهدوء وبموضوعية قدر الإمكان، وإذا كنت قد أعددتَ الفكرة جيدًا وفقًا لمرحلة تصميم الأفكار، لا ينبغي أن يُمثل هذا مشكلة. بعد كل فكرة، امنح المشاركين قدرًا قصيرًا من الوقت لتقييم الفكرة على نموذج التقييم خاصتهم وإبداء أية ملاحظات تخطر لهم. تأكَّدْ من أن الوقت المُتاح ليس بالقليل أو بالكثير. والوقتُ المناسب بالنسبة إليَّ لمواصلة العمل هو عندما يكون عدد المشاركين الذين لا يزالون يكتبون قليلًا. اطلب من المشاركين أن يشتكوا بأنفسهم إذا لم يكن لديهم وقتٌ كافٍ. اجعل مساعديك يقومون بجمع الأوراق فورًا وإدخالها في نظام التقييم، عادةً ما يسير هذا الإيقاع على نحو جيد بعد ثلاث أفكار. لا تُقاطع عرض الأفكار ولا تأخذ استراحة، وما دمت تحافظ على الأفكار مختصرة، لا ينبغي أن يستغرق العرض التقديمي والتقييم الأولي أكثر من ٤٠ دقيقة لعشرين فكرة.

بعد ذلك، يمكنك أن تطلب من المشاركين أن يُعلِّق كل واحد منهم تعليقًا واحدًا على الملأ في هذه المرحلة. وضِّح لهم أنك تبحث بشكل خاص عن المعرفة المتخصصة لدى المشاركين في هذا الوقت، وأنه ينبغي أن يُبْدُوا تعليقًا له صلة بالخطوة التالية، ألَا وهي إعداد قائمة ترتيب. دوِّنْ كل هذه التعليقات ثُمَّ لخِّصِ التعليقات بإيجاز، حتى يتسنَّى للمشاركين التحقق مما لو كانوا قد استوعبوا كلَّ شيء بشكل صحيح.

(٥) إجراء عملية اختيار الأفكار: قائمة الترتيب

الخطوة التالية هي إعداد قائمة ترتيب لكل الأفكار. وهذه الخطوة، مرة أخرى، يقوم بتنفيذها كل مشارك منفردًا. وللقيام بهذا، يحتاجون إلى نظرة عامة لجميع الأفكار (الرقم، ووصف الفكرة، وربما رسم توضيحي لها)، ونموذج قائمة الترتيب. اطلبْ من المشاركين الآن وَضْعَ الأفكار في تسلسل واضح؛ أيْ إعطاء كل فكرة رقمًا. ووضوح قائمة الترتيب أمر غاية في الأهمية؛ إذ لا يمكن تقييمها إذا كانت غير ذلك. وتكون المهمة إما سهلة نسبيًّا وإما

صعبة نوعًا ما، على حسب عدد الأفكار التي عليك تقييمها؛ ففي وجود ما يزيد على ١٥ فكرة، لا يكون إجراء ترتيب واضح سهلًا للدرجة؛ إذ لا تختلف الأفكار إحداها عن الأخرى اختلافًا قويًّا. اجمعِ القوائم بعد اكتمالها واجعلها تدخل في النظام. سوف تحتاج الآن على الأرجح بضع دقائق لإدخال النتائج؛ ومن ثَمَّ يمكنك أن تأخذ استراحة قصيرة مرة أخرى.

(٦) إجراء عملية اختيار الأفكار: عرض النتائج

أثناء الاستراحة ستكون قد أدخلتَ جميع النتائج، وألقيتَ عليها نظرة سريعة في نظام التقييم الخاصة بك. وينبغي الآن أن تكون قادرًا على تقديم ثلاثة مخططات بيانية:

(١) القيمة المتوسطة لجميع التقييمات الناتجة عن الجولة الأولى (عرض جميع الأفكار).
(٢) استقطابية التقييمات (الصيغة: الانحراف المعياري).
(٣) قائمة ترتيب الأفكار.

ينبغي عليك الآن أن تعرض المخططات البيانية الثلاثة جميعًا وتشرحها بإيجاز؛ بمعنى أن تعرض الحالة الراهنة للأفكار. وضِّحْ أن هذه ليست نتيجة نهائية، بل صورة أولية للمزاج العام.

ثَمَّة تعليقات قليلة تنطبق بشكل أساسي على المخططات البيانية الثلاثة:

(٦-١) مخطط القيمة المتوسطة

- غالبًا ما يحدث أن ينتهي الحال بالأفكار الأقل إثارةً للعقول في أعلى المراكز؛ ويُعزى هذا ببساطة إلى أن مثل هذه الأفكار بطبيعة الحال لا يكون لها تأثير استقطابي قوي؛ بمعنى أن جميع المشاركين عادة ما يتَّفقون في الرأي على أن هذه الأفكار مرشَّحة للتنفيذ. إن مثل هذه الأفكار يمكن أن تحظى بإجماع، ولكنها عادة ما تكون باهتة؛ نظرًا لقدرتها المتدنية على الاستقطاب. ودائمًا ما أصف هذه الأفكار بأنها أفكار ممتازة لـ «الخطة البديلة»: فإذا كان الفريق لا يستطيع أو لن يتفق على فكرة ذات تأثير استقطابي قوي، فإن مثل هذه الأفكار يمكن أن تكون خيارًا مناسبًا. وهذا بالطبع ليس ما يحدث في العادة؛ فغالبًا ما تكون هناك أفكار رائعة، تحظى بالمركز الأول، ويسأل العملاء أنفسهم عندها: «لماذا لم نتوصَّل إلى هذا بأنفسنا؟»

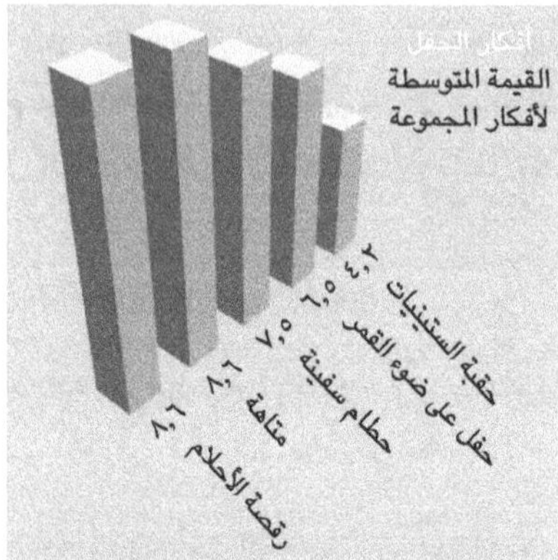
أفكار الحفل
القيمة المتوسطة
لأفكار المجموعة
٤,٢ حقبة الستينيات
٦,٥ حفل على ضوء القمر
٧,٥ حطام سفينة
٨,٦ متاهة
٨,٦ رقصة الأحلام

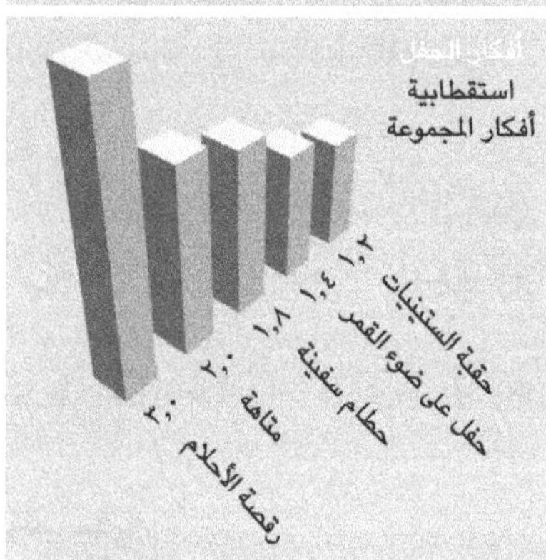
أفكار الحفل
استقطابية
أفكار المجموعة
١,٢ حقبة الستينيات
١,٤ حفل على ضوء القمر
١,٨ حطام سفينة
٢,٠ متاهة
٣,٠ رقصة الأحلام

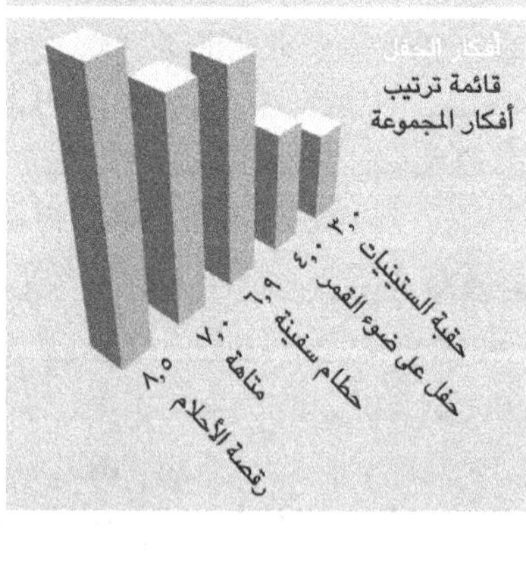
أفكار الحفل
قائمة ترتيب
أفكار المجموعة
٣,٠ حقبة الستينيات
٤,٠ حفل على ضوء القمر
٦,٩ حطام سفينة
٧,٠ متاهة
٨,٥ رقصة الأحلام

- الأفكار الاستقطابية — أي الأفكار التي يجدها بعض الأشخاص جيدة جدًّا ويراها البعض في غاية السوء — مثيرةٌ أيضًا؛ فالخلاف حول تلك الأفكار عادةً ما يكون أقوى بكثير، ويمكن للمناقشة أن تكون في غاية الإثارة والتشويق.

(٦-٢) مُخطَّط الاستقطاب

- الاستقطاب ليس سوى الانحراف المعياري عن القيم المتوسطة التي عُرِضت للتو. وكل استقطاب يرتفع عن ثلاث نقاط يُعتبَر مرتفعًا للغاية، ويكون مثيرًا للمناقشة.
- توجد بالطبع أفكار لا تُحدِث أي استقطاب على الإطلاق، أو لا تُحدِث استقطابًا كبيرًا للغاية؛ وهذا يعني إما أن عددًا كبيرًا من المشاركين قد وجد الفكرة جيدة جدًّا، وأنها قد حَظِيت بمركز مرتفع في قائمة الترتيب لهذا السبب، وإما أن معظم الأشخاص يرون أن الفكرة سيئة؛ ومن ثَمَّ فهي في واحد من المراكز الأكثر تدنِّيًا في قائمة الترتيب.

(٦-٣) مخطط قائمة الترتيب

- عند النظر إلى قائمة الترتيب، يكون الشيء الأهم هو مقارنتها بالتقييم الأولي؛ إذ يصبح واضحًا هنا كيف تطوَّرت الأفكار بالنسبة إلى المشاركين منذ التقييم الأولي حتى إعداد قائمة الترتيب؛ ومن ثمَّ يتضح كيف أنها قد صارت «محبَّبة إليهم». وهذه الأفكار المثيرة على نحوٍ خاص قُيِّمت كأفكار ضعيفة أو متوسطة في التقييم الأولي، لتظهر فجأةً في مركزٍ أعلى في قائمة الترتيب. والعكس يسري أيضًا؛ فهناك الأفكار التي جاء تقييمها إيجابيًّا للغاية في التقييم الأولي، وتظهر فجأةً في مستوى أدنى في قائمة الترتيب. ما الأسباب وراء هذا التغيُّر الذي يطرأ على الآراء؟ يمكن للمشاركين أن يُعقِّبوا مباشَرةً على هذا. إن هذا التذبذب ليس بالشيء الغريب، لا سيما بالنسبة إلى الأفكار ذات الطابع العاطفي الكبير، مثل اسمٍ جديد لمنتجٍ ما؛ فالأسماء بالذات تتطوَّر باستمرار، وتُوقظ مشاعر جديدة في كل مرة يُنظَر فيها.
- إذا كان المشاركون قد وُجِّهوا بشكلٍ صحيح، يجب أن تعكس قائمة الترتيب مدى احتمالية تنفيذ الأفكار أكثر مما تعكس التفضيلات الشخصية للمشاركين؛ لذا قارِنْ قائمةَ الترتيب مع التقييم الأولى من وجهة النظر هذه أيضًا.

بعد أن تَعرِض المخططات البيانية الثلاثة جميعًا، اطلبْ من كلِّ مشاركٍ أن يختار أفكاره الثلاث المفضلة، ويوضِّح السببَ وراء اختياره. بعد ذلك اختتِم الاجتماع وأَعلِمهم بأنهم سيستطيعون الاطِّلاع على التقييم والتوصية — بناءً على التعليقات المكتوبة أيضًا — في غضون بضعة أيام.

(٧) التقييم والتوصية

خذ وقتك في دراسة جميع الحقائق، والتعليقات، والمساهمات الخاصة بعملية اختيار الأفكار مرةً أخرى في هدوء، واستمِدَّ منها توصيةً فيما يتعلَّق بالأفكار التي ينبغي أن يقوم العميل بتنفيذها. يمكنك أن تضم أفكارًا أقل قبولًا في الاختيار النهائي إذا انتابك شعور — نتيجةَ المناقشة والتقييم — بأن هذه الفكرة لديها احتمالية تنفيذ، وإذا كان بإمكانك تقديم أسباب لتوصيتك. ثِقْ بالأرقام الواردة بالتقييم، ولكن لا تثق فيها بلا تفكير، فباعتبارك الشخص المسئول عن المشروع، ينبغي أيضًا أن تثق بشعورك الداخلي وتزكِّي تلك الأفكار، حيثما ينتابك الشعور — بعد انتهاء المشروع برمته — بأنها يجب أن تُنفَّذ.

مفاهيم جوهرية: «اختيار الأفكار»

- من أجل اختيار الأفكار المناسبة للتنفيذ، يجب استخدام عملية تقييم منظمة، وينبغي أن تدعو إليها جميعَ صُنَّاع القرار المعنيِّين.
- تتألَّف عملية الاختيار من ثلاث خطوات: (أ) تقييم كل فكرة على مقياس من ١ إلى ١٠. (ب) إعداد قائمة ترتيب. (ج) اختيار الأفكار الثلاث المفضلة.
- تجري عملية التقييم دون ذكر أسماء؛ بذلك يمكن مقارنة المراكز المتعددة على أساس محايد خلال المناقشة.
- تُحلَّل نتائج عملية الاختيار وتُحوَّل إلى توصية؛ يمكن لصانع القرار الآن أن يتخذَ قرارَه بِناءً على البيانات المتوافرة.
- عملية اختيار الأفكار ليست مسابقة للجمال ولا عملية ديمقراطية؛ فالهدف الوحيد منها هو توفير الدعم الأمثل لاختيار الأفكار.

إدارة الأفكار

كيف تُتابِع كل شيء في مشروع الأفكار؟

* * *

معظم الأشخاص الذين يتقدَّمون لشغل وظيفة معنا، يكتبون في نموذج طلب الوظيفة أنهم يودون العمل لدينا لأن لديهم الكثير من الأفكار، ويعتقدون أن بإمكانهم المساهمة بهذه الأفكار بالطريقة المُثلى داخل فريقنا، ويتعرَّضون جميعهم لإحباط شديد في البداية، حين يسمعون أن أهم شيء في أي وظيفة في مصنع الأفكار ليس المساهمة بأفكارك، بل تنسيق آراء الآخرين وتمكينها، والأشخاصُ الذين لديهم الكثير من الأفكار أنفسهم نستعين بهم في الغالب كموظفين مستقلين. إن ما نحتاج إليه في فريقنا الأساسي هو أشخاص يرون نقاط قوتهم في تمكين عملية توليد الأفكار وإعدادها وهيكلتها. تبدو هذه فصيلة نادرة لأول وهلة، فمن الأصعب كثيرًا أن تُتيح عمليةٌ ما أن تضع أفكارًا بنفسك.

ولكي أكون صادقًا، نحن في برين ستور نسعد سعادة بالغة بأننا لا نضطر إلى خلق الأفكار بأنفسنا كلَّ يوم، ولكن يمكننا الاستعانة بالأشخاص المناسبين من المجتمع الخلَّاق لكل مشروع. من هذا المنطلق، فإن وظيفة منتج الأفكار هي في المقام الأول وظيفة إدارية، فهي تدور حول معرفة متى ينبغي إشراك مَن، وكيف، من أجل وضع أفكار جيدة.

هذا لا يعني بالطبع أن موظفينا مثيرون للضجر ويعملون بشكل منهجي رتيب فحسب؛ فمهمتهم هي ضمان أن يحصل عملاؤنا في نهاية مشروع توليد الأفكار على أفكارٍ يمكنهم تنفيذها ولديهم الرغبة في ذلك. ليس بالضرورة أن تكون أفكارًا نُعجب بها نحن أنفسنا، أو يمكننا استغلالها في تعزيز سمعتنا، بل يجب أن تكون أفكارًا نافعة. ومثل هذه الأفكار تُوضع داخل فريق يُعامِل فيه المشاركون بعضهم بعضًا باحترام وحب استطلاع.

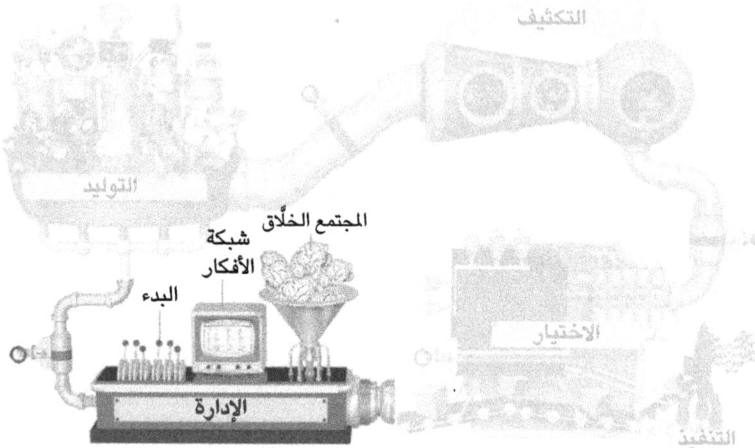

تضمن مرحلة «إدارة الأفكار» الوصول إلى المحتوى الأمثل، وتطوير مشروع الأفكار في ظل الإطار الزمني المحدد، فأنت تقوم بتحديد وتنظيم وتفعيل إجراءٍ سلس، مستعينًا بالأشخاص المناسبين والأدوات المناسبة؛ والمُحصلةُ النهائية هي أفكار يمكن تنفيذها.

في كل مشروع، نحرص كلَّ الحرص على أن نرى الأفكار التي ستخرج بها العملية. في البداية، أحيانًا ما تتوافر لدينا فكرة مبهمة عن الاتجاه الذي يمكن أن تُوضَع فيه الأفكار، ونناقش هذه الأفكار أيضًا. بعد ذلك سرعان ما نتخلَّى عن هذه الصور الذهنية وندير العملية فحسب، وفي كل مرة أُفاجَأ كيف أن الأفكار مثيرة، ومذهلة، ومجدية! ودائمًا ما تتمخَّض العملية عن احتمالات لم تخطر لنا نحن أنفسنا على بالٍ من قبلُ.

(١) مزيج متنوع

على الرغم من أن منتِجي الأفكار في حد ذاتهم مسئولون «فقط» عن العملية، فلا نزال نحتاج إلى جوٍّ مُلهِم مثير في برين ستور. فمن خلال وجودهم، لا بد أن يكون موظفونا في موضع يؤهلهم لإيصال عملائنا وكل عضوٍ في المجتمع الخلَّاق سريعًا إلى النقطة الضرورية،

من أجل ورشة عمل مثمرة. ولأجل ذلك، لا نحتاج بالتأكيد إلى نوعية عادية من الأشخاص؛ بل ينبغي أن يكونوا مثيرين، وملهمين، وثاقبي الذهن.

يمثِّل الأشخاص الذين يعملون لحسابنا مزيجًا من أشخاص غاية في التنوع. وعلى مدار تاريخ برين ستور الممتد لأربعة عشر عامًا، كان مزيج الموظفين العاملين بأجر، ولا يزال، شديدَ التباين. وانجذابُهم لعمليتنا، وتفكيرُهم التحليلي الواضح، ومعرفتُهم العامة الواسعة أو المنظور غير التقليدي بشكل خاص؛ أهمُّ لدينا من التعليم والمعرفة المتخصصة. أما الأشخاص ممَّن لديهم سيرة ذاتية تقليدية للغاية واعتيادية لحدِّ الإبهار، وهو الأمر المطلوب في معظم الشركات، فليس لهم فرصة كبيرة معنا؛ فما شهده الشخص في حياته، وما مرَّ به من خبرات وحقَّقه، أهم لدينا من إلمامه بكل شيء عن موضوع بعينه. وإلى حدٍّ معين، نحن جميعًا «عباقرة» — مثلما يدعو أحدنا الآخر في برين ستور — تعلَّمنا ذاتيًّا. فمع الأسف، ليس بالإمكان بعدُ تعلُّمُ مهنةِ «المنتِج الصناعي للأفكار» من خلال تعليم مدرسي أو جامعي؛ فبالنسبة إلينا يُعدُّ شخصٌ، على سبيل المثال، ترك المدرسة في سن ١٧ عامًا، ولكنه يستطيع استخدام اللغة بشكل جيد وقادَ جماعةَ كشَّافة لعدة سنوات، أكثر أهميةً من خريجِ إدارةِ أعمال لم يلتحق حتى بأي عمل صيفي.

إن الرغبةَ في الاندماج في هذا الفريق لروَّاد الأفكار — وما زلنا نشعر وكأننا روَّاد بالفعل — وإيجاد مكان فيه؛ أمرٌ مهم بالنسبة إلينا. ومن السمات الأخرى المهمة أيضًا: القدرة على تحمُّل الضغط، وتقبُّل النقد، والسرعة، إلى جانب قدرة فطرية تمامًا في التعامل مع الكمبيوتر، والإجادة التامة لاستخدام اللغة، ومعرفة ممتازة بما لا يقل عن لغة أجنبية واحدة، والأهم المنطق السليم.

على مدار السنين، تعامَلْنا مع مجموعة متنوعة من الأشخاص، منهم مَن حظي بتعليم مدرسي أو جامعي، ومنهم مَن لم يَنَلْ نصيبًا منه. وفيما يلي مجموعة صغيرة منتقاة من الأشخاص الذين يفوق عددهم ٨٠، الذين عملوا لدى برين ستور:

- رينيه: الذي ترك المدرسة في سن ١٧ عامًا ويكتب نصوصًا رائعة، وقد عمل معنا في برين ستور منذ أربعة أعوام، وهو اليومَ المديرُ الإبداعي لوكالة تانك الإعلانية بإستونيا.
- باسكال: ١٨ عامًا، وحاصل على الشهادة الثانوية، ولديه حس نقدي ساخر، ومُفكِّر. أمضى عامين في برين ستور، وهو اليوم طالب.

- دانيال: أخصائي نفسي ومؤسس مشارك لمدرسة مونتيسوري. أمضى عامين في برين ستور، وعاد اليومَ مديرًا لمدرسة مونتيسوري من جديد.
- سارة: حاصلة على الشهادة الثانوية. أمضت عامين في برين ستور، وهي اليومَ قارئةُ نشرات أخبار بالتليفزيون.
- بينك: مراهق مفرط النشاط لديه أفكار رائعة وعدد لا يُحصَى من المشروعات. أمضى ثلاثة أعوام في برين ستور، ويعيش اليومَ في كاليفورنيا حيث يعمل من بين أشياء أخرى: مُبلِّغًا عن حركة مرور الهليكوبتر، ومساعدًا لأستاذ جامعي.
- ريزا: سويسرية كورية، تمتلك شخصية منضبطة وعقلية تحليلية. وهي اليومَ مُخرِجة أفلام.
- دوريس: صانعة حلوى سابقة، أمضت أربعة أعوام في برين ستور، واليومَ تعمل كاتبةَ حسابات في كبرى مدارس الإعلان والاتصال في سويسرا.
- توث: عازف لموسيقى الميتال، أمضى عامين في برين ستور، وهو اليومَ أسرعُ ناقلٍ بالدرَّاجة لدى شركة «بيل».
- ثيلو: متزلِّج، أمضى عامين في برين ستور، ويعمل اليومَ بجمع التبرعات لصالح الصندوق العالمي للطبيعة.
- نورا: خاضت فترة تمرين معنا، وتقول أرَقَّ «صباح الخير» سمعتها على الإطلاق. وتتدرَّب اليومَ للعمل كممرضة.
- إرس: خطَّاطة؛ وسابين: تعمل تحت التمرين في مصنع سويسري للصهاريج. أمضتا عامين في برين ستور، وتمتلكان اليومَ وكالتهما الإعلانية الخاصة.
- سفين: مُصمِّم عبقري لديه نقطة ضعف تجاه الأغراض العسكرية وحبٌّ جم للبط، وهو اليوم مصمِّم جرافيك ومدرس بإحدى مدارس التصميم.
- سوري: فتاة يابانية في الثامنة عشرة، تمكَّنت من إبرام ١٣ موعدًا لبرين ستور مع رؤساء كُبريات الشركات في اليابان في غضون أسبوعين.
- بترا: سيدة سويسرية، ذات توجُّه عالمي تجيد الإنجليزية بطلاقة، وعلى قدرٍ عالٍ من الخُلُق، وتدرس اليومَ من أجل الحصول على الدكتوراه بجامعة كولومبيا.
- نيكوليت: طفلة جامحة أمضت عامًا واحدًا في برين ستور، وهي اليومَ مُصمِّمة أزياء لمقدِّمي البرامج بقناة فيفا سويسرا التليفزيونية.
- ماجي: مديرة مشروعات سابقة لدى الصندوق العالمي للطبيعة، وتعيش اليومَ في لندن وتعمل لدى أحد المعاهد المعروفة المتخصِّصة في أبحاث السوق.

- وحاليًّا: ساندرو، مدير فندق سابق؛ وآنا، مصممة أزياء سابقة؛ وميشا، فنانة سابقة؛ وباربرا، مندوبة مبيعات سيارات سابقة؛ وجان، مبرمج مواقع عبقري؛ وجان، متخصِّص عبقري في تكنولوجيا المعلومات؛ وماركوس، انقطع عن الدراسة ولم يحصل على شهادته العلمية؛ ولوران، عبقري مُدلَّل؛ وباسكال، مندوب مبيعات في متجر لبيع الأزياء بالتجزئة سابقًا؛ ومارتن، صاحب متجر لبيع القنب سابقًا؛ وكورنيليا، سيدة أعمال سابقًا، وخبيرة في الشئون اليابانية؛ وسام، يعمل لبعض الوقت في برين ستور، ولبعض الوقت لدى الحكومة السويسرية؛ وكيت، مصفِّفة شعر سابقًا؛ وبيا، مدمن على التعليم؛ ولي، زميلة مكتب. ولدينا أيضًا حضانة الأطفال الخاصة بنا، والتي تُسمَّى «ميني برينز»، ويرتادها ثمانية أطفال.

تبدو تلك، بشكل عام، مجموعة مجنونة نوعًا ما من الأشخاص، لا جدال في ذلك. ومع ذلك فنحن نوعيةُ الأشخاص الذين لديهم حماسٌ للفرص والاحتمالات التي يتيحها مجالُ الإنتاج الصناعي للأفكار، والذين يحاولون الاستفادة أكثرَ من هذا النظام كلَّ يوم من أجل عملائنا.

يملك «عباقرتنا» حماسًا خاصًّا تجاه العملاء والمهام المتنوعة التي تُوكل إلينا؛ فكلُّ يوم هو بمقام مغامرة، أو كما يقول ساندرو، مدير إنتاجنا: «لا يمكن لأي شخص هنا أن يقول إنه لم يتعلَّم شيئًا اليوم.» وهذا صحيح؛ ففي مجال عمل برين ستور تكتسب معرفةً متنوعة، ولكنها عميقة أيضًا، من مجموعة كبيرة من قطاعات الصناعة؛ ممَّا يجعل موظفينا أيضًا مصدرَ جذبٍ لأصحاب العمل الآخَرين.

(٢) لا وقت للانتظار: ما ينبغي أن يكون «مديرو الأفكار» قادرين على القيام به

إذا أردتَ بناء فريق قوي في شركتك، يمكنه إنتاج أفكار صناعيًّا، فأنت إذًا بحاجة إلى أشخاص يمكنهم البدء في طرح إسهاماتهم من اليوم الأول؛ فينبغي أن يكونوا أشخاصًا يحبون المجازَفة ويفضِّلون أن يكون لديهم الكثير جدًّا للقيام به وليس القليل، وينبغي أيضًا أن يكونوا ممَّن يحبون الجانب الخاص بالعرض لمشروعٍ ما، فأيُّ مشروع لتوليد الأفكار يشتمل على جزء مسرحي يمتد عبر المشروع، وفي هذا الجزء لا بد أن يسير كلُّ

شيء بالدقيقة. احرصْ على الاعتماد على أشخاص قادرين على التنفيذ، ولديهم القدرة على التفكير أيضًا، وليس العكس؛ فالتفكير يمكن التدرُّب عليه، أما التنفيذ العملي فلا.

ثمة طريقة جيدة لتكوين فريق إداري لمشروع توليد الأفكار، ألَا وهي إجراء عملية تقييم لكل المتقدِّمين. لا تخشَ من فرض ضغوط على المتقدمين. وفيما يلي مجموعة مختارة من التدريبات نقوم بتنفيذها مع «العباقرة» المحتمَلين لاختبار قدرتهم ک «مديري أفكار»:

- «المعلومات العامة»: هل يملك المتقدِّمون قاعدةً عريضة من المعلومات العامة (على سبيل المثال: هل يمكنهم ذِكْر أسماء جميع الوزراء الحاليين، وتحديد تاريخ حدثٍ ما، وشرح مصطلح بيولوجي)؟ هل يمكنهم تصنيف الأحجام والوحدات بشكل منطقي (هل يعرفون، مثلًا، تكلفة لتر الحليب حاليًّا، أو كيلو من الذهب، أو سيارة بورش كايين إس)؟
- «اختبار تداعي الأفكار»: ما الذي يخطر للمتقدمين عند سماع مصطلحات معلومة لَمن هم داخل الشركة فقط؟ ما الصور والأحداث التي تتبادر إلى أذهانهم لدى ذِكْر كلمات معينة؟
- «تقييم الأفكار»: ما الأفكار التي يقع عليها اختيار المتقدِّمين من قائمة برين ستور للاختيار المسبق؟ وما الأسباب التي يسوقونها لتبرير اختيارهم؟
- «العمل الجماعي»: كيف يعمل المتقدِّمون داخل فريق؟ كيف ينظِّمون أنفسهم؟ مَن يأخذ المبادرة، ومَن يصبح القائد؟ ومَن يفكر بأسلوب منظم؟
- «القدرة على التلخيص»: ما مدى قدرة المتقدمين على استيعاب نصٍّ طويل معقَّد سريعًا وتلخيصه في ثلاث جمل؟
- «القدرة اللغوية»: ما مدى إجادة المتقدمين للتعبير عن أنفسهم بالألمانية، والإنجليزية، ولغة أجنبية أخرى؟ هل يمكنهم صياغة عبارات؟ ما مدى إجادتهم في النطق والقواعد اللغوية؟
- «التعامُل مع العملاء»: كيف يكون رد فعل المتقدمين إزاء المكالمات الهاتفية؟ كيف يتعاملون مع العملاء الذين يأتون إلى مكتب الاستقبال؟ إلى أيِّ مدًى يجيدون الارتجال؟
- «المهارات الفنية»: ما مدى إجادة المتقدمين لمهارات الكمبيوتر؟ وهل يمكنهم إعداد نظام لحفظ الملفات، والعمل بشكل منهجي، ووضع أولويات؟

كل هذه المؤشرات مهمة لاختيار فريقك، ولكن الأهم أن تكون هناك كيمياء داخل فريق تطوير الأفكار الخاص بك؛ فلا بدَّ أن يعمل «مديرو الأفكار» معًا عن قُرْب، وينبغي أن تكون لديهم القدرة على العمل بسلاسة وبشكل جيد معًا حتى في المواقف الصعبة. في فريقنا، عادةً ما يكون ذلك تحديًا أكبر من ضغوط المشروع أو مواعيد التسليم المضغوطة؛ ولهذا السبب، لا نكتفي نحن — بصفتنا مؤسسي الشركة — بتعريف الفريق بأي شخص نعتقد أنه يصلح «مديرًا للأفكار»، بل نحاول دمج الفريق كاملًا في القرار حيثما أمكن (وهذا ممكن في وجود ٢٠ شخصًا).

(٣) توزيع الأدوار في «فريق الأفكار»

الأفكار موضوع عاطفي للغاية؛ فلا يمكنك أن تبقي الأفكار «بعيدًا» عن العواطف؛ فبمجرد أن تبدأ في التعامل مع الأفكار، فهي إما تعجبك وإما لا تعجبك. غير أن البُعد يُعَد مكونًا فاصلًا لنجاح مشروع لتوليد الأفكار. فمن جانب، يحتاج المشروع إلى أشخاص منخرطين في العملية ويلعبون دورًا في تشكيلها، ولكنْ على الجانب الآخَر هناك حاجة لوجود أشخاص يراقبون المشروعَ عن بُعْد لضمان جودة الأفكار، وهذا التوزيع للنفوذ مهم، وإلا تعرَّضت لخطرِ أن ينخرط الجميع بشدة في العملية، ويُحاصَرون بالأفكار لحدٍّ يُعجِزهم عن الحكم على ما إن كانت فكرةٌ ما تستحق أم لا.

لهذا السبب يوجد دائمًا شخصان في مشروعاتنا مسئولان عن العملاء: «مسئول الأفكار» و«مدير المشروع». مسئول الأفكار هو المسئول عن المشروع، فيقوم بعقد الاجتماعات والمفاوضات مع العميل، وهو مسئولٌ عن عرضِ الأفكار في نهاية المشروع، وتزكيةِ فكرة أو أكثر للعميل لتنفيذها. أما مدير المشروع، فيُرافق العميل طوالَ المشروع وينخرط في المشروع عن قُرْب، ويقوم بالعناية بالعميل خلال وِرَش العمل المشتركة، ويَعدُّ تقاريرَ مرحلية أو يتلقَّى الأسئلة من العميل، ويقوم بعد ذلك بمناقشتها مع مسئول الأفكار. ويتولَّى مدير المشروع الإشراف على إنتاج المشروع، ويعمل عن كثب مع الأشخاص المسئولين في قسم «إنتاج الأفكار». وبالإضافة إلى الإنتاج، يقوم أيضًا باختيارِ تلك الأفكار التي من المُزمَع طرحها، وعرضِ هذه الأفكار على مسئول الأفكار. من جهته، لا يُشارك مسئول الأفكار بشكل نَشِط في عملية الإنتاج، ولكنه يراقب جودةَ الأفكار في مراحل محددة بوضوح، ويقيِّم ما إنْ كانت الأفكار تستوفي متطلبات وشروط العميل أم لا، وقد أثبَتَ نظامُ «الفصل بين السلطات» هذا فاعليتَه في مئات المشروعات.

هذا يعني، بالنسبة إليك وإلى فريق أفكارك، أنكم تحتاجون إلى هيكلة فِرَق المشروعات، بحيث يكون شخص واحد مسئول عن نجاح المشروعات، ويبقى في منأًى عن دوَّامة الأفكار، ويحتفظ بصورة عامة لما يحدث.

وجوهر إنتاج الأفكار هو فريق من شخصين أيضًا: «مدير الأفراد» و«مدير الأفكار». فهما مسئولان عن تنفيذ المهمة التي يطلبها العميل؛ فيقوم مدير الأفكار بالتخطيط للمشروع فيما يتعلق بالمحتوى والجدول الزمني، بينما يوفِّر مدير الأفراد الموارد اللازمة من «المجتمع الخلَّاق». وهذان العاملان المُتمثِّلان في الوقت والأفراد هما أول وأهم العوامل في مشروع للتوليد الصناعي للأفكار، ويُخطَّط لهما أولًا.

(٤) الأفراد والتوقيت

مَن ينبغي أن يُشارك في المشروع؟ ومتى؟ يُناقَش هذا السؤال في اجتماعٍ للفريق الأساسي، الذي يتألف من: مسئول الأفكار، ومدير المشروع، ومدير الأفكار، ومدير الأفراد. وتُوضَع رغبات العميل وإدارة المشروع في الاعتبار أثناء عملية التخطيط. وبالطبع لا يمكن عقد هذا الاجتماع إلَّا عندما تكون المهمة التي يطلبها العميلُ واضحةً (انظرْ فصل «بيان المعلومات والبدء»). ونحن نجعل توقيتَ المشروع ملزمًا لكي يمكن ضبط ماكينة الأفكار بشكل موثوق فيه. ونادرًا جدًّا ما يحدث أن ننحرف عن الجدول الزمني المحدد؛ إذ إن ذلك من شأنه أن يؤدي إلى توقُّف تام لماكينتنا بالكامل، وللشبكة بأكملها؛ وهذا أمر مكلِّف ماديًّا. بمجرد أن يتضح الجدول الزمني، تُناقَش المواصفات المطلوبة في المشاركين من «المجتمع الخلَّاق» المُزمَعة مشاركتهم في المشروع. بعد ذلك تُنشَر هذه المواصفات من قِبَل مدير الأفراد في القنوات المناسبة، مثل موقعنا عبر الإنترنت أو الإعلانات، لكي يتسنَّى للأشخاص المناسبين التقدُّم للمشاركة. وتُوجِّه ميزانية مشروع توليد الأفكار حجمَ الفريق ونوعيةَ الخبراء الذين يتم ضمهم إلى المشروع بشكلٍ صارم. كذلك يلعب مبدأ توخِّي الأمثل دورًا هنا، فإذا كانت الميزانية محدودة للغاية، من حيث الأموال أو الوقت، يُستعان بأشخاص أقل وخبراء أقل تكلفةً. أما إذا كانت لدينا ميزانية سخية من حيث الوقت والموارد، فيمكننا التخطيط لضمِّ فِرَق أكبر وخبراء أكثر تكلفةً.

بمجرد تأسيس فريق المشروع، يمكن أن تبدأ العملية الفعلية لإنتاج الأفكار، والتي تُقسَّم إلى مراحل توليد الأفكار، وتكثيف الأفكار، واختيار الأفكار. في المرحلة الأولى نَعدُّ أدوات الفريق الإبداعي، ومقابلات الأفكار ومقابلات الخبراء، واستكشاف الاتجاهات

واستكشاف الإنترنت. وفي المرحلة الثانية، يحين دور مدينة الأفكار، والفحص الأول، وفحص المعايير، وفريق البحث، وتصميم الأفكار. بعد ذلك يجري تقييم الأفكار واختيارها في مرحلة اختيار الأفكار؛ ومن ثَمَّ ننتقل إلى التنفيذ. وتعتمد مسألة اختيارِ الأدوات التي ستُستخدَم وكيفيةِ استخدامها على بيان المعلومات والميزانية التي يحدِّدها العميل؛ فالتسلسلُ الدقيق للأدوات، على سبيل المثال، حَالَ تنفيذِ مراحل إنتاجٍ معينة بالتوازي، هو مسألة متعلقة بالجدول الزمني. ويستمر مشروع العمل القصير في برين ستور يومين من تاريخ تلقِّي المهمة المطلوبة، ويتكلَّف ١٣٧٥٠ يورو، ويشارك فيه ٣٠ شخصًا إجمالًا. أما المشروع الكبير، فيستمر أربعةَ أشهر، ويُنفَّذ في ثلاث دول بالتوازي، ويشارك فيه أكثر من ٢٠٠٠ شخص، ويتكلَّف ٣٩٥٦٠٠ يورو.

(٥) طريق المشروع

بمجرد تحديد الأدوات والأشخاص، يمكن أن يبدأ التخطيط التفصيلي لمراحل الإنتاج، كل على حدة. وهناك مهامُّ إعدادٍ محددة بوضوح لكل مرحلة:

- «البدء»: يستطلع مدير المشروع كلَّ ما هو موجود عن شركة العميل، ويقدِّم صورة عامة لأهم الحقائق والأرقام. وتُعَدُّ قائمةٌ بالأسئلة بشأن المشروع بالتعاون مع مسئول الأفكار. بعد الاجتماع الاستهلالي مع العميل، يصوغ مديرُ المشروع بيانَ المعلومات ويُنظِّم اجتماعًا استهلاليًّا مع كلِّ مَن ينبغي اطِّلاعهم عليه.
- «المجتمع الخلَّاق»: يناقش فريق المشروع المهارات المهمة في المشروع الحالي، وكيف ينبغي تكوين فريق العاملين المستقلين في كل مرحلة، ويقوم مديرُ الأفراد بنشرِ الوظائف المتعددة المطلوب شغلها في القنوات المناسبة، وتصفيةِ وتحليلِ طلبات التوظيف، وعقدِ اجتماعات اختيارٍ وتقييمات، ثم يقترح مجموعةَ الأفراد التي وقع عليها الاختيار من قِبَل فريق المشروع. بعد ذلك، يتم استدعاء الأشخاص المختارين من «المجتمع الخلَّاق» وإطلاعهم على مجريات الأمور. كذلك يضمن مدير الأفراد عدم وجود أية ثغرات في توثيق الأفراد الذين سيُستعان بهم، وينظم الإدارة المعقدة لهؤلاء الأشخاص بالكامل، بمعنى دفع أجورهم ونفقات سفرهم، ومدفوعاتهم الاجتماعية.
- «الفريق الإبداعي»: لا بد من إعداد برنامج تفصيلي لعناصر وضع الأفكار بناءً على بيان معلومات العميل، وينبغي أيضًا التخطيط للجانب اللوجستي للأمور

وإعداد القاعات. ولا بد من إعداد قاعدة البيانات التي يتم إدخال الأفكار الخام إليها، ولا بد من اختيار جميع المشاركين وإطلاعهم على المعلومات اللازمة لحضور الاجتماع. يجتمع فريق الأداء — الذي سيصبح «الفريق الإبداعي» — في اجتماعات تحضيرية، ويختبر البرنامج كاملًا في تشغيل تجريبي لمعرفة ما إذا كان بالإمكان تحقيق النتائج المنشودة بواسطته، وما إذا كان هناك حاجة لإجراء أي تغييرات.

- «مقابلات الأفكار ومقابلات الخبراء»: حال استخدام هذه الأداة، ينبغي إذًا إعداد منهج لاستطلاع الآراء، وتحديد عينة من الأفراد الذين ستُستطلَع آراؤهم، ووضع نموذج استبيان. والمهام التحضيرية ضروريةٌ أيضًا في هذه المرحلة، مثل توفير قاعدة بيانات الاستطلاع، واختبار الاستبيان على ٥ بالمائة من العينة، واختيار العاملين المستقلين الذين سيجرون الاستطلاع وإطلاعهم على مجريات الأمور. ولا بد من الاتصال بمَن ستَجري مقابلتهم، وتحديد مواعيد، وإعداد توثيق للاستطلاع (على سبيل المثال: مواد العرض الإيضاحي). وعند وصول نتائج الاستطلاع، لا بد من إدخالها بمعرفةِ مَن يُجْرُون المقابلات، ومراجعتها من قِبَل مدير الأفكار. وفي النهاية تُقيَّم النتائج وتُوثَّق في ورقة للنتائج.
- «استكشاف الاتجاهات واستكشاف الإنترنت»: يُكتَب بيانُ معلوماتٍ تفصيلي من أجل «مستكشفي الاتجاهات» أو «مستكشفي الإنترنت»، يُذكَر فيه ما ينبغي أن يبحثوا عنه في نطاق منطقتهم. وينبغي توضيح المسائل اللوجستية، مثل رحلات الطيران أو احتمالات إرسال المواد التي عُثِر عليها. وينبغي إعداد قاعدة البيانات من أجل إدخال نتائج، وبمجرد وصول جميع المواد، ينبغي فرزها وتصنيفها في قاعدة البيانات وتقييمها.
- «فحص الأفكار»: ينبغي إدخال جميع الأفكار الناتجة من مرحلة التوليد وتسجيلها بوضوح. بعد ذلك يجري إعدادها في نماذج عديدة لفحص الأفكار وإتاحتها للمشاركين. تضاف صورٌ إلى الأفكار المصاغة في مرحلةِ فحص الأفكار حيثما أمكن، وتُحرَّر وتُنقَّح من قِبَل مدير الأفكار حتى يمكن العمل عليها في المرحلة التالية.
- «فريق البحث»: تعديل فريق البحث مسئوليةُ مديرِ الأفكار، وينبغي أن تكون المهمةُ والإطارُ الخاص بالمعايير في ذهنه، وأن يكون مُلِمًّا بخلفية المشروع عن ظهرِ قلبٍ، ويقود فريقَ البحث.

الشيء الأهم هو التقييم المنهجي للأفكار القائمة والصقل المتواصل لها. وفي أثناء تنفيذ مرحلةِ فريقِ البحث مع الخبراء، يقوم مدير الأفكار بإجراء الأبحاث الضرورية؛ للتأكُّد من انتفاءِ أيٍّ شكوك حول إمكانية تنفيذ الأفكار.

- «تصميم الأفكار»: يقوم مدير الأفكار بإعداد «بيان المعلومات» من أجل مُصمِّم الأفكار، ويناقشه مع مسئول الأفكار. بعد ذلك يطلب مقتطفاتٍ وعيناتٍ للعمل من مُصمِّمين عدة، ثم يُوقِّع عقدًا مع الشخص الأنسب للمهمة. وبالتوازي مع عملية تصميم الأفكار، تُصاغ الأفكار في عرض تقديمي.
- «اختيار الأفكار»: يقوم مدير الأفكار بإعداد العرض التقديمي والتوثيق التجريبي لجميع الأفكار، وتُطبَع كلُّ فكرة على بطاقة صغيرة من أجل تيسير مهمة إعداد قائمةِ ترتيبٍ على المشاركين في عملية «اختيار الأفكار». ولا بد من إعداد قاعدة بيانات وبرمجتها من أجل إدخال جميع التقييمات والتعليقات.

يرافق فريقُ المشروع العميلَ في مرحلة التنفيذ أيضًا، وينشئون جهاتِ اتصالٍ للشركاء المحتمَلين لتنفيذ الفكرة، ويقودون الاجتماعات في مراحل المشروع، وينسِّقون بين الأشخاص المختلفين والمؤسسات المشاركة في التنفيذ إذا طلب العميل ذلك.

(٦) عملاء الأفكار بحاجة إلى كثير من الحب

إن إعداد العملية والتحكم فيها ليسا التحديين الوحيدين اللذين يواجهاننا؛ فالاعتناء بالأشخاص الذين يتعاقدون على الأفكار — أي العملاء — أمرٌ متطلَّب أيضًا وذو أهمية محورية من أجل نجاح المشروع. إن شراء الأفكار ليس عملية روتينية، ونحن نستثمر الكثير من أجل إنشاء علاقات غير رسمية مع عملائنا، على أن تكون هذه العلاقات موجَّهةً نحو خدمتهم. ومن المهم جدًّا بالنسبة إلينا أن يفهم العميل كيف تُصاغ الأفكار ومتى تكون مشاركته عاملًا حاسمًا للنجاح.

لا تنسَ أن عملاءنا يواجِهون موقفًا جديدًا تمامًا عليهم في مشروعاتنا؛ وهو يبدأ من اللحظة التي يدخلون فيها إلى مصنعنا للأفكار، الذي يُعَد بيئةً مختلفة كليَّةً عن البيئة المعتادة عمومًا لموظفي الشركات. بعد ذلك، في ورشة «الفريق الإبداعي»، يتعاونون مع أطراف من الخارج يَصْغُرونهم بعشرات السنين، ومجردُ التفكير في هذا يمكن أن يثير درجةً عالية من التوتر. ويوجد كثير من العملاء يسألوننا قبل ورشة العمل عن الأسلوب

الذي ينبغي أن ينتهجوه في التصرُّف، وما ينبغي أن يرتدوه، وما الذي ينبغي أن يكونوا على وعيٍ به عمومًا، ولا بد أن تتوقَّع إدارةُ المشروع مثلَ هذه الأسئلة وتقدِّم المعلومات الصحيحة، ولكنْ دونَ تقليصِ تأثيرِ المفاجأة في يوم ورشة «الفريق الإبداعي»؛ فحقيقةُ تصادُمِ العوالم معًا هنا تُعَد واحدةً من المزايا الرئيسة لإشراك الأطراف الخارجية في التوليد الصناعي للأفكار.

يُعَد المظهر المثالي جزءًا من الاهتمام بالعميل. إن الأفكار وعملية الإنتاج الصناعي للأفكار من الأمور التجريبية بما يكفي، ولا يحتاج العملاء إلى مواجَهةِ مفاجآتٍ أخرى. ونحن نبذل كلَّ جهد ممكن في توثيقنا وفي تواصُلنا مع العملاء؛ من أجل خلق انطباعٍ بالوضوح والإيجاز، وفوق كل ذلك، الظهور بمظهر موحَّد. فمن المهم بالنسبة إلينا أن يَعِي مَن يأتمنوننا على مشروعاتهم أنهم يتعاملون مع محترفين، وأن مشروعاتهم في أيدٍ أمينة. وبالطبع لا يعني ذلك أننا لا نرتكب أخطاء أبدًا، أو أن كل شيء رائع ومثالي دائمًا، ولكن المهم بالنسبة إلينا أننا نكافح من أجل الإجادة والكمال، وأننا نتجاوز الجودةَ المطلوبة في جميع الحالات تقريبًا.

إذا قرَّرتَ أن تُنْشِئ إدارةَ أفكارٍ في شركتك، مُصمَّمةً على نموذج الإنتاج الصناعي للأفكار، فإنك إذًا ستفعل ذلك لاقتناعك ببعض عناصر ماكينة الأفكار، غير أنك بحاجةٍ إلى أن تَعِي أن ليس جميع الموظفين في شركتك سيكون لهم نفس الرأي، وأنهم بالتأكيد لن يتفهَّموا الفوضى التي قد يتسبَّب فيها إشراكُ أطرافٍ من خارج الشركة، ويمكنك مواجَهة هذا التشكُّك (الذي نأمل أن يكون في بادئ الأمر فحسب) على أفضل نحوٍ إذا تحليتَ بالتنظيم الجيد والمهنية، واعتنيتَ بعملائك الداخليين في المشروع بشكل مثالي؛ ووجودُ توزيعٍ واضح للمهام سوف يساعدك في هذا. ليس عليك أن تفعل ذلك بنفس الأسلوب الذي نتَّبِعه تمامًا؛ فهناك آلاف الاحتمالات الأخرى، ولكنْ ألْقِ نظرةً على إجراءاتنا وقرِّرْ أي واحد منها يمكن أنْ يصلح لك. وقد أثبَتَ توزيعُ المهام في «إدارة الأفكار» الوارد هنا فاعليتَه.

(٧) ضمان الجودة

إن تقييم جودة الأفكار مهمة متطلِّبة، وتجعل «إدارة الأفكار» منشغلة طوال العملية برمتها. فنحن غير مستعدين لتمرير أي أفكار نتجت عن عملية التوليد الصناعي للأفكار

إلى عملائنا دون فحص جودتها؛ ولذا نحرص على أن يُجرَى فحصٌ لمراقبة الجودة في كل مرحلة جديدة من المشروع. ودائمًا ما يقارن شريكي، ماركوس ميتلر، هذا بمهمةِ كبيرِ طهاة جيد؛ فهو دائمًا ما يرغب في التأكد من أن الأصناف التي تخرج من مطبخه رائعة، وهذا ما يجعله يقف عند الباب وينظر إلى الأطباق التي تخرج من المطبخ عن كثب، ويتذوَّق من هنا وهناك؛ وبذلك يضمن أن ما يغادر مطبخه هو الإبداعات الرائعة فقط. ويعتمد «كبير الطهاة» أيضًا على عملية سلسة جيدة تتم داخل نطاق فريقه، ولكنه يظل يُجرِي الفحص النهائي بنفسه.

في أية عملية لتوليد الأفكار، يضطلع مسئولُ الأفكار بهذا الدور؛ فهو يضمن للعميل مستوى جودة الأفكار وخلوها من العيوب. ثَمَّة فحصان ضروريان لهذا: أولًا، لا بد أن تكون الأفكار متطابِقةً مع بيان معلومات العميل، فإذا كان مفترضًا — على سبيل المثال — ألَّا تتجاوز تكلفةُ تنفيذِ فكرةٍ ما ٣٠٠٠٠٠ يورو، فليس من المهنية في شيءٍ أن نعرض أفكارًا ستتكلَّف ٧٠٠٠٠٠ يورو، مهما بلغت جودة هذه الأفكار. أو إذا كان العميل يشترط أن يكون بالإمكان تنفيذ الفكرة والإشراف عليها بواسطة فريق مُكوَّن من شخصين، فليس منطقيًّا على الإطلاق أن تعرض أفكارًا سيتطلَّب تنفيذُها فريقَ كرة قدم كاملًا، ويقوم «مسئول الأفكار» برفض مثل هذه الأفكار نيابة عن العميل. أما الفحص الثاني، فيتأكد من توافُق الفكرة مع معايير برين ستور الداخلية: هل الفكرة بسيطة حقًّا؟ هل هي مفاجِئة للعميل؟ هل هي ذات صلة؟ وإلى أيِّ مدًى؟ وأي أفكار لا تتجاوز هذا الاختبارَ يكون مكانها سلة المهملات.

(٨) استخلاص المعلومات: التعلم من الأخطاء من أجل المشروع القادم

يمكنك أن تحسِّن الأمور في كل مشروع للأفكار؛ فيمكنك، بل يجب، أن تتعلَّم من هذه الأشياء من أجل تعديل العملية للتوافق مع المتطلبات والشروط المتزايدة، فلا ينبغي أن تتحوَّل العملية إلى مبدأ أو عقيدة ثابتة، ويجب ألَّا تبدأ الأدوات في التعرُّض للصدأ. لا بد من صيانة ماكينة الأفكار باستمرار وإدخال مزيدٍ من التطوير عليها، ونحن نفعل هذا بشكل براجماتي للغاية من جانبٍ ما، من خلال إعدادِ تحليلٍ بعد كل مرحلة مع الفريق المسئول عن تلك المرحلة في المشروع، ونبدأ بالجوانب الإيجابية: ما الذي سار على نحوٍ جيد؟ ما الذي كان مُمتعًا؟ ما الذي أعجبنا؟ ويقوم كل عضو في الفريق بتدوين ما لا يقل عن ثلاث

نقاط، ثم نتبادلها. ويوجد دائمًا الكثير من الإيجابيات للحديث عنها في كل مرة؛ ما يؤكِّد لنا وللمشاركين أن العملية ناجحة، وأن بمقدورنا الاعتماد عليها.

بعد ذلك تُجمَع الجوانب السلبية، ومرةً أخرى يقوم كل شخص هنا بتدوين ما بين نقطة وثلاث نقاط. تُناقَش كل نقطة وتُحلَّل، ويقوم مسئول الأفكار بجمع النقاط والتعقيب عليها كلما استلزم الأمر، وتُدوَّن كل نقطة أيضًا. ومن النقاط التي تظهر دائمًا ويُنظَر إليها عن كثب من قِبَل فريق الإنتاج: ما الذي يمكننا تغييره؟ ما الذي يمكن تحسينه؟ البندُ الأخير في التقرير المختصر عبارة عن أفكار ونصائح عملية، فيقوم كل مشترك بتدوين فكرة واحدة على الأقل عن كيفية تحسين العملية في المرة القادمة.

أحيانًا ما تكون هذه مقترحاتٍ شديدةَ البساطة للتحسين، يمكننا تنفيذها مباشَرةً في المشروع القادم، وأحيانًا ما تكون مقترحات لا يمكن تنفيذها على المدى القصير، ولكنها تضاف إلى قائمتنا للتطويرات الضرورية (على سبيل المثال: إدخال تعديل على البرمجيات أو تغيير على تصميم القاعة).

إن هذه التقارير تقدِّم لنا مساعدة ضخمة في التحسين المتواصل لعملية توليد الأفكار. بالطبع نحن نُنصِت أيضًا إلى عملائنا ونسألهم عمَّا يمكننا تحسينه في العملية. وما نستخلصه من العملاء عادةً ما يكون ملاحظاتٍ عامةً يمكننا من خلالها قياسُ مدى الرضا أو عدم الرضا عن موضوع معين، أكثر منه نصائح عملية حول عملية توليد الأفكار. وهذه الصور الذهنية للانطباع العام تُدمَج أيضًا في قائمة التحسينات القصيرة أو المتوسطة المدى.

مفاهيم جوهرية: «إدارة الأفكار»

- «عميلك» — بمعنى الشخص أو الجهة التي تعاقدَتْ معك على الفكرة — هو معيارك لجودة الأفكار: وجِّهْ نفسك تمامًا نحو رغباته ومتطلباته، التي حدَّدتَها معه في بيان المعلومات (انظر فصل «بيان المعلومات والبدء»).
- تناوَلْ أيَّ مشروع للأفكار في ثنائيات إنْ أمكن، من خلال تخصيص شخصٍ للعناية بالعميل ومرافَقة المشروع من مسافة معينة (مسئول الأفكار/مدير المشروع)، وشخصٍ للاضطلاع بدور مدير الأفكار/مدير الأفراد. إذا كانت ميزانيةُ الفكرة تسمح، فقُمْ بتوزيع الأدوار أكثر. ويُعدُّ هذا منطقيًّا بشكل خاص في المشروعات المُعقدة.
- مهمتك كمسئولِ أفكار/مدير مشروع هي شرحُ وتوضيحُ العملية لعملائك، ومرافقتُهم عبر العملية وضمان جودة الأفكار.

• مهمتك الأساسية كمدير أفكار/مدير أفراد هي إعداد المشروع والتخطيط له، واستدعاء الأشخاص المناسبين من «المجتمع الخلَّاق»، وضمان أن يُسفِر ذلك عن أفكارٍ جيدة باستخدام الأدوات المناسبة.

• إذا أردتَ أن تضم أشخاصًا آخَرين إلى «فريق الأفكار» الخاص بك (على سبيل المثال: إذا كان عليك أن تدير عدة مشروعات بالتوازي)، فاحرصْ على الاعتماد على أشخاصٍ يعملون أكثر من الأشخاص الذين يفكرون. اعتمِدْ على الأشخاص الذين يمكنهم الحفاظ على سَيْر العملية وينبهرون بإنتاج الأفكار. انتبِهْ إلى السرعة، وامتلاكِ مقدرة لغوية طبيعية، والقدرةِ على التلخيص، والتمتُّعِ بمعلومات عامة واسعة، وفوق كل ذلك تأكَّدْ من أن بين أفراد الفريق كيمياء.

• حدِّدِ الجدولَ الزمني ومواصفات الأشخاص الذين ترغب في إشراكهم في المشروع من البداية والتزِمْ بذلك. تذكَّر: الإنتاجُ الصناعي للأفكار يعمل وفقًا لمبدأ توخِّي الأمثل، والالتزامُ بالجدول الزمني يساعد على تطويرِ وسيلةٍ مركَّزة وواعية بالتكلفة، وموجَّهة نحو النتائج للتعامُل مع «الفكرة» موضوع المشروع. سوف تكون قد توصَّلتَ إلى نتيجة مثالية في المرحلة المطلوبة من الوقت.

• تعامَلْ مع عملائك، حتى لو كانوا عملاء داخليين، باهتمامٍ وفطنة واحترام، فقد تعاقَدوا على سلعة مهمة تفيد مستقبل شركتك: فكرة. حافِظْ على التوازن بين إضفاءِ جوٍّ غير رسمي، وهو يُعَد ضرورةً لإنتاج أفكار جيدة، وبين وجودِ مسافةٍ معينة، وهي تُعَد حيويةً لتقديم النصائح المثالية لعملائك؛ ومن ثَمَّ لتزكية الفكرة التي ستُنفَّذ.

• إذا كنتَ أنت نفسك عميلًا لفكرة، فكُنْ مُصرًّا على أن يلتزم فريقُ الأفكار الخاص بك بعملية واضحة، تنفصل فيها مراحلُ التوليد والتكثيف واختيار الأفكار إحداها عن الأخرى على الأقل. لا تنخرِطْ في المشروع أكثر من اللازم، ولكن اتَّخِذْ موقفًا واضحًا في المراحل الأساسية (بيان المعلومات، الفريق الإبداعي، اختيار الأفكار)، وضَعِ المشروعَ على المسار الذي حدَّدتَه.

التنفيذ

كيف تنفِّذ الأفكار التي حان وقتها؟

* * *

لا شك أنك مشغول بتنفيذ الأفكار كلَّ يوم، وبوصفي شخصًا ينشغل بالدرجة الأولى بتطوير الأفكار وليس تنفيذها، لم أكن لأفترض أن أسدي إليك نصائحَ عن القيام بذلك؛ غير أن ما أستطيع أن أوضِّحه بالتأكيد هو الصلة بين التطوير المنهجي لفكرةٍ ما والتنفيذ المنهجي لها.

لنفترِضْ أنك قد طوَّرت فكرةً ما صناعيًّا بفصل مراحل توليد الأفكار، وتكثيف الأفكار واتخاذ قرار، وإشراك الأشخاص المناسبين من الداخل والخارج، واختبار الفكرة وضمان قبولها على جميع مستويات الشركة. إذا كنتَ قد فعلتَ كلَّ ذلك، فإن التنفيذ في حد ذاته أمرٌ في منتهى السهولة حقًّا؛ كلُّ ما تحتاج إليه هو وضعُ خطة واضحة، واختيارُ أفضل الأشخاص المُمكنين، ووضعُ جدول زمني واضح، وتوفير الأموال اللازمة. ومن المهم أن تعتبر التنفيذَ هو التتمَّة الطبيعية والمنطقية لعملية البحث عن الأفكار، وألَّا تُفرط في المناهج والأشخاص والموارد العديدة التي استثمرتَها في الفكرة بإجراءِ تنفيذٍ هزيل.

لكن للأسف، كثيرًا ما رأيتُ كيف كان يتم إفساد فكرة ممتازة تمامًا بتفاصيل وتغييرات صغيرة تبدو للوهلة الأولى بلا ضرر يُذكَر؛ إن هذه التغييرات عادةً ما تكون بحُسْن نية، ويُفترَض أن تخدم الفكرة، ولكنها في الحقيقة عادةً ما تُضعِف الفكرة وتنزعها من جوهرها البسيط المذهل. وهذا الإضعافُ يحدث عامةً أثناءَ اختيار الأفكار (انظر فصل «اختيار الأفكار»)؛ فصُنَّاعُ القرار الذين ينشغلون أكثر ممَّا ينبغي بتحقيق إجماعِ آراءٍ يميلون لمزج عددٍ من الأفكار معًا، فيأخذون قدرًا يسيرًا من كل فكرة ويمزجونه في فكرة جديدة.

مثال: كجزء من حملة انتخابية، قمنا بوضع أفكارٍ تكتيكية في الدقائق الأخيرة لأحد الأحزاب السياسية السويسرية الكبيرة؛ أفكارٍ حول كيف يمكن للحزب استمالة الناخبين الذين لم يستقروا على اختيار معين إلى صفِّه، في الأسابيع القليلة الأخيرة قبل انعقاد الانتخابات. كانت هناك فكرتان نالتا تفضيلَ الحزب: الفكرة الأولى هي إقامة فعالية يقوم خلالَها أعضاءُ الحزب بتوزيع منشور إعلامي وعبوة من عقار ألكاسلتزر — الذي يُسكِّن الألم ويعالج الصداع وعدم الاتزان الناتج عن شرب الخمر — عليها رسالة تقول: «لا تُجازف بالشعور بعدم الاتزان بعد الانتخابات.» في الأماكن العامة قبل الانتخابات بفترة وجيزة. كان المنشور الإعلامي يشير بوضوح إلى الموقف الحيادي الذي يتخذه الحزب، ويوضِّح للناخبين أن هذا الحزب دافَعَ عن الحلول الواقعية، وأنه لذلك يجب ألَّا يخشى أحدٌ أن يُصاب بأي حالةٍ من عدم الاتزان في اليوم الذي يعقب الانتخابات. ومن الواضح أن الفكرة انبثقت عن أعضاء الحزب وتواصُلهم المباشِر مع الناس. أما الفكرة الثانية، فكانت تعتمد على الاتصالات فحسب، وكانت عبارة عن مُلصق يحمل عنوان «أربعة أعوام ليست عبثًا». كان من المزمع عليه أنْ تصاحب هذه الحملةَ أيضًا فعاليةٌ يقوم خلالَها أعضاءُ الحزب بالحديث إلى المارَّة بشكل مباشِر. وفي النهاية، قامت قيادة الحزب بنشر إعلان في بضع صحف، ظهر فيه عبوة ألكاسلتزر وشعار «صداع لأربعة أعوام؟» ودعا الناس للذهاب والتصويت. أتساءَلُ كَمْ عدد الأشخاص الذين اقتنعوا بهذه الحملة الفاترة للتصويت لصالح الحزب المَعْني. إن مزج الأفكار لم يجلب أي شيء في هذه الحالة؛ كل ما أدَّى إليه هو إضعاف التأثير، علاوةً على خلق القليل من الضغط بتَرْك العنصر الفَعَّال (وهو التواصُل مع الناس مباشَرةً في الشارع). بالطبع توجد أمثلة جيدة لمزج أفكار متعددة، ولكن هذا القرار ينبغي اتخاذه من منطلق قناعة حقيقية، وليس لمجرد تحقيق إجماعِ آراءٍ فحسب.

يُعَد مزْجُ الأفكار واحدًا فقط من طرقِ سوءِ تنفيذ الأفكار، ومن الطرق الأخرى مواصَلةُ تغيير التفاصيل التي تبدو صغيرة؛ وبهذه الطريقة يمكن تحويل فكرةٍ غاية في البساطة إلى كارثةٍ حقيقية في وقت قياسي. وفيما يلي مثالٌ آخَر من عالَم الاتصالات لتوضيح هذه النقطة:

حين ابتكرنا منتج «تراك ٧» من أجل هيئة السكك الحديدية السويسرية — وهو عبارة عن بطاقة سكك حديدية، يستطيع بواسطتها الشبابُ من سن ١٦ إلى ٢٦ عامًا استخدامَ جميع القطارات في شبكة السكك الحديدية السويسرية بعد الساعة ٧ مساءً، مقابلَ رسوم سنوية زهيدة — أوكلَتْ هيئة السكك الحديدية الوكالةَ الإعلانية التي اعتادوا التعامُل معها، وهي مؤسسة إعلانية دولية معروفة عالميًّا لتوصيل المنتج إلى الفئة المستهدَفة. كانت رسالةُ المنتج شديدةَ البساطة: «سافِرْ مجانًا بالقطارات بعد الساعة ٧ مساءً.» وجد الشباب الذين سألناهم في استطلاعِ الرأي أن المنتَجَ والفكرةَ الأساسية وراءه في غاية الإثارة؛ ومن ثَمَّ بدأت الوكالة العمل على ترويج هذا المنتج للشباب. وفي أحد الأيام كنتُ أسير في الشارع، حين وقعَتْ عيناي فجأةً على ملصق دعائي، وسرعان ما عرفتُ ما يدور حوله، تحديدًا منتجنا «تراك ٧»؛ لأنني تعرَّفتُ على الشعار المرسوم على الملصق. غير أن ما تشكَّكتُ فيه بشدة هو أن الشباب الذين من المفترض أن يستخدموا «تراك ٧» أنفسهم سوف يشعرون أن المُلصق موجَّه إليهم هم، فلم يذكر الملصق أيَّ شيء عن السفر بالقطار، ولا عن مجانية الرحلات، ولا عن الساعة السابعة مساءً. لقد جاءت الرسالة مختلفة تمامًا: «تراك ٧ يقدِّم لك الكثيرَ لدرجةِ أن هذا الملصق لا يتَّسع له.» ومعها صورةٌ لشاب يبدو سعيدًا بشيء ما، وشعاراتٌ لشركات عديدة بَدَا أن لها صلةً بهذه السعادة. ماذا حدث؟ لقد رأى مسئولو الوكالة (وربما عملاؤهم) أن من الضروري إثراءَ الفكرة الأساسية لبطاقة «تراك ٧» بالعديد من المزايا الإضافية، كعروضٍ خاصة للشباب، وأسعارٍ خاصة للحفلات الغنائية، وعروضٍ تسويقية للفئة المُستهدَفة. ليس هناك ما يعيب ذلك، ولكن ربما أراد الشركاء الجُدد أيضًا أن يَرِد ذكرهم في الإعلان. لقد أدَّى هذا إلى إضعاف الفكرة الأساسية، وهي «السفر مجانًا بعد الساعة ٧ مساءً»، ولم يحظَ الشركاء الجدد حتى بأي ميزة من الإعلان! أمر مؤسف للجميع! ومع ذلك، وبفضل الفكرة الأساسية البسيطة والجيدة للمنتج التي وُضِعت بالاشتراك مع الشباب، والتي انتشرت ميزتها سريعًا بين الفئة المستهدفة، حقَّقَ «تراك ٧» نجاحًا.

الطريقة الثالثة لسوء تنفيذِ فكرةٍ جيدة هي عدم إتاحة المعلومات داخل الفريق، فإذا كانت قاعدةُ الموظفين على قدرٍ هزيل من الاطِّلاع، فإنها بالتأكيد لن توصل فكرتك

جيدًا للعملاء؛ فأفضلُ المفاهيم والأفكار تصبح بلا قيمة حين لا يعرف موظفوك ما تريد تحقيقَه بها. ونحن نعايش هذا التأثيرَ بالضبط كمستهلكين كلَّ يوم: واجهات جذَّابة للشركات يقف خلفها الموظفون يواجهون مواقفَ عصيبة؛ نظرًا لعدم إطلاعهم بشكل كافٍ على الاستراتيجيات الجديدة، أو التصرفات الواجبة، أو المعلومات المهمة للعملاء. أو تكون المعلومات متاحةً لهم، ولكنْ لم يحصلوا على التدريب الكافي لتوصيل هذه المعلومات. والاستثمارُ في الأفكار وتنفيذها تحت هذه الظروف مضيعةٌ للمال عند التفكير فيها.

لكل فكرة تقوم الإدارة العليا بابتكارها، يكون السؤال هو: كيف يمكن توصيلها إلى جميع الموظفين في المستويات الأدنى؟ للقيام بهذا — ولا تتعجَّبْ — أنت بحاجةٍ إلى الكثير من الأفكار الجيدة الجديدة مرةً أخرى.

(١) أشرِكِ الأفضلَ فقط

على عكس ابتكار الأفكار، حيث تسري قاعدة: «الكثير من الأشخاص المتنوعين الأقل كفاءةً، وليس أفرادًا قليلين أعلى كفاءةً»، تكون القاعدة السائدة حين يتعلَّق الأمر بالتنفيذ هي: «القدر اللازم فقط من الأفراد؛ أيْ أقلُّ عددٍ ممكن من الأفراد، والأفضل فقط»، والرؤى التي تسري بالنسبة إلى «المجتمع الخلَّاق» في إنتاج الأفكار تسري أيضًا مبدئيًّا على التنفيذ. ابحثْ عن أنسب الأشخاص للتنفيذ بالدعوة إلى تقديم مقترحات للمشروع من مجموعة متنوعة من الأشخاص والمؤسسات. امنَحْ أكبرَ عدد ممكن من الأشخاص أو المجموعات فرصةَ التعرُّف على أساسيات المشروع، وتقديم إسهاماتهم في عملية التنفيذ من منظورهم؛ نحن في برين ستور، نطلق على هذا «سوق الأفكار»؛ فهي فرصة للأشخاص الذين يمكن إشراكهم في التنفيذ للتعرُّف على المشروع، والتعقيب عليه؛ ومن ثَمَّ عرض خدماتهم. يكون حاضرًا كلٌّ من فريق مشروع الأفكار، والعملاء، ومجموعة من الأشخاص المهتمين بالأمر، الذين يمكن أن يشاركوا في تنفيذ الفكرة. وغنيٌّ عن القول بالطبع أن جميع المشاركين يوقِّعون على اتفاقية سرية، وأن إدارة المشروع لا تفشي جميعَ الحقائق في هذه المرحلة. يحقِّق «سوق الأفكار» الكثيرَ؛ لأنه لا يستعين بفِرَق ثابتة (سوف ننفِّذ الفكرة بمساعدة شركة «الحفلات الرائعة»)، بل يُفعِّل توليفات غير مألوفة (شركة «الحفلات الرائعة» يمكن أن تتولَّى توفيرَ الطعام والشراب؛ لأنها الأفضل في ذلك، بينما ستكون شركة «المكان الجميل» مسئولةً عن إيجادِ قاعةٍ مناسبة، وعن الترفيه، والبرنامج المصاحب). يقدِّم «سوق الأفكار» فرصةً مباشِرةً لطرحِ الأسئلة، وإجراءِ التعديلات، وإبداءِ التعليقات، ولا يمكنك استبعاد

إمكانية صقل الفكرة هنا. إن الأمر حقًّا يستحقُّ استدعاءَ أفضل الأشخاص والمجموعات للمشاركة في التنفيذ؛ فنجاحُ فكرتك يتحدَّد مصيرُه هنا.

(٢) مُخطط العمل، تصوُّرك للتنفيذ

من أجل الاستعداد للتنفيذ، لا تحتاج فقط إلى فريق جيد، بل أيضًا إلى تصوُّر دقيق للتنفيذ، يُعدَّل باستمرار أثناء المشروع. ومخططُ العمل هذا، المماثِل للمخططات المستخدمة في الهندسة، ليس سوى ورقةِ الأفكار التي تُوضَع في مرحلة «فريق البحث»، التي يجري إثراؤها الآن بتفاصيل التنفيذ الدقيقة، والمراحل، ومعلومات التكلفة.

و«مُخطَّط العمل» عبارة عن ورقة قابلة للَّفِّ تحتوي على المعلومات التالية:

(١) التصوُّر التفصيلي للفكرة مصحوبًا بتفاصيل: مَن، وماذا، وكيف، ومتى، وأين، ولماذا؟ ويُدرَج أكبر كمٍّ ممكن من التفاصيل. وينبغي دائمًا ذكر مصدر المعلومات (على سبيل المثال: «يقول الأستاذ ماير، من «المعهد الفيدرالي للتكنولوجيا»، إن الغرض يجب ألَّا يكون أكبر من ٣ × ٥سم، لكي يتناسب مع الماكينة E-100045»). بذلك تكون لديك دائمًا إمكانيةُ الرجوع إلى المصدر إذا كانت هناك معلومات غير واضحة. ويُستحسَن أيضًا إنشاء قاعدة بيانات تضمُّ جميعَ أرقام الهواتف وعناوين البريد الإلكتروني الخاصة بهذه المصادر.

(٢) التخطيط الجاري؛ ونحن نستخدم هنا نموذج «ما هو جيد» و«ما هو غير جيد»، و«الخطوات/المسئوليات التالية». وصفة بسيطة للغاية بالطبع، ولكنها أثبتت كفاءتها. يتولَّى «مدير المشروع» مهمةَ تحديث هذه القائمة بشكل يومي، وكذلك إجراء اجتماعات دورية مع جميع المشاركين في التنفيذ، وينبغي أن تُجرَى هذه الاجتماعات بحدٍّ أدنى مرةً كل أسبوعين، وفي الحالات القصوى قد يكون ضروريًّا عقدُ اجتماعاتٍ يومية.

تحتاج فِرَقُ التنفيذ إلى توزيعٍ واضح للأدوار والمهام، وكلَّما يكون الوقت المتاح للتنفيذ أقصر، سيكون من المهم أن تكون قادرًا على الاعتماد على هذا التوزيع. ويلعب الفريق الأساسي — الذي يتألَّف من العميل ومسئول الأفكار ومدير المشروع — دورًا فاصلًا أيضًا هنا؛ فهُم القوةُ الدافعة في التنفيذ، ويمكن أن يؤثِّر دورهم بشكل حاسم على نجاح أي مشروع. سيكون عليك أيضًا أن تكون مستعدًّا للصعوبات والمتاعب التي يواجهها كلُّ مشروع؛ فأنا حقًّا لم أشهد مشروعَ تنفيذٍ مطلقًا سارت فيه كل الأمور بسلاسة ويُسْر.

يتذكَّر ساندرو مورجان، مدير إنتاجنا، في هلعٍ ما حدث في دار الطباعة قبلَ يومٍ من عيد الفصح؛ فقد كان إنتاجُ شيءٍ مهمٍّ لعميلنا، شركة بي إم دبليو، شبهَ جاهز للموافَقة على الطبع. وأخبَرَنا مسئولُ الطباعة عند ماكينة الطبع أنه للأسف ليس لديه جهازُ قياس الألوان (وهو عبارة عن لوحة ألوان بها توزيعٌ دقيق لدرجات الألوان)؛ ولذلك قام بمزج اللون (الأزرق المعروف الخاص بشركة بي إم دبليو) «يدويًّا». ولم يَعُد بالإمكان إجراءُ أي تغيير، فقد كان عيد الفصح قبل كل شيء. إذا كانت لديك خبرة في الإنتاج، يمكنك أن تتخيَّل الهلعَ الذي انتاب مدير إنتاجنا. وبفضل دبلوماسية مدير إنتاجنا ودقة ملاحظته، جاء اللون الأزرق المُميز لبي إم دبليو رائعًا في النهاية.

أحيانًا تكون الصعوبات محدودةَ النطاق، وأحيانًا تمثِّل أزماتٍ حقيقيةً، وفي كلتا الحالتين، أنت بحاجةٍ إلى هذا الفريق الثلاثي القوي لإخراج نفسك من المأزق؛ فإذا كان فريقك الأساسي مؤلَّفًا من ثلاثة أشخاص، فلديك إذًا فرصة لأن تستطيع التصرف والسيطرة على الأزمة؛ على سبيل المثال: في كل مشروع يحتاج إلى إنتاج شيءٍ ما (وهو ما يكون الحال عادةً)، ستكون هناك مشكلات في الإنتاج. وفي فريق من ثلاثة أشخاص، يمكن لواحدٍ أن يوجد من أجل الإشراف على الإنتاج، وواحد للاعتناء بفريق التنفيذ، وواحد للاعتناء بالعميل الذي غالبًا ما يكون متوترًا وقَلِقًا. أما إذا كنتَ بمفردك، فلن يكون كل ذلك ممكنًا في الوقت نفسه.

لقد قمنا بالفعل بتنفيذ الكثير من المشروعات، من الفعاليات البسيطة، وتصميمِ وطباعةِ عدة آلاف من المواد المطبوعة المعقدة، وحتى المشروعات المُتطلَّبة، مثل إنتاج أشكال بلاستيكية في الصين، أو إجراء العديد من الجلسات التدريبية المُعقَّدة لموظفي إحدى الشركات المتعددة الجنسيات. غير أنه في كثير من الحالات، ينفِّذ عملاؤنا الأفكارَ بأنفسهم ولا يُشركوننا في تنفيذها، أو يَدَعوننا فقط نرافق عملية التنفيذ. وتتضمَّن الأخيرة تدريبَ فِرَق المشروع الخاصة بالعميل من خلال اجتماعاتٍ دورية ومتابعةِ «مخططات العمل» الخاصة بنا؛ بذلك يمكننا زيادة كفاءة عملية التنفيذ لدى عملائنا إلى حدٍّ كبير.

(٣) اعرفْ ما هو مهم

من واقع خبرتي، فإن أهم الأشياء في أي مشروعِ تنفيذٍ هي تحديدُ الأولويات، والاحتفاظُ بذهن صافٍ؛ فإذا كنتَ تضم إلى صفِّك أفضلَ الأشخاص من أجل التنفيذ، فلا شيء يمكن أن يسير على نحوٍ خاطئ فيما يتعلَّق بالجودة. ومن المهم ألَّا تفسد هذه الجودة من خلال

التخطيط السيئ أو القرارات الخاطئة؛ فلكل شخص في الفريق دورٌ محدد بوضوح، بناءً على مجال خبرته؛ فتأكَّدْ من وضوح هذه الأدوار في بداية المشروع، ووضِّحْ أيضًا أنَّ دور إدارة المشروع له القول الفصل فيما يتعلَّق بالجدول الزمني والقرارات؛ بذلك يمكنك التحكم في المشروع بسهولةٍ أكبر وعلى نحوٍ أفضل. والمساهماتُ من الخبرات مطلوبة قطعًا، ولكن لا بدَّ أن تفكِّر إدارةُ المشروع في هُوِيَّة المشروع ككل؛ ومن ثَمَّ تضع حدًّا للاقتراحات الواردة من الأشخاص القائمين على التنفيذ حين يخرج الموقف عن نطاق السيطرة. فغالبًا ما كنت أشعر — على سبيل المثال — بأنني بحاجةٍ إلى أن أوضِّح للفريق القائم على التنفيذ أن الأفكار موجودة بالفعل ويجب «فقط» أن تُنفَّذ. إن الاقتراحات الجديدة تكون مطلوبة في الأمور التفصيلية، ولكنْ لا تعود لها قيمة في التصور الأكبر. كنْ حَذِرًا أيضًا من إشراك أشخاصٍ في عملية التنفيذ لا يتحدثون بنفس لغةِ فريقك؛ فإذا كان لديك أشخاصٌ واقعيون حتى النخاع في فريقك، ودمجتَ معهم شخصًا ذا تفكير جانبي عاطفي، فلا تندهِشْ إذا تصلَّبَتِ التوجُّهات. في مرحلة التنفيذ، لا يكون اهتمامنا بالأفكار الجديدة، ولكن بالتحقيق المادي للأفكار.

(٤) أقنعِ الآخرين بالتنفيذ

إن العمل الشاق حقًّا في عملية التنفيذ لا يكمُن في إجرائها بفاعلية، ولكنْ في إقناع الخبراء القدامى المُحنَّكين في الشركة بأن هذه الفكرة يجب حقًّا أن تُنفَّذ. إذا كنتَ قد أشركتَ صُنَّاع القرار في اختيار الأفكار، فلا ينبغي أن تجدَ صعوبةً في كسب تأييد بقية الموظفين تدريجيًّا في مرحلة التنفيذ. سِرْ خطوة بخطوة، وإذا اقتضى الأمر، فأقنعْ كل شخص على حدة بالفكرة التي ينبغي تنفيذها، واجعلْ هذه الموافقات مكتوبة، ووضِّحْ لهم بشكل قاطع أنك تتوقع التزامًا ملزمًا هنا. لا تستخِفَّ بالجهد الذي يتخلَّل العملية؛ فأنت بحاجةٍ إلى دعم كل مشترك فردي لكي تكون قادرًا على فرض فكرةٍ ما داخل فريقك. سيتوجَّب عليك بالطبع إقناع فريقٍ مختلف تمامًا على حسب ما إذا كنتَ ترغب في تنفيذِ فكرةٍ صغيرة (على سبيل المثال: فعالية العميل)، أو شيء أكبر (على سبيل المثال: شعار جديد يتصل بكيان جديد تمامًا في السوق). فمع المشروعات الكبيرة، لن يكون عليك فقط إقناع الإدارة، بل أيضًا اكتساب حلفاء من القوة العاملة بأكملها، وإبلاغهم بكثير من التفصيل بالتغييرات القادمة.

ثمَّة نقطة حاسمة في تنفيذ المشروعات الكبرى، وهي توجيه انتباه موظفيك. يمكنك أن توجِّه الانتباه في المشروعات باستخدام إجراءات متنوعة، وفيما يلي بعض الأمثلة:

- «التكرار»: كرِّرْ أهدافَ المشروع والنتيجة النهائية المنشودة باستمرارٍ، مستخدِمًا طرقًا متعددة، مثل: شاشات التوقُّف المؤقتة في الكمبيوتر، والرسائل الإلكترونية، والفعاليات المعلوماتية، وتحديثات التصورات.
- «الإغراء»: أعلِنْ عن «حفل انتهاء المشروع» في أول أيام التنفيذ على سبيل المثال. عيِّنْ فريقًا صغيرًا يتولَّى مسئوليةَ تنظيمِ هذا الحفل، ويُخطِر الفريقَ باستمرارٍ بالحقائق المتعلِّقة بالحفل (أين سيقام، مَن المدعوُّون، مَن سيتحدث، المأكولات، الأنشطة الخاصة ... إلخ)؛ بذلك يتحمَّس الجميع للالتزام بالمشروع حتى تحقيق التصور.
- «الصداقات/روح الفريق»: دائمًا ما يحظى الأصدقاء بانتباه خاص. يمكنك، على سبيل المثال، أن تحدِّد «قائد مشروع» في كل فريق، يتودَّد لكسب الانتباه لمشروع التنفيذ بأسلوبٍ ودي في فريقه، ويتناقش مع الآخرين، ويشارك الأفكار، ويقدِّم تقريرًا عن الحالة المزاجية العامة للفريق ... إلخ.
- «التهديدات»: التهديدات وسيلةٌ ينبغي استخدامها بحذر؛ فهي تُفلح بشكل جيد للغاية، ولكنها لا تكون دائمًا وسيلةً مقبولة لكسب الانتباه هذه الأيام. ومن الأشكال المخفَّفة للتهديد، على سبيل المثال، تعليقُ جدول تنازلي في بهْوِ الدخول يراه كل موظف حين يأتي إلى العمل، أو تقارير دورية عن الإخفاقات والنجاحات.

مفاهيم جوهرية: «التنفيذ»

- التنفيذ هو التتمة المنطقية لتوليد الأفكار. استقِرَّ على اقتراحٍ أو أكثر وتابِعْ تنفيذَه، واحرصْ على عدم إضعاف الأفكار بمزجِ أفكارٍ لا تتلاءم معًا، أو بتغيير تفاصيل الفكرة العديدة باستمرارٍ إلى أن تتلاشى هُويَّة الفكرة ويصبح من المستحيل التعرُّف عليها.
- ابحثْ عن أفضل شريك ممكن للتنفيذ، إما من داخل الفريق وإما من خارجه. في هذه المرحلة، أنت بحاجةٍ إلى خبراء حقيقيين. ولكنْ تأكَّدْ من أن المسئولين عن التنفيذ متوافقون مع فريقك، واخلقْ لغةً مشتركة ومنهجَ عمل.

• تأكَّدْ من أن فريقك وموظفي الشركة يؤيدون ما تخطِّط للقيام به، وإذا استلزم الأمر، فاجمعْ صُنَّاع القرار شخصيًّا، كلٌّ على حدة، وسجِّلْ مع كل واحد الأهدافَ التي اتُّفِق عليها خلال المناقشات مع الموظفين واجتماعات الأهداف. في المشروعات الكبيرة، تأكَّدْ أنه حتى آخِر موظف يستطيع توصيلَ الفكرة إلى العميل.

• خطِّطْ لعملية التنفيذ بشكل براجماتي. قُمْ بتكوين فريق للمشروع يتألف من ثلاثة أشخاص على الأقل، يقومون بالاعتناء بالمشروع بشكل عام. سجِّلِ التقدُّمَ الذي يحرزه المشروع، وافتحِ المشكلاتِ التي تواجهك في الاجتماعات الدورية، وأَحِطِ الفريقَ كاملًا (حتى القاعدة) علمًا بالنجاحات المرحلية.

• في المشروعات الكبيرة، حافِظْ على انتباهِ فريقك منصبًّا على مشروع التنفيذ قدر الإمكان، من خلال جذب الانتباه إلى المشروع بطرق متنوعة، مستعينًا بأساليب وطرق متنوعة.

كلمات ختامية

الأفكار الرائعة يمكن تنظيمها.

جوليوس روبرت أوبنهايمر،
فيزيائي أمريكي (١٩٠٤–١٩٦٧)

* * *

آمل، عزيزي القارئ، أن أكون قد تمكَّنتُ من جعل عالم التوليد الصناعي للأفكار أسهلَ قليلًا في الاستيعاب بالنسبة إليك. إن التطوير المتواصِل للعملية والأدوات الخاصة بالتطوير المنهجي للأفكار هو محورُ شغفِ فريقنا، وأنا واثقة من أنه لا يزال أمامنا الكثير كي نكتشفه من أجل جعل العملية أوضحَ وأبسطَ وأكثرَ تنظيمًا لعملائنا ولأنفسنا. إن مصنع الأفكار الخاص بنا لا يزال شيئًا جديدًا، وما زلنا نرتاد دربًا غير مطروق، ومع هذا فنحن مقتنعون بأن مُقدِّمي الخدمات، أمثال برين ستور، الذين يعملون وفقَ عملية شديدة المنهجية، ويستعينون بالمشاركين المناسبين لكل قضية على حدة؛ سيحصلون على الأهمية التي يستحقونها في كل مكان في المستقبل القريب، وأن الشركات التي تواصِل تطويرَ ابتكاراتها بطريقة غير منهجية سيتعيَّن عليها مواجَهةُ مصاعب تنافُسية خطيرة.

وآمل أن تستطيع الاعتماد على مجموعة أدواتنا في شركتك أو مؤسستك، وكذا في مشروعاتك الشخصية، وأن تستمتع بعملية تطوير الأفكار بطريقة منهجية وبسرعة، وبالاستعانة بالمزيج الصحيح من الأشخاص.

ما كان هذا الكتاب ليَظهر إلى النور من دون إسهامِ عددٍ من الأشخاص، أولهم وأهمهم فريقُ برين ستور بأكمله، الذي عاوَنَني أعضاؤه في تطوير عمليتنا على مدار الأربعة عشر

عامًا الماضية، ومنحوني أقصى ما لديهم من جهد كلَّ يوم. يليهم عملاؤنا الذين يجب أن نشكرهم على مئات الطلبات والأسئلة المثيرة للاهتمام. كما أودُّ أيضًا أن أشكر الأشخاص التالية أسماؤهم:

- ماركوس، زوجي، من أجل مثابرته وروحه المَرِحة ونقده، واعتنائه بأطفالنا في العديد والعديد من العطلات الأسبوعية.
- نيمو وإيلا، طفليَّ، من أجل تشتيتهما لي عن الكتابة، وضحكاتهما، وفضولهما وأسئلتهما.
- أوليفر جوروس، وكيلي الأدبي، من أجل عمله التحريري العملي والبَنَّاء.
- سفين فيبر، رسَّام الصور الإيضاحية لهذا الكتاب، من أجل صوره التي ابتكرها بسرعةٍ تزيد عن المعتاد بثلاث مرات.
- هيئة السكك الحديدية السويسرية، من أجل شبكة السكك الحديدية المثالية المزوَّدة بالكهرباء، التي أعانتني في مكتبي المتنقِّل.
- يوهانا وفيلفريد، والدَيَّ، من أجل دعمهما وكل ما منحاني إيَّاه بينما كنت أشقُّ طريقي في الحياة.

ملحق

قراءات ومواقع إلكترونية إضافية

صادفَتْنا مواقفُ سيئةٌ مع روابط المواقع الإلكترونية المنشورة ومراجع الأدبيات خلال مشروعنا؛ فلا يمكننا مطلقًا الاعتماد على كون المراجع حديثة وصالحة. ولأننا نريد التحلِّي بمزيدٍ من الإبداع في هذه القضية، فقد وضعنا على موقعنا الإلكتروني http://www.brainstore.com/ideamachine/ قائمة مُحدَّثة بالقراءات المُوصى بها، وبروابط المواقع الإلكترونية المتاحة التي تكمل مادة هذا الكتاب. يمنحك هذا أيضًا مزيةً إضافية، وهي أنه ما عليك إلَّا النقر على عنوان الموقع الإلكتروني بحيث لا تضطر إلى كتابته في متصفحك.

وكميزة إضافية يقدِّمها هذا الكتاب، نُقدِّم أيضًا بعض المواد العملية الخاصة بورشةِ عملٍ لتوليد الأفكار، على هذا العنوان الإلكتروني، بحيث يمكنك تحميلها. جرِّبها!

عن رسَّام الصُّور الإيضاحية

سفين فيبر: رسم الصور التوضيحية لهذا الكتاب. أُطلِق عليه اسم «ملك الليجو» منذ نعومة أظفاره؛ ومن ثَمَّ صار لاحقًا مُصمِّمَ رسوم جرافيك، وإنْ كان يُؤمن أن الإعلان أمرٌ لا لزومَ له. يؤمن هذا الفنان المصاب بوسواس المرض أن المايونيز والمشروبات التي تحتوي على الكافيين جزء لا غنى عنه من غذاء الإنسان، لكنه لا يتناول لحمَ البط مطلقًا بسبب إعجابه الشديد بهذه الطيور، نتيجةَ امتلاكها ثلاثَ وظائف حركية (السير المتهادي والسباحة والطيران). وهو يَعتبر أبل ماكينتوش بمنزلة الخلق الأعظم للرب، ويأمل أن يُهيمن هذا الكائن المثالي على العالَم في المستقبل القريب. كان يعتنق في الماضي مجموعةً مبهرة من المبادئ الأخلاقية، لكنَّ أغلبها في حقيقة الأمر مَحْض هُرَاء.

CPSIA information can be obtained
at www.ICGtesting.com
Printed in the USA
LVHW041210180423
744575LV00010B/471

9 784550 854351